"十二五"国家重点图书出版规划项目

中国社会科学院创新工程学术出版资助项目

新版《列国志》编辑委员会

列国志

GUIDE TO
THE WORLD
NATIONS 新版

张勇 编著

SOLOMON ISLANDS

所罗门群岛

社会科学文献出版社
SOCIAL SCIENCES ACADEMIC PRESS (CHINA)

所罗门群岛国旗

所罗门群岛国徽

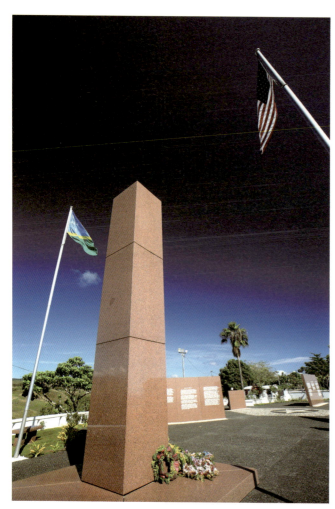

位于霍尼亚拉的第二次世界大战纪念碑

第二次世界大战期间被击落的美军飞机
（太平洋岛国贸易与投资专员署　供图）

盛装的所罗门群岛土著妇女
（太平洋岛国贸易与投资专员署 供图）

土著妇女正在制作传统食物
（太平洋岛国贸易与投资专员署 供图）

热带雨林
（太平洋岛国贸易与投资专员署 供图）

度假村
（太平洋岛国贸易与投资专员署 供图）

潜水天堂（太平洋岛国贸易与投资专员署 供图）

出版说明

《列国志》编撰出版工作自1999年正式启动，截至目前，已出版144卷，涵盖世界五大洲163个国家和国际组织，成为中国出版史上第一套百科全书式的大型国际知识参考书。该套丛书自出版以来，受到社会各界的广泛好评，被誉为"21世纪的《海国图志》"，中国人了解外部世界的全景式"窗口"。

这项凝聚着近千学人、出版人心血与期盼的工程，前后历时十多年，作为此项工作的组织实施者，我们为这皇皇144卷《列国志》的出版深感欣慰。与此同时，我们也深刻认识到当今国际形势风云变幻，国家发展日新月异，人们了解世界各国最新动态的需要也更为迫切。鉴于此，为使《列国志》丛书能够不断补充最新资料，更好地服务于社会各界，我们决定启动新版《列国志》编撰出版工作。

与已出版的144卷《列国志》相比，新版《列国志》无论是形式还是内容都有新的调整。国际组织卷次将单独作为一个系列编撰出版，原来合并出版的国家将独立成书，而之前尚未出版的国家都将增补齐全。新版《列国志》的封面设计、版面设计更加新颖，力求带给读者更好的阅读享受。内容上的调整主要体现在数据的更新、最新情况的增补以及章节设置的变化等方面，目的在于进一步加强该套丛书将基础研究和应用对策研究相结合，将基础研究成果应用于实践的特色。例如，增加了各国有关资源开发、环境治理的内容；特设"社会"一章，介绍各国的国民生活情况、社会管理经验以及存在的社会问题，等等；增设"大事纪年"，方便读者在短时间内熟悉各国的发展线索；增设"索引"，便于读者根据人名、地名、关键词查找所需相关信息。

顺应时代发展的要求，新版《列国志》将以纸质书为基础，全面整合国别国际问题研究资源，构建列国志数据库。这是《列国志》在新时期发展的一个重大突破，由此形成的国别国际问题研究资讯平台，必将更好地服务于中央和地方政府部门应对日益繁杂的国际事务的决策需要，促进国别国际问题研究领域的学术交流，拓宽中国民众的国际视野。

新版《列国志》的编撰出版工作得到了各方的支持：国家主管部门高度重视，将其列入"国家'十二五'重点出版规划项目"；中国社会科学院将其列为创新工程学术出版资助项目，王伟光院长亲自担任编辑委员会主任，指导相关工作的开展；国内各高校和研究机构鼎力相助，国别国际问题研究领域的知名学者相继加入编辑委员会，提供优质的学术指导。相信在各方的通力合作之下，新版《列国志》必将更上一层楼，以崭新的面貌呈现给读者，在中国改革开放的新征程中更好地发挥其作为"知识向导"、"资政参考"和"文化桥梁"的作用！

新版《列国志》编辑委员会

2013 年 9 月

前　言

　　自 1840 年前后中国被迫开关、步入世界以来，对外国舆地政情的了解即应时而起。还在第一次鸦片战争期间，受林则徐之托，1842 年魏源编辑刊刻了近代中国首部介绍当时世界主要国家舆地政情的大型志书《海国图志》。林、魏之目的是为长期生活在闭关锁国之中、对外部世界知之甚少的国人"睁眼看世界"，提供一部基本的参考资料，尤其是让当时中国的各级统治者知道"天朝上国"之外的天地，学习西方的科学技术，"师夷之长技以制夷"。这部著作，在当时乃至其后相当长一段时间内，产生过巨大影响，对国人了解外部世界起到了积极的作用。

　　自那时起中国认识世界、融入世界的步伐就再也没有停止过。中华人民共和国成立以后，尤其是 1978 年改革开放以来，中国更以主动的自信自强的积极姿态，加速融入世界的步伐。与之相适应，不同时期先后出版过相当数量的不同层次的有关国际问题、列国政情、异域风俗等方面的著作，数量之多，可谓汗牛充栋。它们对时人了解外部世界起到了积极的作用。

　　当今世界，资本与现代科技正以前所未有的速度与广度在国际间流动和传播，"全球化"浪潮席卷世界各地，极大地影响着世界历史进程，对中国的发展也产生极其深刻的影响。面临不同以往的"大变局"，中国已经并将继续以更开放的姿态、更快的步伐全面步入世界，迎接时代的挑战。不同的是，我们所面临的已不是林则徐、魏源时代要不要"睁眼看世界"、要不要"开放"问题，而是在新的历史条件下，在新的世界发展大势下，如何更好地步入世界，如何在融入世界的进程中更好地维护民族国家的主权与独立，积极参与国际事务，为维护世界和平，促进世界与人类共同发展做出贡献。这就要求我们对外部世界有比以往更深切、全面的了解，我们只有更全面、更深入地了解世界，才能在更高的层次上融入世界，也才能在融入世界的进程中不迷失方向，保持自我。

与此时代要求相比，已有的种种有关介绍、论述各国舆地政情的著述，无论就规模还是内容来看，已远远不能适应我们了解外部世界的要求。人们期盼有更新、更系统、更权威的著作问世。

中国社会科学院作为国家哲学社会科学的最高研究机构和国际问题综合研究中心，有11个专门研究国际问题和外国问题的研究所，学科门类齐全，研究力量雄厚，有能力也有责任担当这一重任。早在20世纪90年代初，中国社会科学院的领导和中国社会科学出版社就提出编撰"简明国际百科全书"的设想。1993年3月11日，时任中国社会科学院院长胡绳先生在科研局的一份报告上批示："我想，国际片各所可考虑出一套列国志，体例类似几年前出的《简明中国百科全书》，以一国（美、日、英、法等）或几个国家（北欧各国、印支各国）为一册，请考虑可行否。"

中国社会科学院科研局根据胡绳院长的批示，在调查研究的基础上，于1994年2月28日发出《关于编纂〈简明国际百科全书〉和〈列国志〉立项的通报》。《列国志》和《简明国际百科全书》一起被列为中国社会科学院重点项目。按照当时的计划，首先编写《简明国际百科全书》，待这一项目完成后，再着手编写《列国志》。

1998 年，率先完成《简明国际百科全书》有关卷编写任务的研究所开始了《列国志》的编写工作。随后，其他研究所也陆续启动这一项目。为了保证《列国志》这套大型丛书的高质量，科研局和社会科学文献出版社于 1999 年 1 月 27 日召开国际学科片各研究所及世界历史研究所负责人会议，讨论了这套大型丛书的编写大纲及基本要求。根据会议精神，科研局随后印发了《关于〈列国志〉编写工作有关事项的通知》，陆续为启动项目拨付研究经费。

为了加强对《列国志》项目编撰出版工作的组织协调，根据时任中国社会科学院院长李铁映同志的提议，2002 年 8 月，成立了由分管国际学科片的陈佳贵副院长为主任的《列国志》编辑委员会。编委会成员包括国际片各研究所、科研局、研究生院及社会科学文献出版社等部门的主要领导及有关同志。科研局和社会科学文献出版社组成《列国志》项目工作组，社会科学文献出版社成立了《列国志》工作室。同年，《列国志》项目被批准为中国社会科学院重大课题，新闻出版总署将《列国志》项目列入国家重点图书出版计划。

在《列国志》编辑委员会的领导下，《列国志》各承担单位尤其是各位学者加快了编撰进度。作为一项大型研究项目和大型丛书，编委会对《列国志》提出的基本要求是：资料翔实、准确、最新，文笔流畅，学术性和可读性兼备。《列国志》之所以强调学术性，是因为这套丛书不是一般的"手册""概览"，而是在尽可能吸收前人成果的基础上，体现专家学者们的研究所得和个人见解。正因为如此,《列国志》在强调基本要求的同时,本着文责自负的原则,没有对各卷的具体内容及学术观点强行统一。应当指出,参加这一浩繁工程的,除了中国社会科学院的专业科研人员以外,还有院外的一些在该领域颇有研究的专家学者。

现在凝聚着数百位专家学者心血,共计 141 卷,涵盖了当今世界 151 个国家和地区以及数十个主要国际组织的《列国志》丛书,将陆续出版与广大读者见面。我们希望这样一套大型丛书,能为各级干部了解、认识当代世界各国及主要国际组织的情况,了解世界发展趋势,把握时代发展脉络,提供有益的帮助;希望它能成为我国外交外事工作者、国际经贸企业及日渐增多的广大出国公民和旅游者走向世界的忠实"向导",引领其步入更广阔的世界;希望它在帮助中国人民认识世界的同时,也能够架起世界各国人民认识中国的一座"桥梁",一座中国走向世界、世界走向中国的"桥梁"。

《列国志》编辑委员会
2003 年 6 月

序

于洪君[*]

太平洋岛国地处太平洋深处，主要指分布在大洋洲除澳大利亚和新西兰以外的 20 余个国家和地区。太平洋岛国历史悠久，早在公元前 8000 年前就有人类居住。在近代西方入侵之前，太平洋岛国大多处于原始社会时期。随着西方殖民者不断入侵，太平洋岛国相继沦为殖民地。二战结束后，这一区域主要实行托管制，非殖民化运动在各国随即展开。从 1962 年萨摩亚独立至今，该地区已有 14 个国家获得独立，分别是萨摩亚、库克群岛、瑙鲁、汤加、斐济、纽埃、巴布亚新几内亚、所罗门群岛、图瓦卢、基里巴斯、瓦努阿图、马绍尔群岛、密克罗尼西亚联邦和帕劳。

太平洋岛国所在区域战略位置重要。西北与东南亚相邻，西连澳大利亚，东靠美洲，向南越过新西兰与南极大陆相望。该区域还连接着太平洋和印度洋，扼守美洲至亚洲的太平洋运输线，占据北半球通往南半球乃至南极的国际海运航线，是东西、南北两大战略通道的交会处。不仅如此，太平洋岛国和地区还拥有 2000 多万平方公里的海洋专属区，海洋资源与矿产资源丰富，盛产铜、镍、

---

* 原中国驻乌兹别克斯坦大使、原中共中央对外联络部副部长、全国政协外事委员会委员、中国人民争取和平与裁军协会副会长、聊城大学太平洋岛国研究中心名誉主任。

金、铝矾土、铬等金属和稀土，海底蕴藏着丰富的天然气和石油。近年来，该区域已成为世界各大国和新兴国家战略博弈的竞技场。

太平洋岛国也是 21 世纪海上丝绸之路的自然延伸和亚太一体化的重要组成部分。中国同太平洋岛国的传统友谊和文化交往源远流长，早在 19 世纪中期就有华人远涉重洋移居太平洋岛国，参与了这一地区的开发。近年来，中国与太平洋岛国的合作日渐加强，在政治、经济、文化、教育等领域都取得丰硕成果。目前，中国在南太平洋地区拥有最大规模的外交使团。同时，中国在经济上也成为该地区继澳大利亚和美国之后的第三大援助国，并设立了"中国－太平洋岛国论坛"、"中国－太平洋岛国经济发展合作论坛"等对话沟通平台。2014 年 11 月，中国国家主席习近平在斐济与太平洋建交岛国领导人举行集体会晤，与会领导人一致决定构建相互尊重、共同发展的战略合作伙伴关系，携手共筑命运共同体，为中国与太平洋岛国关系掀开历史新篇章。

由于太平洋岛国地小人稀，且长期远离国际冲突热点，处于世界事务的边缘，因而在相当长一段时期被视为"太平洋最偏僻的地区"。中国的地区国别研究长时期以来主要聚焦于近邻国家，加之资料有限，人才不足，信息沟通偏弱，对太平洋岛国关注度较低，因此国内学界对此区域总体上了解不多，研究成果比较匮乏。而美、英、澳、新等西方学者因涉足较早，涉猎较广，且有充足的资金与先进的手段作支撑，取得了不菲的成果，但这些成果多出于西方国家的全球战略及本国利益的需要，其立场与观点均带有浓厚的西方色彩，难以完全为我所用。

近年来，随着中国融入世界的步伐不断加快，国际地位显著提高，中国在全球的利益分布日趋广泛。与越来越多的国家和地区进行友好交往并扩大互利合作，是日渐崛起的中国进一步参与全球化进程，开展中国特色大国外交的客观要求，也是包括太平洋岛国在内的国际社会对中国的殷切期待。更全面更深入的地区研究，必将为中国进一步发挥国际影响力，大步走向世界舞台中心提供强有力的支持。2011 年 11 月，教育部向各高校下发《关于培育区域和国别以及国际教育研究基地的通知》和《高等学校哲学社会科学"走出去"计划》，希望建设一批既具有专业优势又能产生重要影响的智囊团和思想库。中共中央政治局委员、国务院副总理刘延东也多次提及国别研究立项和"民间智库"问题，鼓励有条件的大学新设国别研究机构。

在这种形势下，聊城大学审时度势，结合国家战略急需、区域经济社会发展需求及自身条件，在历史文化与旅游学院"南太平洋岛国研究所"的基础上，整合世界史、外国语、国际政治等全校相关学科资源，于 2012 年 9 月成立了"聊城大学太平洋岛国研究中心"。中心聘请中国现代国际关系研究院副院长、中央电视台国际问题顾问、博士生导师李绍先研究员等为兼职教授。著名世界史学家、国家级教学名师王玮教授担任中心首席专家。密克罗尼西亚联邦驻华大使苏赛亚等多位太平洋岛国驻华外交官被聘为中心荣誉学术顾问。在有关各方的大力支持下，中心以太平洋岛国历史与社会形态、对外关系、政情政制、经贸旅游等为研究重点，致力于打造太平洋岛国研究领域具有专业优势和重要影响的国家智库，力图为加强国家和地方与太平洋岛国进行政治、经济、社会、文化等领域的交流与合作，为增进中国和太平洋岛国人民之间的了解和友谊提供智力支撑和学术支持，为国内的太平洋岛国研究提供学术交流与互动的平台。

中心建立以来，已取得一系列可喜成绩。目前中心已建成国内最齐全、数量达 3000 余册的太平洋岛国研究资料中心和数据库，并创建国内首个以太平洋岛国研究为主题的学术网站及微信公众号；定期编印《太平洋岛国研究通讯》，并向国家有关部门提交研究报告；在研省部级以上课题 8 项。2014 年，中心成功举办了国内首届"太平洋岛国研究高层论坛"，该论坛被评为"山东社科论坛十佳研讨会"，与会学者提交的 20 余篇优秀论文被辑为《太平洋岛国的历史与现实》，由山东大学出版社于 2014 年 12 月正式出版。《太平洋学报》2014 年第 11 期刊载了中心研究人员的 12 篇学术论文，澳大利亚《太平洋历史杂志》（*The Journal of Pacific History*）对中心学者及其研究成果进行了介绍。这表明，太平洋岛国研究中心的研究开始引起国内外学术界的关注。

中心成立伊始，负责人陈德正教授就提出了编撰太平洋岛国丛书的设想，并组织了编撰队伍，由吕桂霞教授拟定了编撰体例，李增洪教授、王作成博士等也做了不少编务工作。在丛书编撰过程中，适逢社会科学文献出版社承担的中国社会科学院创新工程学术出版资助项目、"十二五"国家重点图书出版规划项目——新版《列国志》编撰出版工作启动。考虑到《列国志》丛书所拥有的品牌影响力和社会美誉度，研究中心积极申请参与新版《列国志》编撰出版工作。在社会科学文献出版社谢寿光社长、人文分社宋月华社长的大力支持下，中心人员编撰的太平洋岛国诸卷得以列入新版《列国志》丛书，这给中心以极大的鼓舞和激励。为了使中心人员编撰的太平洋岛国诸卷更加符合新版《列国志》的编撰要求，人文分社总编辑张晓莉女士在编撰体例调整方面给予了诸多帮助。在此一并致谢。

　　因其特殊的地缘特征，太平洋岛国战略价值的重要性毋庸置疑，同时，在中国建设 21 世纪海上丝绸之路的过程中，作为中国大周边外交格局一分子的太平洋岛国的重要性也不言而喻。新版《列国志》太平洋岛国诸卷的出版，不仅可填补国内在太平洋岛国研究领域的空白，同时也为我国涉外机构、高等院校、科研机构及出境旅行人员提供一套学术性、知识性、实用性、普及性兼顾的有关太平洋岛国的图书。一书在手，即可明了对国人而言充满神秘色彩的太平洋诸岛国的历史、民族、宗教、政治、经济以及外交等基本情况。聊城大学太平洋岛国研究中心也将以新版《列国志》太平洋岛国诸卷的出版为契机，将太平洋岛国研究逐步推向深入。

CONTENTS

目 录

CONTENTS

目 录

CONTENTS

目 录

CONTENTS
目 录

CONTENTS

目 录

CONTENTS
目录

CONTENTS
目 录

第一章

概　览

　　所罗门群岛（Solomon Islands）之名源于《圣经》中所载的一则故事。据《旧约全书》记载，所罗门王平均每三年出海远航一次，每次归来总是金银满舱。因此，在当时，人们纷纷猜测，在茫茫大海中，所罗门王一定有一个黄金宝库。但是，无人知晓这个黄金宝库的具体位置。由于所罗门王的黄金宝库对世人的诱惑太大，所以两千多年来，寻宝活动一直持续不断。1567 年，西班牙航海家阿尔瓦罗·德·门达纳（Alvaro de Mendana）受命在南太平洋探寻未知的陆地，并于翌年发现了瓜达尔卡纳尔岛。在瓜达尔卡纳尔岛上，他见土著居民身上都佩戴着金光闪闪的黄金饰物，因此，以为这里就是人们一直寻找的所罗门王的黄金宝库，于是便把这里命名为所罗门群岛。

第一节　国土与人口

一　地理位置

　　所罗门群岛位于太平洋西南部，西南距澳大利亚 1600 千米，西与巴布亚新几内亚、东南与瓦努阿图隔海相望，即位于南纬 5°～

12°、东经 155°~170°。全境为西北、东南走向，南北相距 1500 千米。

二　国土面积

所罗门群岛陆地面积为 30407.5 平方千米，专属经济区面积为 134 万平方千米。所罗门群岛海岸线长 5313 千米，居世界第 19 位。

所罗门群岛属于美拉尼西亚群岛的一部分，由近千个岛屿组成，就像一盘珍珠撒落在 60 万平方千米的辽阔海面上。这些岛屿包括舒瓦瑟尔岛、肖特兰群岛、新乔治亚群岛、圣伊莎贝尔岛、拉塞尔群岛、佛罗里达群岛、马莱塔岛、瓜达尔卡纳尔岛、斯凯亚纳岛、马拉马西凯岛、乌拉瓦岛、乌基岛、马基拉岛（圣克里斯托瓦尔岛）、圣安娜岛、伦内尔岛、贝洛纳岛、圣克鲁斯群岛等。

在所罗门群岛诸多岛屿中，瓜达尔卡纳尔岛面积最大，其东西长 145 千米，南北宽 40 千米。岛内多火山、河流。首都霍尼亚拉就位于瓜达尔卡纳尔岛上。

三　地形与气候

（一）地形

所罗门群岛境内多山，少平原。境内主要岛屿由巴布亚新几内亚至新西兰的海底山脉突出水面而形成，该海底山脉自俾斯麦群岛向东南延伸，形成一条外凸的弧形；东北岛弧由海底狭窄山脉突出水面而形成，与东南岛弧构成两条平行的岛弧。在长期的外力作用下，境内山脉山体破碎，地势险峻，海拔超过 1000 米的山峰有百余座。其中，位于瓜达尔卡纳尔岛上的马卡拉空布鲁山（Mount Makarakomburu）为所罗门群岛第一高峰，海拔 2447 米；其次是波波马纳休山（Mount Popomanaseu），海拔 2330 米。所罗门群岛境内少平原，只是在沿海地带有较窄的平原。

所罗门群岛境内有 34 座火山，其中以蒂娜库拉火山和卡瓦奇火山最为活跃。但是，所罗门群岛的火山既没有其东邻新赫布里底群岛的火山活动频繁，也不如其西边的布干维尔岛和俾斯麦群岛的火山喷发剧烈，而且对当地居民的生产生活也没有产生严重影响，加上地震通常也不剧烈，所以所罗门群岛又被称为"幸运之岛"。

（二）气候

所罗门群岛属热带雨林气候，终年潮湿，年平均气温为 26.5℃，极少有极端天气。7 月和 8 月的气温偏低，无明显季节差异，但是在 11 月至次年 4 月，西北风会带来充沛的降雨和不经常的暴风或台风。年均降雨量在 3050 毫米左右。

四 行政区划

二战前，英国将所罗门群岛划分为 12 个行政区，即舒瓦瑟尔、东所罗门、吉佐、瓜达尔卡纳尔、豪勋爵、马莱塔、恩格拉和萨沃、伦内尔和贝洛纳群岛、圣克鲁斯、肖特兰、斯凯亚纳（斯图尔特）、伊莎贝尔和马什岬。首府在图拉吉。

二战后，所罗门群岛被重新划分为 4 个行政区，包括中部区、西部区、东部区和马莱塔区。后来，每个行政区又被细分为若干个地方政府。1952 年，首府从图拉吉迁到霍尼亚拉。1978 年所罗门群岛独立时，该行政区划被延续下来。

1981 年，所罗门群岛对行政区进行了再次划分。中部区被拆分成中部省、瓜达尔卡纳尔省和伊莎贝尔省；东部区被拆分为马基拉－乌拉瓦省和泰莫图省。经过上述拆分，所罗门群岛被划分成7个省，即中部省、瓜达尔卡纳尔省、伊莎贝尔省、马基拉－乌拉瓦省、马莱塔省、泰莫图省和西部省。

1983年7月，霍尼亚拉被从瓜达尔卡纳尔省划出，成为首都直辖区，但仍作为瓜达尔卡纳尔省的首府；1995年2月25日，霍尼亚拉市重新归并瓜达尔卡纳尔省，但仍实行单独管理，隶属内政部。1995年，舒瓦瑟尔省被从西部省划出，伦内尔和贝洛纳省被从中部省划出。因此，所罗门群岛被划分为9个省和一个首都直辖区。所罗门群岛行政区划见表1－1。

表1－1 所罗门群岛行政区划

省 份	首 府	面积(平方千米)	人口(人,2009)
中部省	图拉吉	615.3	26051
舒瓦瑟尔省	塔罗岛	3837.3	26372
瓜达尔卡纳尔省(不含霍尼亚拉)	霍尼亚拉	5336.3	93613
伊莎贝尔省	布阿拉	4136.2	26158
马基拉－乌拉瓦省	基拉基拉	3187.7	40419
马莱塔省	奥 基	4224.7	137596
伦内尔和贝洛纳省	提加阿	670.7	3041
泰莫图省	拉 塔	868.4	21362
西部省	吉 佐	7509	76649
霍尼亚拉		21.9	64609

资料来源：所罗门群岛统计局，2015年1月1日，http://www.spc.int/prism/solomons。

五　国旗、国徽、国歌

（一）国旗

1975 年 4 月，首席部长所罗门·马马洛尼宣布为独立后的所罗门群岛征集国旗设计方案。截至 6 月 30 日，大约征集了200 件作品。经过初选，有四件作品入围，设计者分别为比尔·罗伯森（Bill Robson）和埃利奥特·奥梅斯（Elliot Omese）、迪克·基维尔（Dick Keevil）、埃迪·戴晴（Eddie Daiging）、佛瑞德·奥斯菲罗（Fred Osifelo）。尽管比尔·罗伯森和埃利奥特·奥梅斯的作品中选，但是由于受到媒体的强烈反对，该作品最终未被接受。1976 年，自治领政府选定了一个设计方案，并将其送到英国批准。[①] 该方案为蓝底，并有一个绿色三角形，三角形中有五颗星，分别代表西部区、中部区、马莱塔区、东部区以及一些离岛。中心是一个黄圈，内有一个取自先前旗帜的盾形纹章，盾形纹章中包括四个区的标志，但没有代表英国的狮子。[②]

英国内阁最终确定的设计方案为：左上角有 5 颗白色的星，代表五个主要岛屿群，即马莱塔、中部、东部、西部和波利尼西亚群岛的外围岛。对角黄色条纹代表太阳的万道金光，绿色代表大地，蓝色代表天空和海洋。1977 年 12 月初，英国女王伊丽莎白二世批准了该旗帜为所罗门群岛的国旗。[③]

---

① 所罗门群岛虽然自治，但英国控制着其独立过程。

② *Solomons News Drum*, 19 Mar. 1976.

③ *Solomons News Drum*, 11 Apr. 1975, 30 May 1975, 9 Dec. 1977. Peter Kenilorea, Clive Moore, *Tell It As It Is: Autobiography of Rt. Hon. Sir Peter Kenilorea, KBE, PC, Solomon Islands' First Prime Minister*, Centre for Asia – Pacific Area Studies, Academia Sinica, Taipei, 2008, p. 236.

（二）国徽

所罗门群岛的国徽为盾徽。盾面上蓝、黄、绿三色为国旗的颜色，分别象征海洋、太阳和大地。盾徽上端为太阳、船和头盔图案。盾面上的图案象征组成所罗门群岛的各行政区。军舰鸟象征东区；鹰象征马莱塔区；两只海龟象征西区；交叉的长矛及弓箭和盾牌象征中部区。盾徽两侧为一条鳄鱼和一条鲨鱼。它们的下面是一只军舰鸟的造型。最下端的黄色绶带上用英文书写着国家格言："领导就是服务"。

（三）国歌

1976 年，所罗门群岛政府组织了一场国歌征集活动。1978 年独立后，所罗门群岛政府最终将《天佑我们所罗门群岛》（*God Save Our Solomon Islands*）确定为国歌。国歌词作者是斐济裔所罗门群岛岛民帕纳帕萨·巴勒卡纳（Panapasa Balekana）和马提拉·巴勒卡纳（Matila Balekana），曲作者为帕纳帕萨·巴勒卡纳。[①]

歌词大意如下：[②]

> 天佑我们所罗门群岛，
> 从那岛到这岛。

---

① *Solomons News Drum*，29 Oct.，1976.
② 英文版歌词：
　God save our Solomon Islands from shore to shore.
　Bless all her people and her lands.
　With your protecting hands.
　Joy, Peace, Progress and Prosperity.
　That men should brothers be, make nations see.
　Our Solomon Islands, our Solomon Islands.
　Our Nation, Solomon Islands.
　Stands for evermore.

以您庇护之手，

保佑所有她的人民和诸岛，

欢乐、和平、进步与繁荣；

人民亲如弟兄，

让万国看到。

我们的所罗门群岛，我们的所罗门群岛，

我们的国家，所罗门群岛，

永远屹立不倒。

六　人口、民族、语言

（一）人口

所罗门群岛独立以来，进行过三次人口普查，最近的一次举行于 2009 年。根据 2009 年人口普查的结果，所罗门群岛总人口为 515870 人。其中，15 岁以下儿童人口为 209463 人，15 ~ 24 岁青年人口为 96542 人，25 ~ 59 岁人口为 182816 人，60 岁及以上老年人口为 27049 人。中值年龄为 19.7 岁；抚养系数为 85。男性为 264455 人，女性为 251415 人，性别比为 105，首次结婚平均年龄为 25.2 岁。全国家庭数为 91251 户。城市人口为 101798 人，占全国总人口的 19.7%。

在所罗门群岛诸省中，马莱塔省人口最多，为 137596 人；其次是瓜达尔卡纳尔省，93613 人；再次是西部省，为 76649 人。人口密度最高的是首都霍尼亚拉，每平方千米 2953 人，其次是中部省和马莱塔省，每平方千米分别为 42 人和 33 人。

（二）民族

所罗门群岛是一个多民族国家，国民包括美拉尼西亚人、波利尼西亚人、密克罗尼西亚人、欧洲人、华人等。其民族构成情况见表1－2。

表1－2 所罗门群岛民族构成及所占比例

民族构成	所占比例（%）
美拉尼西亚人	93.0
波利尼西亚人	4.0
密克罗尼西亚人	1.5
欧洲人	0.8
华人	0.3
其他	0.4

美拉尼西亚人约占所罗门群岛总人口的93%。他们属于尼格罗－澳大利亚人种美拉尼西亚类型，皮肤黝黑，头发卷曲，宽脸阔鼻，颌部突出。

在西班牙人于1568年发现所罗门群岛后，直到1860年才有第一批欧洲移民迁到这里。以英国人为主的欧洲人及其后裔分布比较集中，主要生活在瓜达尔卡纳尔岛上。他们中的多数人在政府机关任职，或经营种植园，或为传教士，均属社会上层。

华人旅居所罗门群岛始于1929年。他们主要来自中国的广东、香港等地，少数人来自中国台湾。多数中国人住在首都霍尼亚拉，并已加入所罗门群岛国籍。华人在所罗门群岛的商业活动中占有突出地位，为繁荣和发展所罗门群岛经济发挥了积极作用。华人在所罗门群岛主要从事杂货零售、餐饮和娱乐等行业。霍尼亚拉有一条"唐人街",市区中心有中国人经营的商店。一部分华人拥有船只,往返于各岛之间,开展农产品的收购和销售业务。此外,华人也涉足医药业、运输业、食品制造业、建筑和房地产业、农渔业等。华侨华人在所罗门群岛建有中华会馆。

(三) 语言

由于所罗门群岛岛民居住得比较分散,一些主岛的沿海与内地又处于隔绝状态,因此所罗门群岛的语言非常复杂,甚至在许多岛屿上,同时存在着多种语族的语言。在所罗门群岛,共有 74 种语言,其中有 3 种如今已失传。这些语言可分为三种主要类型:南岛语族、波利尼西亚语族和巴布亚语族。大约 3 万年前,人类开始在所罗门群岛定居,他们来自新几内亚岛,他们所使用的巴布亚语族语言是所罗门群岛最古老的语言。大约 4000 年前,来自北方的新一波移民引入了如今在所罗门群岛占据主导地位的南岛语族语言。在翁通爪哇环礁(Ontong Java)、斯凯亚纳岛(Sikaiana)、里夫群岛(Reef Islands)、达夫群岛(Duff Islands)、蒂科皮亚岛(Tikopia)、阿努塔岛(Anuta),以及伦内尔岛和贝洛纳岛,岛民所使用的语言更接近波利尼西亚语族语言。

在所罗门群岛,每种语言又可以分为多种方言,这些方言有些是有关联的,但是许多方言毫无关联,而且词汇颇为丰富,其中最典型的是尤拉瓦语,有 6000 多个词语。尽管由于卫理公会教派使用罗维亚纳语(Roviana language),罗维亚纳语在所罗门群岛西部具有相当影响,但是在整个所罗门群岛,方言从未占据过主导地位。

皮钦英语(Pigeon English)是所罗门群岛岛民的通用语言。

皮钦英语又被称为"所罗门皮钦英语"或"新所罗门语"。最初，皮钦英语是南太平洋地区的一种贸易语言。它使用了少量的英语词语，以及一些本土词语和美拉尼西亚语语法。由于18世纪末至19世纪中叶捕鲸业的兴盛和19世纪50年代海参贸易的发展，贸易行话被传遍太平洋地区。从贸易行话中，我们可以发现皮钦英语的源头。该语言主要形成于澳大利亚昆士兰州、斐济、萨摩亚和新喀里多尼亚的糖料种植园。从18世纪70年代开始，皮钦英语通过回国的劳工被传播到所罗门群岛，并变得越来越复杂。到19世纪末，它已经得到充分发展，臻于完备。在同一时期，一种发源于斐济的皮钦英语，也通过回国的劳工传入所罗门群岛，但是没有流传下来。所罗门群岛皮钦英语日益成为整个保护领的主要通用语。皮钦英语的广泛使用，为民族主义在以后数十年的发展提供了统一的语言和先决条件。

20世纪60年代，受过西方教育的所罗门群岛岛民，就皮钦英语的未来进行了多次争论，但是皮钦英语一直持续发展，并成为仅次于英语的所罗门群岛的第二大语言。所罗门群岛皮钦英语有别于瓦努阿图的比斯拉马尔语（Bislamar），更不同于巴布亚新几内亚的托克皮辛语（Tok Pisin）和托雷斯海峡（Torres Strait）的布洛肯语（Broken）或克里奥尔语（Creole）。尽管所罗门群岛发行了皮钦英语报纸，出版了多部皮钦英语词典以及一部皮钦英语版《圣经》，但是皮钦英语仍然主要是一种口语，政府也尚未致力于使其语法标准化。所罗门群岛基督教协会（Solomon Islands Christian Association）曾编撰过一部皮钦英语词典，这是迄今为止唯一一次标准化努力。这意味着皮钦英语是一种非常灵活的语言，主要是为了传达信息，而非成为书写工具。

第二节　民俗与宗教

一　民俗

（一）服饰、饮食

所罗门群岛原住民在过去不穿衣服。儿童全部光着身体，成年人一般仅在腰间围一块布或一串树叶，或在胸前挂一块树皮。妇女喜欢将贝壳或花瓣串起来挂在颈上，垂在胸前，或挂在双臂上；也喜欢用草扎成各种装饰品戴在身上。现在，男子通常穿短裤或用布遮住下身；妇女通常穿裙子。在许多岛上，人们都喜欢在皮肤上刺花，儿童喜欢在脸的上部饰以鱼类和几何线条图案，甚至将上述图案扩展到身体的其他部位。

所罗门群岛国民的饮食有其自身的特色。他们都是用手抓东西吃，也不定时定量。食物主要是木薯、香蕉、菠萝、木瓜和金枪鱼。他们一般将碧青的香蕉煮后或烤后食用。饮料多为生水和椰子汁。岛民尤其喜欢吃一种名叫"尼呦揉头"的食品。制作"尼呦揉头"就像中国人包饺子一样，需要家人一起动手。一般先将木薯用一块干净的布包好，系在一根木杵的顶端；然后男女老少手持木杵，围在石臼周围，边唱歌，边捣杵；然后，用香蕉叶将捣碎的木薯与果实粉做成的"鱼丸子"[①]一起包成粽子样，并放在火上烤熟。烤熟的"尼呦揉头"香气扑鼻，老少皆宜。

（二）婚俗

所罗门群岛的婚俗非常奇特。坚持传统生活方式的美拉尼西亚

---

① 王丽娟、毋恒生、程桢编著《WTO 成员国（地区）经贸概况与礼仪习俗》，中国物价出版社，2002，第 503 页。

人仍然遵循最古老的婚姻习俗。

青年男女的婚姻一般由双方父母商定。父亲在为儿子选定合适的女孩后，就带着一块贝币前往女方家提亲。经女方家长同意后，双方父亲开始商议彩礼。传统的彩礼包括贝币、红羽毛货币、猪和海豚牙，现在可以付硬币。此外，男方还要将相当数量的布匹放进独木舟中，由男方母亲送到女方家中，由女方母亲接收。

所罗门群岛上居民的婚礼既简单又奇特。在举行婚礼的前两天，新郎要到海边选好新娘登岸的地点和回家的路线，然后将全家采集的树叶铺在路上。按当地风俗，新娘首次登上婆家"本土"时，双足不能着地。这样，才能永保"洁净的躯体"。婚礼当天，新郎划独木舟到新娘家迎亲，新娘在其父母和弟弟妹妹的陪同下前往婆家，娘家人在被婆家设宴款待后便告辞，新娘则由新郎的妹妹引入洞房。

新郎的妹妹要陪新娘住一个月。一个月内，新郎不得进入洞房。一个月后，新郎陪新娘回娘家。在新娘的娘家，新娘父母设宴招待新郎，并挽留小夫妻在家过夜，欢度结婚一个月来的第一个良宵。翌日，小夫妻划船回家，开始他们的新婚生活。

（三）出生

虽然马莱塔岛有政府和教会办的诊所，但岛上许多妇女仍然遵循传统风俗。临产时，孕妇不得被任何陪侍她的妇女触摸。生产后，产妇亲手剪断婴儿的脐带，但不给脐带扎结；随后将婴儿放在铺满露兜树树叶的地上；在陪侍妇女划独木舟护送下，产妇亲自撑一只小木筏回村子。回村后，产妇与婴儿要在村中的"比西"（即妇女之屋）里住30天。在此期间，产妇必须遵守传统的饮食要求，只吃特殊的芋头，而不能吃鱼。住满 30 天后，产妇与婴儿离开"比西"，回到自己家中。然后，村中举行一场向她道喜的特殊宴会，但已婚男子不能参加。

（四）葬礼

在一个人去世后，其尸体会被埋在岛上。过去，尸体曾经以坐姿被埋葬，头和双肩露出地面，但是现在这个习俗已被废除。在古代，族长的尸体被放进独木舟中埋在"比尤"（即男人之屋）里。现在，基督教葬礼日益成为主要的葬礼形式。

（五）禁忌

所罗门群岛有许多禁忌，而且每个村子都有其独特的禁忌。

在所罗门群岛，男人比女人地位高。在一些村子里，女人所站位置不能高于男人；如果一个男人坐着，女人也应坐着。

在乌拉瓦岛，当地居民忌吃香蕉。

在马莱塔岛，当地居民忌穿红色或黑色衣服。这是因为当地人认为神不喜欢这两种颜色，如若身穿这两种颜色的衣服就无法接近神；当地人还深信这两种颜色会破坏他们寻找良好渔场的能力。当地居民奉行"鲨鱼崇拜"，认为祖先的灵魂驻留在鲨鱼的身体里，忌捕杀鲨鱼。

与丁达罗（Tindalo）或力量幽灵有关的地方是神圣的。如果（在上述地方附近生长的）一棵树倒在一条小路上，不要跨过这棵树。同样，当其阴影投射到围墙上时，人们不应走过去。因为当地传说认为，力量幽灵会吸走路过之人的影子。碰到正在睡觉或坐着的人，要绕着走，绝不能跨过他们。

当游客在旅游期间触犯一个或多个禁忌时，为了消除误解，应向当地人道歉并做出解释，以期获得原谅。

（六）作为财富象征的猪

在所罗门群岛传统社会中，财富是提高社会地位的重要手段。过去，族长一般世袭。虽然如今世袭族长徒有虚名，然而争夺族长权势的现象在所罗门群岛仍非常普遍。要想成为族长，不仅要拥有财富，还要有威信。于是，为了显示自己比其他竞争者条件优越，竞争者除了夸耀自己的学识、才能和财富之外，还纷纷举办祝宴。祝宴规模越大，越显示竞争者比竞争对手更有能力向为其工作的族人提供生活所需和合理报酬，就会有更多的族人追随。因此，竞争者为了提高自己的威信，要举办竞争对手无法超越的盛大祝宴，并邀请竞争对手前来观礼，使其颜面扫地并主动交出追随者。在此过程中，猪的数量逐渐成为衡量财富的标准。失利的竞争者为了在短期内重建声威，广纳妻妾，因为饲养猪是女人的责任，只有多娶妻纳妾，才能喂养更多的猪。因此，猪在所罗门群岛不仅是财富的象征，也对其社会制度产生了重大影响，导致在某些地区出现了一夫多妻制。

二 节 日

国家节日包括新年（New Year's Day，1月1日）、耶稣受难节①、复活节②星期一（Easter Monday，复活节后的星期一）、圣灵降临节③星期一（Whitmonday，圣灵降临节后的星期一）、女王诞

---

① 耶稣受难节（Good Friday）是纪念耶稣受难的节日，日期为复活节前的星期五。
② 复活节是纪念耶稣基督在十字架受刑死后复活的节日。根据西方教会的传统，在春分当日见到满月或过了春分见到首个满月之后的第一个星期日即为复活节。
③ 圣灵降临节也称五旬节（Pentecost），是纪念耶稣复活后差遣圣灵降临的节日。据《圣经》记载，耶稣在复活后的第50天差遣"圣灵"降临；门徒领受圣灵，开始布道。据此，教会规定每年复活节后第七个星期日为"圣灵降临节"。

辰日①、独立日（7 月 7 日）和圣诞节（12 月 25 日）。

此外，"第二法定节日"（Second Appointed Day）是所罗门群岛的省级节日。在舒瓦瑟尔省，该节日在 2 月 25 日；在伊莎贝尔省，该节日在 6 月 2 日；在泰莫图省，该节日在 6 月 9 日；在伦内尔和贝洛纳省，该节日在 7 月 21 日；在瓜达尔卡纳尔省，该节日在 8 月 1 日；在马基拉－乌拉瓦省，该节日在 8 月 4 日；在马莱塔省，该节日在 8 月 15 日；在西部省，该节日在 12 月 8 日。在复活节之前的 40 天里，美拉尼西亚教会禁止人们跳所有的传统舞蹈。

在 12 月初，吉佐举办海洋节（Festival of the Sea）。在节日期间，人们举行独木舟竞赛、钓鱼和潜水比赛等传统活动。

三　宗教

所罗门群岛是一个信仰多元化的国家。全国约 90% 的人信仰基督教，其中，圣公会美拉尼西亚教会教徒占全国人口的 33%，罗马天主教教徒占 19%，南海福音教派教徒占 17%，基督复临安息日会教徒占 11%，卫理公会教徒占 10%。这五个团体共同组建了所罗门群岛基督教协会（Solomon Islands Christian Association）。所罗门群岛基督教协会是一个由基督教不同教派组成的非政府组织，在所罗门群岛岛民的生活中发挥了主导作用。据估计，约有 5% 的人口信仰本土的泛灵论，他们主要生活在马莱塔岛的夸伊沃（Kwaio）地区。其他宗教教派包括伊斯兰教、巴哈伊教（Bahá'í

---

① 在所罗门群岛，女王诞辰日（Queen's Birthday）为最接近 6 月 14 日的那个星期五。英国人在每年 6 月的第二个星期六庆祝英王或女王官方生日，尽管这并非其真正生日，但作为一种隆重的庆典仪式延续了下来。现任英国女王伊丽莎白二世的真实生日是 1926 年 4 月 21 日。

Faith）、神召会（Assembly of God）、耶和华见证会（Jehovah's Witnesses）、摩门教（Mormon）、统一教（Unification Church）和一些已脱离主要基督教教派的本土教会。[①] 在所罗门群岛，通常是整个村庄信奉一个教派。

（一）传统信仰

所罗门群岛岛民是祖先崇拜者。他们在供奉祖先时，首先举行祭祀仪式，然后在祖先的神龛里向其献祭猪。"马纳"（Mana）是上述宗教制度的基础。它是一种超自然的力量，能够存在于人类和事物的各个层面，而且一直源于神灵。它与自然法之外的所有事物相连。上述宗教活动的核心目标是，通过祭品和供品获得神灵的善意，使"马纳"帮助人们实现个人利益。"马纳"不好也不坏，但始终是一种充满危险的力量。早期的基督教传教士们通常将"马纳"误认为邪恶的东西。在 1891 年出版的《美拉尼西亚人：对他们的人类学和民俗学研究》（*The Melanesians：Studies in Their Anthropology and Folklore*）一书中，圣公会传教士 R. H. 柯德林顿（R. H. Codringdon）对"马纳"给出了早期最好的解释。与"马纳"相关联的是一种对禁忌观念的信仰。禁忌是一种由一些规定性和禁止性规则构成的制度，而这些规则受到超自然制裁的支持。社区中有许多管理日常生活的禁忌，还有一些出于宗教原因而强加的禁忌。违反禁忌会得罪神灵并遗祸子孙。一些人仍遵守着最

---

① 神召会和耶和华见证会是小教派中最大的两个。最大的当地原住民教会是余民教会（Remnant Church），成立于 1955 年。参见美国国务院宗教、人权和劳工事务局《2013 年国际宗教自由报告——所罗门群岛》，http://www.state.gov/j/drl/rls/irf/religiousfreedom/index.htm#wrapper，2014 年 8 月 1 日。1971 年，神召会开始在所罗门群岛开展传教活动。1977 年，耶和华见证会开始在所罗门群岛传教，虽然其早在 1948 年就已经对所罗门群岛产生影响，但真正开展传教活动是始于 20 世纪 70 年代末。

常见的禁忌。比如在比较传统的马莱塔岛上，男人们以现代形式展示了上述禁忌。如当男人和女人身处多层建筑中时，男人从来不在女人下面的楼层走；当在教堂参加活动时，男人和女人是分开的。

除了受波利尼西亚文化影响的地区之外，所罗门群岛其他地区从来没有至高无上之神的观念。人们信仰各种神灵：一些是被纪念和尊崇的祖先；另一些是"野生的"或无关联的神灵。其中，有一些祖先已经完全没有了后裔，另一些则根本就不是人类。然而，随着时间的推移，个别祖灵可能会被遗忘，可能不再受重视，或被新的祖灵取代。伟大祖先的神灵会备受尊崇。在某些地区，诸如鲨鱼或军舰鸟等动物与神灵也有关联。一些人成为专业人士，并在宗教仪式上扮演着重要角色，执行献祭、祈祷和念咒的职责。这些活动通常在神龛前进行。神龛中保存着祖先的遗物，如头骨和其他神圣的物件。献祭可能是大型村社的丧葬仪式的一部分，但是个人也与特定神灵建立了个人关系，并在一些较小规模的仪式上向其供奉祭品。祭品大多是猪，但是在所罗门群岛的某些地方，特别是在所罗门群岛的西部地区，战俘、奴隶或社会中无关紧要的人，在特殊场合也被当作祭品。

尽管在许多地区仍然有传统的宗教活动，尤其是在马莱塔岛中部的夸伊沃山区，但是如今，绝大多数所罗门群岛岛民公开表示信奉基督教。巫术从业者更加依赖技巧，而非他们与神灵世界的亲密关系。人们不仅要求他们能治愈疾病或保证好天气，而且还经常将自然现象和人类疾病与巫术和神灵世界结合在一起。

（二）基督教

在 19 世纪和 20 世纪初，西方基督教的传教士将几大教派传播到所罗门群岛。1845 年，以琼 – 巴普蒂斯特·埃帕利主教为首的天主教传教士登上圣伊莎贝尔岛，在当地传播天主教。但历经四十年的艰辛努力，没有取得进展。19 世纪后期，新教传教士再次进入所罗门群岛传教，经过多年努力终于获得成功，天主教第二次进入所罗门群岛。从此，基督教各教派开始传入所罗门群岛（见表 1 – 3）。

表 1 – 3　基督教各教派传入所罗门群岛的时间

教派	传入时间
英国圣公会（Anglican）	1852 年*
天主教会（Catholic Mission）	1898 年
卫理公会教派（Methodist Mission）	1902 年
南海福音教派**（South Sea Evangelical Mission）	1904 年
基督复临安息日会（Seventh – day Adventists）	1914 年

　　*1861 年，英国圣公会在所罗门群岛成立了美拉尼西亚主教教区（Anglican Diocese of Melanesia）。

　　**原名昆士兰肯纳卡教派（Queensland Kanaka Mission），1907 年改为现名。

在对待他们的神职人员和教士本地化问题上，各教派的表现完全不同。圣公会在 19 世纪末任命了首批原住民执事和牧师，并在 1925 年成立了一个原住民修道会——美拉尼西亚兄弟会（Melanesian Brotherhood），还成立了基督教修女会（Sisters of the Cross）。南海福音教派一直鼓励教士本地化，因为他们没有类似于天主教和圣公会的神职人员。卫理公会一直以太平洋地区其他岛的岛民和当地人为牧师。以扫·图扎（Esau Tuza）和莱斯利·波塞托（Lesley Boseto）是首批被卫理公会委任为牧师的所罗门群岛岛民。天主教较为僵化，主要委派法国玛利亚会的神父和修女前来传教。至 21 世纪初，约 45% 的天主教神职人员仍是外国人。但是，除此之外，所罗门群岛基督教其他教派的神职人员均已实现本地化。

（三）宗教政策

所罗门群岛不仅在宪法中规定了宗教信仰自由，而且其政府在实践中也普遍尊重国民的这一权利。所罗门群岛内政部负责宗教政策的制定工作。其具体职责为：维护宪法所保护的宗教信仰自由、言论自由，维持公共秩序。所有宗教团体都必须向政府登记，至今所罗门群岛政府没有拒绝过任何宗教团体注册。

政府一般情况下不资助宗教团体。然而，宗教团体建立并一直运行着一些学校和医疗卫生机构。罗马天主教会、美拉尼西亚圣公会、卫理公会、南海福音派教会、基督复临安息日会资助了一些学校。所罗门群岛独立后，政府意识到其既没有资金也没有人员接管这些机构，因此尽管同意他们继续运转这些机构，但没有给予补贴。

公立学校每日安排一个小时的宗教课，其课程内容得到了基督教会各教派的同意。如果学生家长不希望其孩子参加上述课程，该学生可以免修。只有教会学校的课程符合政府标准时，政府才给予资助。虽然非基督教教会可以在学校传教，但是政府没有正式公布有关规定。

尽管政府人员就职时须向《圣经》宣誓，但是宪法禁止因担任公职而进行与宣誓人的宗教或信仰相违背的宣誓，或以与其宗教或信仰相违背的方式宣誓。

第三节 特色资源

一 游览胜地

所罗门群岛旅游资源丰富，蕴藏着发展冒险运动和生态、自然、人文旅游的巨大潜力。所罗门群岛有赤道地带被茂盛森林覆盖的火山和形态优美的珊瑚礁；由珊瑚礁构成的岛屿散列在海上，散发出迷人的魅力，吸引着大批旅游观光者。所罗门群岛最佳的旅游季节为雨量较少的4月至11月。

（一）潜水胜地

所罗门群岛是国际著名的潜水旅游地，潜水旅游业非常繁荣。这里的大多数海域海水清澈见底，海底世界美丽多变，各种热带鱼群和珊瑚云集其中，犹如华丽多彩的舞台。因此，尽管所罗门群岛的潜水旅游价位很高，但世界各地的潜水爱好者要想到所罗门群岛潜水，必须提前数年预订。此外，所罗门群岛也是冲浪和其他沿海水上冒险运动的胜地。

（二）伦内尔岛

所罗门群岛的一些地区具有极大的生态旅游潜力，如伦内尔岛上的东伦内尔岛于1998年被列入《世界自然遗产名录》。

伦内尔岛位于所罗门群岛的最南端，北距瓜达尔卡纳尔岛180千米。该岛长80千米，宽14千米，面积约660平方千米，是世界上第二大由珊瑚堆积起来的环状珊瑚岛。伦内尔岛大部分被茂密的森林覆盖，树木的平均高度为20米。尽管这里的自然环境异常恶劣，时常发生飓风，但仍不失为一处真正的可以进行科学研究的天然实验室。

该岛上的特加诺湖（Tenggano Lake）面积为 155 平方千米。该湖从前是环状珊瑚岛的潟湖，是一个咸水湖。

伦内尔岛有三种主要的植物类型：位于岛周边喀斯特山脊上的树林、岛内森林和特加诺湖周边的植物群。喀斯特山脊树林和岛内森林之所以在树种和森林结构上有重大区别，是因为岛屿周边土壤少、岛内土壤较多以及土壤性质不同。目前，人们在伦内尔岛上没有发现地方性树种。

由于伦内尔岛地理位置相对隔绝，形成了许多独特的鸟类种群。而且，东伦内尔岛由于具有伦内尔岛所有典型的生态环境，自然条件较好，成为大多数地方性鸟类栖息的乐园。这里有 43 种鸟类，其中有 4 种、9 个亚种是伦内尔岛独有的，7 个亚种是伦内尔岛和贝洛纳岛独有的。带粉红点的水果鸽是伦内尔岛和贝洛纳岛的地方性种属。扇尾鸽和伯劳鸟等是伦内尔岛特有的种属。鸬鹚是特加诺湖的常客。

这里有 11 种蝙蝠，如鱼蛉、太平洋飞狐和马刺蝙蝠等，其中伦内尔岛飞狐是该岛特有的蝙蝠。伦内尔岛有陆地蜗牛 27 种，其中有 7 种是岛上独有的。特加诺湖是目前已知的金环蛇生长的唯一地区。此外，湖区还生活着 5 种壁虎、4 种蜥蜴、1 种巨蜥和 3 种蛇。目前，在伦内尔岛没有发现两栖类动物，这可能是因为特加诺湖特殊的地质特点造成岛上缺乏地表水。

在公元前 2000～公元前 1600 年，拉皮塔人曾在此繁衍生息。在公元 1400 年前后，现在的伦内尔岛岛民的祖先迁居于此。由于受土地和淡水资源的限制，当地人口规模一直不大。

（三）热带雨林

所罗门群岛被称为"森林之国"。在该国的大小岛屿上，都密密地覆盖着森林，即使在一个不大的礁岛上，也生长着茂密的树木。

所罗门群岛的热带雨林是一个异常宁静的世界，这里既没有猛兽，也没有蚊虫，空气清新，凉风习习。森林中生长着许多千年参天古树，高大的乔木比比皆是，如卡尤海棠木、番龙眼、布拉斯榄仁树。这些树的枝丫很少，树干直径达两米多，耸立在森林之中。由于缺少阳光照射，树下灌木和植被很少，只生长着一些蕨类植物和花卉，但遍地都是攀缘的白藤。还有一种奇特的藤，能给人提供饮料。地下的枯枝落叶层足有近半米厚，到处可见因衰老枯萎而倒下或是被龙卷风吹倒的高大乔木。这些枯枝落叶和倒下的大树在潮湿的环境里慢慢地腐烂，给正在生长着的植物提供养分。

（四）具有美拉尼西亚风格的村落

在瓜达尔卡纳尔岛上有一个名为坦比亚的旅游胜地。这里有一批按当地传统用树叶搭建的、具有美拉尼西亚风格的平房，还建有两家酒吧、一个野宴场所和一座啤酒花园。附近还有一处从前异教徒献祭的遗址，以及四位基督徒的坟墓，据说这四位基督徒的传统任务就是把当地魔鬼的灵魂好好地拘禁在地下。

（五）二战遗址

在所罗门群岛旅游，不能不去参观第二次世界大战的遗址。在瓜达尔卡纳尔岛的血岭，为了保卫飞机场，美军曾与日军浴血奋战。伊卢河是美日军队在瓜达尔卡纳尔岛争夺战中的重要战场。在伦加河大桥附近有一个被称为"地狱之角"的地方，美军曾在此倾泻了数千吨烈性炸药。

二 著名城市

（一）霍尼亚拉

霍尼亚拉（Honiara）位于所罗门群岛最大的岛屿瓜达尔卡纳尔岛的北岸，是所罗门群岛的首都，也是该国的政治、经济、文化和交通中心。2012 年人口为 66168 人。霍尼亚拉是当地加利语（Ghari language）对克鲁兹海岬（Point Cruz）以西地区的称呼，即今天游艇俱乐部（Yacht Club）、基塔诺·门达纳酒店（Kitano Mendana Hotel）和遗产公园酒店（Heritage Park Hotel）所处位置。霍尼亚拉在加利语中意为"面朝亚拉"（facing the ara），即东南风登陆之地。

在二战前，霍尼亚拉是所罗门群岛瓜达尔卡纳尔岛上一个默默无闻、落后寂静的小村落。二战期间，从日军手中夺取瓜达尔卡纳尔岛之后，美军将瓜达尔卡纳尔岛作为其进一步打击日军的前进基地，并在霍尼亚拉建设了大量的基础设施，这为霍尼亚拉此后的发展奠定了基础。二战结束后，由于英属所罗门群岛保护领的首府图拉吉在二战期间被摧毁，于是保护领政府在 1952 年将其首府迁到了霍尼亚拉。霍尼亚拉开始得到发展，城区规模日益扩大，人口不断增加。霍尼亚拉中央市场是所罗门群岛交易活动的中心，有许多市场摊位，出售各种各样的商品。

1978 年 7 月，所罗门群岛独立，霍尼亚拉成为这个新国家的首都。主要政府机构绝大多数设在霍尼亚拉。另外，这里还有很多学校，例如，所罗门群岛高等教育学院、霍尼亚拉国际学校、南太

平洋大学所罗门群岛分校。

位于霍尼亚拉的国家转诊医院（National Referral Hospital）是所罗门群岛最大的医院，2012 年时拥有 300～400 个床位和 50 名医生。2008 年，该医院急诊科收治患者 55234 人次，实施普外科手术 1971 例。另一所医院是纳穆班恩医院。该医院最初是一所由美军修建的野战医院，即第九医院。1993 年，在中国台湾当局的援助下进行了扩建。

霍尼亚拉儿童公园是霍尼亚拉唯一的儿童游乐场，属于霍尼亚拉美化委员会的资产。据调查，由于海岸遭到侵蚀，该公园处于危险之中，亟须修建护堤进行保护。瓜达尔卡纳尔岛美军纪念碑是一个重要的旅游胜地。它是在瓦勒斯旅游股份有限公司经理罗伯特·F. 雷诺兹的倡议下修建的。

霍尼亚拉拥有数家酒店和饭店。霍尼亚拉酒店（Honiara Hotel）是一家传统酒店，每当星期五的晚上上演非常有特色的传统舞蹈节目。此外，还有由华人投资 2000 万美元兴建的太平洋俱乐部酒店（Pacific Casino Hotel）。著名的饭店有基塔诺·门达纳酒店的卡皮塔纳餐厅（Capitana Restaurant）和所罗门国王旅馆的龙都餐厅（Le Rendezvous Restaurant）。此外，还有雨树咖啡馆（Raintree Cafe）、宁氏咖啡店（Ning's Coffee Shop）等。

霍尼亚拉有三座体育场。其中，劳森·塔玛体育场最大，能容纳 1 万名观众，被视为所罗门群岛的国家体育场。2012 年大洋洲足联国家杯赛在该体育场举行。在霍尼亚拉，帆船运动非常受欢迎。

霍尼亚拉国际机场是所罗门群岛最大的机场，可起降大型飞机。克鲁兹海岬海港是所罗门群岛的主要输入港，拥有装卸 20 英尺集装箱的设备。

（二）奥基

奥基是所罗门群岛马莱塔省的首府，是所罗门群岛的第三大城镇。它位于马莱塔岛西北岸的朗加朗加潟湖的北端。2012 年人口为 7448 人。在首都霍尼亚拉和奥基之间，除了每天都有航班往返之外，还有定期的船运业务。奥基已通电，通往机场的道路为柏油路。

奥基风景如画，附近有几处旅游胜地。奥基的灌木丛比霍尼亚拉的更加茂密和五彩缤纷，人们的生活更加悠闲自在。在位于奥基南端主要码头上的市场里，每天都有水果、蔬菜和鲜鱼售卖。

（三）蒙达

蒙达是所罗门群岛西部省新乔治亚岛上最大的城镇，2012 年人口为 5064 人。它坐落于新乔治亚岛西端的蒙达海岬，紧邻罗维亚纳潟湖。

蒙达最初是一座由英国人诺曼·惠特利（Norman Wheatley）兴建的椰子园，后来被澳大利亚人莱斯利·吉尔收购。二战期间，日军曾在此修建了一条简易飞机跑道，将之作为到瓜达尔卡纳尔岛的中转站。1943 年 8 月初，被美军占领。不过，这条飞机跑道至今仍在使用，每天都有往返于霍尼亚拉和吉佐的航班。从这里到吉佐，乘船需要 1~2 个小时，乘飞机只需 15 分钟；到霍尼亚拉，乘飞机只需 1 个小时。

拉姆贝特（Lambete）是蒙达最大的村子。这里商店林立，服务设施齐全，有银行、邮局、旅馆、远程通信中心、面包店、小型机场、港口和医院。

三 传统艺术

在所罗门群岛，不同文化区域的传统音乐有着巨大的差别。在太平洋诸岛中，只有所罗门群岛的传统歌曲是复调的。传统歌曲通常与战争、水灾和风暴有关，也有些是歌颂古代英雄的。

所罗门群岛的传统音乐通常使用打击乐器以及排箫和长笛等乐器。排箫由一束 12 根长短不一的管子组成，根据管子的开口情况，排箫可分为两种：一种是管子两端开口的排箫，另一种是上端开口的排箫。与上端开口的排箫相比，两端开口的排箫声音要高八度，因此一端开口的排箫更长。当人们用哨子或竹喇叭吹出连续的背景低音时，排箫演奏者面对面分两行站着或坐着演奏，演奏者移动其头部吹不同的管子，而排箫本身保持不动。排箫最初使用与欧洲音乐不同的音阶，但是在 20 世纪六七十年代被现代音阶取代。歌曲一般模仿大自然的声音，如鸟类的呼唤声，其内容与精神世界有关。乐队参加持续达八年的葬礼期或重要的公共活动。最著名的当代排箫乐队来自马莱塔岛。在排箫的伴奏下，人们用橡皮筋击打长度和大小不一的竹制或聚乙烯管子，这些管子即为打击乐器。大大小小的开口木鼓（slit‐drum）由挖空的树干制成，被用来发送消息和用作乐器。所罗门群岛的女人，尤其是马莱塔岛和圣伊莎贝尔岛的女人，常常一边唱摇篮曲，一边用小竹片轻敲扁平的雨花石，和乐而歌，其乐融融。与男人的排箫相比，她们所演奏的管乐器音乐更加柔和而悠扬。为了创造好的音乐效果，男人也吹"口簧"（Jews Harps）。

在 20 世纪 60 年代，弗雷德·梅多拉（Fred Maedola）与维京唱片公司合作制作了所罗门群岛最著名的歌曲《漫游在唐人街上》（*Walkabout Long Chinatown*）。这首歌曲由埃德温·斯托利（Edwin Sitori）创作，成为太平洋上的一首经典歌曲。它描述了人们在霍尼亚拉唐人街漫游的喜悦之情。

音乐演奏不仅常常伴以舞蹈，还与祖先崇拜和诸如葬礼等文化庆典有关。男人和女人都参加跳舞和演奏音乐。在大多数情况下，跳舞时常伴有音乐演奏，尽管某些基督教会一直阻止跳舞，因为它们想当然地认为跳舞与本土宗教有关联。

所罗门群岛没有著述文学或绘画传统。但是，木雕刻可以说是其美术形式的最高表现，并达到了很高的艺术水平。有些年老的工匠做出的鸟兽和人物形象的模型，尤其是半鲨半人像的"卡莱曼努"模型，栩栩如生。

在所罗门群岛，最为常见的人体艺术是文身和穿孔。尽管人们为了文身曾使用过划痕法和斑痕法，但是如今，上述方式已经很少见。在波利尼西亚人中，文身是最普遍和规模最大的人体艺术。例如，在翁通爪哇环礁，无论男女都刺有蓝黑色文身，但是女性的文身更大，从她们的腰部一直延伸至膝盖。她们的文身由一个精美图案和一系列相互交叉的线组成，图案通常是一条头尾相连并环绕全身的鱼。在伦内尔岛和贝洛纳岛，无论男女，身上都文有很多图案，这些图案源自蒂科皮亚岛。最常见的图案是一条宽竖条纹和两条类似的斜条纹，看起来像一个倒置的箭头，在两侧各有一排六个以上的鱼图形。他们的胸前、大腿和手臂上也被刺上了图案，酋长及其家人文有特殊的图案。在一些地区，人们会在自己的耳朵上刺出耳洞，而且把耳洞弄得很大且相当下垂，并在其中插入大贝壳环。男人通常刺穿鼻中隔，并插入木龟板和骨饰。在翁通爪哇环礁，男人都戴着一个"安桑亚"，即一种龟壳鼻饰品。马莱塔岛上的人也佩戴一件类似的装饰性鼻坠或鼻针。前者被称作珐理珐理（farifari）或科姆珐理（komefari），后者被称作乌苏乌苏（usuusu）或菲沃（fio），二者都是用砗磲壳制成的。在从小在农村长大的所罗门群岛岛民中，面部刺青仍很常见。

第二章

历　史

在欧洲人发现所罗门群岛之前，所罗门群岛没有文字记载的历史。如今，我们要想了解所罗门群岛史前时期的情况，需要依靠语言学家、人类学家和考古学家的研究成果，以及原住民的口头传说和西班牙早期探险者的记述。根据语言学家、人类学家和考古学家的研究，人类踏上所罗门群岛已有数万年的历史。一些语言学家认为，由于这里有多种语言与马来语相似，因此，其原始居民可能是从新几内亚岛等太平洋岛屿上迁来的巴布亚人，时间大约在新石器时代初期，他们以狩猎和采集为生。美拉尼西亚人来得则要晚些，大约在 3200 年前从东南亚陆续迁入，排挤或同化了此前的巴布亚人。人类学家认为，他们的到来标志着所罗门群岛进入了史前时期。

1568 年，西班牙航海家阿尔瓦罗·德·门达纳发现了所罗门群岛，这是欧洲人首次来到所罗门群岛。它标志着所罗门群岛进入了一个新的时代。1893 年，所罗门群岛成为英国的殖民地。1976 年，所罗门群岛获得自治。1978 年 7 月 7 日，所罗门群岛摆脱英国的殖民统治，成为独立国家。

第一节　早期史

一　最早的定居者

在所罗门群岛，最早的定居者是3万年前从新几内亚岛来的巴布亚人。关于他们在所罗门群岛长期定居的证据，一是研究者在马莱塔岛夸伊沃地区所进行的遗传学研究，二是考古学家20世纪80年代在俾斯麦群岛的马努斯岛、新不列颠岛和新爱尔兰岛与所罗门群岛最北端的布卡岛所搜集到的考古学证据。

在巴布亚人抵达所罗门群岛时，由于地球正处于冰河时代，海平面比较低，尽管他们所见到的岛屿较少，但这些岛屿比较大。在300万年前至约1.6万年前，海平面几乎下降了100米，这意味着今天所罗门群岛的许多地方在那时是连在一起的。因此，从布卡岛和布干维尔岛直到圣伊莎贝尔岛、恩格拉群岛和瓜达尔卡纳尔岛的广大地区是一个大岛。考古学家马修·斯普里格斯（Matthew Spriggs）将这块古大陆称作“大布干维尔岛”（Greater Bougainville），它也被称作“大布基达岛”（Greater Bukida）和“大所罗门岛”（Greater Solomons）。

在所罗门群岛北部的布卡岛和布干维尔岛等岛屿，其岛民的肤色较暗，这证明他们在此定居的年代非常久远。从遗传学角度来看，所罗门群岛北方人是一个独特的生物集群，尽管在语言上他们既讲南岛语也说非南岛语。通过食物遗迹，考古学家已经确定人类开始在新爱尔兰岛定居的年代为3.3万年前，在布卡岛定居的年代为3.2万年前。这可能意味着，在1.2万~1万年前，早期人类可能通过徒步向南或沿着海岸划船来到如今的圣伊莎贝尔岛和瓜岛。

到马莱塔岛、乌拉瓦岛和马基拉岛可能也很容易。1.6万年前，海平面上升，并永久淹没了许多岛礁和珊瑚岛，造就了今天太平洋诸岛的形状。尽管一道深深的海峡一直使马莱塔岛与"大布干维尔岛"分离，但是位于两岛之间的达伊岛暗礁使得往来两岛非常容易。所罗门群岛中部的史前史一直较少被学者研究，而且也没有证据表明，这些早期人类在"大布干维尔岛"南端跨越过这道海峡。但是，似乎不太可能的是，早期人类在2万~1万年前没有进行过这种短距离的海上航行。因为所罗门群岛东部的一些语言与新几内亚岛的语言关系相当密切，这可能预示着，巴布亚人很早就已迁徙到该地区。同时，尽管只有通过长距离海上航行才能抵达马努斯岛，但是人类在该地区定居的时间也超过了1万年。

马莱塔岛和马基拉岛是考古学家所称的"近大洋洲"最东端的大型陆地。此外，在"远大洋洲"①西端的圣克鲁斯群岛以西有一片相当大的海域。当岛屿之间可以隔海相望时，在这些地区，大海从未成为障碍，反而是一条便于人类迁徙的交通走廊。在所罗门群岛，只有马基拉岛以南的海峡可以被视作障碍。"近大洋洲"的植物群和动物群，虽然不像新几内亚岛一样种类繁多，但也相当丰富，足以维持这些早期移民的生存。

大约6000年前，海平面稳定在了目前的水平。在过去的2500年里，随着暗礁的增加，珊瑚礁和沙洲才得以形成。据推测，最早

---

①　在考古学中，所罗门群岛主岛属于"近大洋洲"，但圣克鲁斯群岛属于"远大洋洲"。

的人类居住遗址如今已处于远离岸礁的海底。人类在布卡岛东南方居住的最早证据位于瓜达尔卡纳尔岛坡哈山谷的瓦图卢马坡索维（Vatuluma Posovi in the Poha Valley）。6400年前，那里的人们利用一个小洞穴作为庇护所。在该遗址，没有发现被驯化的动物和人类种植的植物的遗迹。

二　史前时代

虽然早期定居者能够在岛屿之间轻易地迁徙，而且不需要复杂的航海技巧，但是在迁徙到乌拉瓦岛和圣安娜岛之后，如果想继续南迁，他们则面临很大的挑战，因为这需要进行长距离的海上航行。大约3200年前，随着新移民的到来，这种情况发生了变化，因为他们拥有用于航海的独木舟，而且还使用陶器，能够种植农作物和养殖家畜。许多现代语言可以通过这些在独木舟上的"南岛语族"移民找到其源头。

上述新移民来自中国南方和台湾地区，在5000年前，他们进入东南亚。这些海上旅行者在俾斯麦群岛生活了上千年。在那里，他们与当地居民不仅通婚，还进行了文化交流。然后，他们通过所罗门群岛向南迁徙到瓦努阿图、斐济和波利尼西亚。

波利尼西亚人和其他民族也加入了上述交流之中。波利尼西亚人也说南岛语，在所罗门群岛外围的岛屿和沙洲上已经居住了至少3000年。离岛和环礁，如蒂科皮亚岛、斯凯亚纳岛和翁通爪哇环礁都有着悠久的历史，而且岛上的居民和其他波利尼西亚人也肯定曾以各种方式影响过所罗门群岛沿海的岛民。有证据表明，早在3200年前，这些地区的人们已经开始种植农作物和饲养家畜，如养猪和鸡。

　　我们如今已知道，南岛语族人是乘坐独木舟从北方来到此地的，而且他们还带来了家养的猪、狗和鸡，以及一些坚果树和其他农作物。他们还带来了一种风格独特的陶器，考古学家将其称作"拉皮塔"（lapita）。当南岛语族人在俾斯麦群岛徘徊时，他们可能对其进行了发展。考古学家不仅在布卡岛和新乔治亚群岛，还在圣克鲁斯群岛和珊瑚群岛发现过拉皮塔陶器。另外，他们在贝洛纳岛、新乔治亚群岛和圣伊莎贝尔岛，还发现了其他陶器。这些陶器缺少风格独特的拉皮塔齿状印记，可能年代比拉皮塔陶器要晚。这些早期定居者以农业生产为主要谋生手段，也依赖海洋资源和野生动植物。今天，许多所罗门群岛岛民在种植的蔬菜处于生长期时仍然采食野生植物，尤其是野生芋头和山药。本土动物也补充了人们饮食中的家养动物和禽类的不足。[①]

　　由于疟疾一直充当着人口膨胀的制衡器，因此早期移民数量较少，而且能够适应新环境。间日疟原虫和三日疟原虫引发的疾病并不会致使族群崩溃，而且在移民到达不久之后可能就成为人口制衡器，每隔四到五年就暴发一次，因此生育间隔对于疟疾流行地区身心健康的母亲而言是必要的。如果我们假设最初乘独木舟而来的移民数量不多，甚至后来来自南方和北方的移民也不多，人口增长将会非常缓慢。起初他们住在海岸周围的小殖民地，每个殖民地完全自治，他们通过狩猎和采集维持生存，直到开垦出良田。从沿海向

---

① Glenn R. Summerhayes, and Ian Scales, "New Lapita Pottery Finds from Kolombangara, Western Solomon Islands", *Archaeol Oceania*, Vol. 40, 2005, pp. 14 – 20. Glenn R. Summerhayes, "Lapita Colonisation of the Pacific?" *South Pacific Journal of Philosophy and Culture*, Vol. 9, 2006 – 2007, pp. 69 – 82.

岛屿内陆迁移、内地人与沿海人之间的分化可能发生在离今天较近的年代。

三 史前文化

所罗门群岛保留了大量欧洲人到来之前的文化古迹，特别是西部省巴奥的 13 世纪巨石神龛群（Bao megalithic shrine complex）、14～19 世纪努沙·罗维安纳的要塞和神龛（Nusa Roviana fortress and shrines）以及沃纳沃纳头骨岛（Vonavona Skull Island）。努沙·罗维安纳的要塞及其周边的村庄在 17～19 世纪成为区域贸易网络的中心。努沙·罗维安纳的头骨神龛是许多民间传说的遗址。其中比较有名的是迪奥拉神龛（Tiola shrine），据说该神龛中的石狗会转向罗维安纳的敌人即将到来的方向。这些考古遗迹表明了当地的罗维安纳文化在 17～18 世纪通过贸易和猎头远征而快速传播。

第二节　近代史

一 所罗门群岛的发现

（一）阿尔瓦罗·德·门达纳与所罗门群岛的发现

根据麦哲伦探险队所提供的信息，太平洋南部的热带海域与其北部一样，也有季风和赤道洋流，因此在占领秘鲁之后，西班牙探险者们企图在南太平洋找到一条连接秘鲁和菲律宾的航线。同时，在 1567 年，西班牙驻秘鲁总督洛皮·加德亚·德·卡斯特罗从一位航海家那里听说，当地印加人的首领图塔·尤塔基曾率领一支远征队在航行 9 个月后成功抵达南太平洋上的一片大陆，并带回许多黑人奴隶和大量金银财宝。据此，西班牙探险者们认为，在太平洋南部有一个未知的大陆，尽管麦哲伦探险队没有发现，但是他们坚信这个大陆是存在的，并将它称为澳大利亚，这个名字在拉丁语中是"未知的南部陆地"的意思。而且，澳大利亚的黑人和金银珠宝对西班牙探险者们有着巨大的吸引力。秘鲁的银矿主和种植园主希望得到身强力壮且具耐力的黑人奴隶，以之代替印第安人作为劳力。

于是，在秘鲁殖民政府、银矿主和种植园主的支持和鼓励下，1567年11月19日，阿尔瓦罗·德·门达纳率领一支探险队从秘鲁的卡亚俄港出发，向西航行探索未知的南半球大陆，寻找黑人和黄金以及通往菲律宾的航线。尽管门达纳探险队沿着与麦哲伦完全不同的航线航行，但是，他们沿途一直没有发现一个像样的海岛。直到1568年1月中旬，门达纳探险队在南纬7°左右的海域发现一个不大的海岛，即埃利斯群岛的纽库费陶环礁，这使他们大受鼓舞。在继续向西航行了三个星期之后，即2月7日，他们发现了"大块陆地"，门达纳便用保佑这次航行的圣徒的名字将其命名为"圣伊莎贝尔岛"。随后，他们还发现了马莱塔岛、瓦兹尔岛、瓜达尔卡纳尔岛、圣克里斯托瓦尔岛、圣安娜岛和卡塔琳娜岛，并将这些岛屿统称为"所罗门群岛"。在此，由于语言不通和文化隔膜，他们与当地土著人多次发生冲突，也没有发现黄金，并且无法建立殖民地，他们只好返航。在返航途中，他们可能发现了"夏威夷群岛"。1569年1月，探险队回到墨西哥。

1595年4月9日，门达纳率领由五艘船只组成的探险队再次远航南太平洋，前往其在1568年发现的所罗门群岛。此次远航旨在在所罗门群岛建立永久性殖民地，进而使之成为寻找"未知的南部陆地"的前进基地。此时，门达纳已经年迈力衰，病魔缠身，探险队的指挥权实际上掌握在他的妻子伊莎贝拉·德·芭蕾多手中。1595年6月中旬，船队发现了一个岛屿，并以秘鲁副王马克萨斯·卡尼耶捷的名字将其命名为马克萨斯岛（Marquesas Island），该岛成为探险队驶往所罗门群岛的一个中转站。在马克萨斯岛，由于语言不通，探险队与原住民爆发了流血冲突。于是，探险队被迫向西北航行，并先后发现了马克萨斯群岛的其他岛屿。此后，探险队继续径直向西航行。9月8日，探险队发现了圣克鲁斯群岛（Santa Cruz Islands）。他们打算在该群岛建立殖民地，但遭到原住民的反抗。不久，门达纳病逝。探险队由于暴发瘟疫，被迫离开圣克鲁斯群岛。1596年2月，探险队抵达菲律宾群岛。1598年11月，探险队返回墨西哥。

（二）18世纪的海上探险与所罗门群岛的再发现

由于欧洲人的导航技术在当时很不可靠，所罗门群岛又与世隔绝了200年，尽管在17世纪，曾有两艘荷兰商船于1616年和1643年到过所罗门群岛，但见到的都是远离所罗门群岛主岛的离岛。1643年，荷兰商人艾贝尔·塔斯曼（Abel Tasman）将一座离岛命名为翁通爪哇环礁。直到18世纪下半叶，欧洲人才再次来到太平洋西南部海域。1767年，菲利普·卡特里特（Philip Carteret）乘坐英国皇家舰艇斯沃洛号（HMS Swallow），取道圣克鲁斯群岛、达伊岛和马莱塔岛，重新发现了曾被门达纳宣布为西班牙所拥有的岛屿。此后，欧洲各国的探险队纷至沓来。

1768年，路易斯·安东尼·德·布干维尔（Louis Antoine de Bougainville）发现了所罗门群岛北部诸岛，并命名了舒瓦瑟尔岛和

布干维尔岛；1769 年，让 - 弗朗索瓦 - 马里耶·德·苏维尔
（Jean - Francois - Marie de Surville）重新发现了圣伊莎贝尔岛、乌
拉瓦岛、马基拉岛和圣安娜岛。1781 年，法国地理学家 M. 布阿什
（M. Buache）意识到，上述探险活动都抵达了门达纳所发现的所罗
门群岛。此外，到所罗门群岛进行探险的还有西班牙航海家弗朗西
斯科·安东尼奥·毛雷烈①、法国航海家拉·佩鲁斯伯爵让 - 弗朗
索瓦·德·盖洛普②。

当英国在澳大利亚东海岸的新南威尔士建立殖民地之后，越来
越多的英国船只开始利用途经所罗门群岛的外航道前往亚洲。在护
送亚瑟·菲利普（Arthur Phillip）总督抵达澳大利亚新南威尔士之
后，1788 年 7 月，英国海军上尉约翰·肖特兰率领一支由亚历山
大号、博罗代尔号、威尔士亲王号和友谊号组成的船队，从澳大利
亚植物湾出发，计划取道巴达维亚回国。在前往巴达维亚时，肖特
兰发现并在海图上标出了许多岛屿和暗礁。在抵达瓜达尔卡纳尔岛
之后，他指挥船队又向西北方向航行，并发现了一个较大的岛屿，
为纪念英国国王乔治三世，遂将其命名为新乔治亚岛。船队从此地
又向北航行，发现并命名了特雷热里群岛（Treasury Islands）、肖
特兰岛和肖特兰海峡。

---

① 西班牙航海家弗朗西斯科·安东尼奥·毛雷烈（Francisco Antonio Maurelle），1781 年曾
抵达所罗门群岛地区。
② 法国航海家拉·佩鲁斯伯爵让 - 弗朗索瓦·德·盖洛普（Jean - Francois de Galaup，
Comte de la Pérouse），在 1786～1788 年曾到过所罗门群岛。由佩鲁斯伯爵率领的探险队
在万尼科洛岛（Vanikolo）附近遇险，所有船只无一幸存。1792 年，为查明拉·佩鲁斯
伯爵探险队遇险的原因，法国政府派遣海军上将雷蒙德·约瑟夫·德·布鲁尼·当特
尔卡斯托（Raymond Joseph de Bruni d'Entrecasteaux）远赴太平洋地区，尽管他两次前往
所罗门群岛，但都没有找到失事船只。

二　欧洲人在所罗门群岛的早期活动

从 19 世纪起，所罗门群岛才真正结束孤立状态。来访的船只日益增加，首先是捕鲸队，接着是从事檀香木贸易的商船，后来是从事其他贸易的商船。很快，各国传教士和欧洲移民也相继来到这里。

（一）传教活动

1568 年，信奉天主教的西班牙探险家门达纳在马基拉岛劫持了一批岛民，并使他们皈依了天主教，这是天主教首次在所罗门群岛开展传教活动。1845 年，美拉尼西亚和密克罗尼西亚教区首位主教琼－巴普蒂斯特·埃帕勒（Jean－Baptiste Epalle）率领一支天主教传教团在所罗门群岛开展了短暂的传教活动。由于埃帕勒主教被杀，天主教于 1848 年撤离了该地区，这是天主教第二次在该地区传教。直到 1898 年，天主教才再次进入所罗门群岛，并在瓜达尔卡纳尔岛和马莱塔岛扎下根来。

尽管早在 1852 年圣公会就已经开始将传教活动从新西兰扩展到所罗门群岛，从这一年起，圣公会开始在所罗门群岛为他们在新西兰的学校招募学生，但是直到 1861 年，圣公会才成立美拉尼西亚主教教区。到 19 世纪 70 年代，圣公会传教团更加壮大，成立了美拉尼西亚教会。直到今天，在一些岛屿，如圣伊莎贝尔岛，圣公会仍然占主导地位。

在 1894 年，昆士兰肯纳卡教派在所罗门群岛曾非正式地传播过其教义。1904 年，一些曾在昆士兰棉花和糖料作物种植园工作过的所罗门群岛劳工将其教义传播到了马莱塔岛。从此，昆士兰肯纳卡教派正式传到所罗门群岛。1907 年，昆士兰肯纳卡教派改名为南海福音教派。

1902 年,卫理公会教派传入所罗门群岛,并以新乔治亚群岛的罗维亚纳潟湖区为基地开展传教活动。①

自 1914 年起,基督复临安息日会开始在所罗门群岛传教,最初是在所罗门群岛西部,随后才扩展到其他岛屿。

尽管上述教派使所罗门群岛的许多古老传统逐渐消失,但是他们开创了所罗门群岛的教育、医疗卫生和通信事业,至今仍对所罗门群岛产生重要影响。

(二) 商业活动

直到 19 世纪中期,欧洲人仍然是太平洋中奇珍异品的狩猎者和采集者。他们从所罗门群岛带走了鲸及其牙齿、珍珠、珍珠贝、海参和龟壳。捕鲸业是所罗门群岛首个与外界保持长期接触的媒介。如今,人们很少使用鲸油,但是在 19 世纪 60 年代,油田被开采和石油产品出现之前,鲸油通常被用于照明,被用来制造工业革命时代使欧洲机器运转的润滑油和制作香水。捕鲸者先是从小船上投掷鱼叉将鲸杀死,然后将其拖到一艘船上或岸上。鲸脂(皮下那层厚厚的脂肪组织)被溶化,并被运到欧洲各国或美国。鲸须被用来制作女性的紧身内衣、鞭子和雨伞的手柄及许多其他东西。

捕鲸船一般搭载 25～30 名船员,并在海上连续作业两三年。由于鲸油需要装入船上的大木桶里,这需要大量的木材。朱迪思·贝内特是唯一深入细致地研究过所罗门群岛捕鲸业的学者。② 此

---

① 1968 年,卫理公会和公理会合并,创立了联合教会。

② Judith A. Bennett, *Wealth of the Solomons: A History of a Pacific Archipelago, 1800 – 1978*, University of Hawai'i Press, Honolulu, 1987, pp. 24 – 33, 350 – 355.

外，阿拉斯泰尔·格雷对俾斯麦群岛的捕鲸业进行过类似的研究。当新南威尔士在 1788 年作为罪犯殖民地被殖民化之后，许多运送罪犯的船只会在返程时捕鲸，而且许多向新南威尔士运送货物的美国船只也这样做。[1] 正是由于新南威尔士殖民地的兴起，在 19 世纪初，捕鲸船开始到访所罗门群岛；19 世纪 20 年代捕鲸船的数量不断增多。此外，由于大西洋上的捕鲸场经多年捕猎已经不那么有利可图，捕鲸者将注意力转向了太平洋。捕鲸船随着盛行风而移动，在 5 月至 11 月通过所罗门群岛向北航行，在其他月份从密克罗尼西亚向南航行。19 世纪四五十年代是所罗门群岛捕鲸业最繁盛的时期，在 19 世纪 60 年代捕鲸业开始衰落，这一方面是因为美国爆发内战，许多美国船只被召回美国；另一方面，由于石油比鲸油更容易获取和加工椰子油的工艺取得了进步，鲸油对工业的重要性变弱。贝内特认为，1887 年是捕鲸船到访所罗门群岛的最后一年。[2]

捕鲸船受到多种因素的制约。一是鲸的迁徙习性，鲸在每年迁徙时通常要经过同一海域；二是可获得的适当的避风锚地和与当地人建立相对融洽的关系，以使他们能够及时补充食物、水和木材。辛博（今埃迪斯通角）、布干维尔岛以南的特雷热里群岛、所罗门群岛中部的圣安娜岛和圣卡塔利娜岛以及斯凯亚纳岛是捕鲸船早期最喜爱的锚地。马基拉岛的马基拉港实际上成为所罗门群岛最早的港口，而且当地人也是首批与外国人进行长期贸易的

---

[1] Clive Moore, *New Guinea: Crossing Boundaries and History*, University of Hawai'i Press, Honolulu, 2003, pp. 104 – 122.

[2] Judith A. Bennett, *Wealth of the Solomons: A History of a Pacific Archipelago, 1800 – 1978*, University of Hawai'i Press, Honolulu, 1987, pp. 25 – 26.

人。当地人用木材、水、水果和蔬菜、工艺品、贝壳、龟甲交换回铁、烟草和玻璃。[①] 格雷的研究表明，这些早期接触大多数发生在海上，而不是在岸上，因为捕鲸船不愿靠岸。它们之所以通常选择所罗门群岛的较小岛屿，是因为那里较少发生大规模的攻击。

1813 年，檀香木商人彼得·狄龙（Peter Dillon）在蒂科皮亚岛留下了两个人。当 1827 年重返蒂科皮亚岛时，他发现这两个人仍在那里。这时，捕鲸船也已经开始频繁光顾所罗门群岛，主要在所罗门群岛北部诸岛和马基拉岛附近，来自悉尼的贸易双桅横帆船和纵帆船也造访了所罗门群岛。

在 19 世纪 40 年代至 60 年代，为了与新赫布里底人交换檀香木，来自新赫布里底群岛的檀香木商人进入所罗门群岛水域采购龟壳、珍珠贝和猪。到大约 1840 年，捕鲸人使用马基拉港和圣克里斯托瓦尔岛修理他们的船舶。

自 19 世纪 70 年代起，为了向斐济、昆士兰、新喀里多尼亚和萨摩亚输送劳工，劳工贸易船成为所罗门群岛诸岛周边一道永恒的景观。此时，所罗门群岛已为外部世界所熟知。[②]

三　英国殖民统治在所罗门群岛的建立

随着越来越多的英国人到所罗门群岛传教和经商，为了保护英国移民的权利，英国枢密院于 1877 年颁布敕令，宣布英国法律适

---

① Judith A. Bennett, *Wealth of the Solomons: A History of a Pacific Archipelago, 1800 – 1978*, University of Hawai'i Press, Honolulu, 1987, pp. 29 – 30.

② British Solomon Islands Protectorate, *British Solomon Islands Protectorate Annual Reports (AR)*, *1971*, pp. 113 – 114. Judith A. Bennett, *Wealth of the Solomons: A History of a Pacific Archipelago, 1800 – 1978*, University of Hawai'i Press, Honolulu, 1987, pp. 21 – 77.

用于所罗门群岛。1884 年，德国宣布俾斯麦群岛和新几内亚岛的东北部为其殖民地。翌年，德国又将所罗门群岛北部的布卡岛、布干维尔岛、圣伊莎贝尔岛、舒瓦瑟尔岛和肖特兰群岛列入其势力范围。1886 年，英国和德国达成协议，英国和德国相互尊重彼此的势力范围，德国承认英国拥有所罗门群岛南部诸岛，英国承认德国拥有所罗门群岛北部的布干维尔岛、布卡岛、舒瓦瑟尔岛和圣伊莎贝尔岛等岛屿。1893 年，英国宣布所罗门群岛南部诸岛为"英属所罗门群岛保护领"，包括新乔治亚岛、圣克里斯托瓦尔岛、瓜达尔卡纳尔岛和马莱塔岛。1896 年，查尔斯·伍德福德成为英属所罗门群岛保护领首任驻地专员，其总部位于佛罗里达群岛的图拉吉。

1898 年和 1899 年，英国又将圣克鲁斯群岛、伦内尔岛和贝洛纳岛纳入"英属所罗门群岛保护领"。

1900 年，为了换取英国承认西萨摩亚为其所有，德国和英国签订了一项条约。根据该条约，除布卡岛和布干维尔岛之外，德国把所罗门群岛其他北部诸岛转让给了英国，同时，英国承认西萨摩亚为德国所有。

1914 年，第一次世界大战爆发。澳大利亚军队占领了德属新几内亚岛、俾斯麦群岛和德属所罗门群岛的布干维尔岛和布卡岛。1920 年，国际联盟将上述德属殖民地委托给澳大利亚管理。

西方殖民者驱使当地居民为他们开辟庄园，种植椰子等各种经济作物；同时，也干起贩卖黑奴的罪恶勾当。自 1870 年起，欧洲殖民者强征当地居民前往澳大利亚和斐济充当种植园劳工，致使当地居民人数日益减少。这种强制招募劳工的做法直到 1910 年才完全停止。据统计，曾有 3 万人被骗卖到澳大利亚和斐济等地去做苦工。

第三节　现代史

一　二战前英国对所罗门群岛的殖民统治

（一）1927 年马莱塔惨案

1927 年底，英属所罗门群岛殖民当局在马莱塔岛上制造了一起致使所罗门群岛岛民死亡的惨案，史称"马莱塔惨案"。为了抵制殖民当局所强加的人头税，巴斯亚纳等夸伊沃武士按照其传统方式杀死了英属所罗门群岛保护领马莱塔区政务专员威廉·R. 贝尔（William R. Bell）及其下属。为此，殖民当局组织了惩罚性打击，最终导致 60 名夸伊沃人死亡、近 200 人被捕，殖民当局还蓄意破坏和亵渎夸伊沃人重要的祖庙和祭祀器物。该事件对夸伊沃人民产生了深远影响，极大地改变了他们的生活方式。

1927 年 9 月，在巴斯亚纳领导下，夸伊沃各部族计划袭击前来征税的威廉·R. 贝尔及其下属。他们企图通过引发当地人对贝尔和政府的不满来召集同伙。尽管贝尔及其所领导的警察事先受到过警告，但是由于了解当地风俗，贝尔认为最好的解决方法就是展示殖民当局的力量，从而使当地人屈服。1927 年 10 月 3 日，贝尔将其所乘坐的奥基号停泊在辛加拉古港，并在峡谷附近设置了征税点。4 日清晨，巴斯亚纳率夸伊沃武士袭击了该征税点。在此次袭击中，除一名警察逃脱外，包括贝尔在内的 15 名政府人员被杀；

攻击方1人死亡，6人受伤。

当贝尔及其下属遭到袭击的消息传到图拉吉时，恰逢常驻专员理查德·拉特里奇·凯恩离开驻地外出巡查，而其副手N.S.B.基德森上尉由于对所罗门群岛缺乏了解，认为马莱塔人正在举行大起义。于是，他请求派遣军舰到所罗门群岛，于是皇家海军舰艇阿德莱德号于10月10日从悉尼起航。当常驻专员凯恩返回图拉吉后，讨伐工作基本上准备完毕。殖民当局组建了一支由28名欧洲志愿者组成的民间武装，并为其配发了步枪和进行了强化训练。瓜达尔卡纳尔岛政务专员C.E.J.威尔逊受命巡逻马莱塔岛海岸，收集情报。在奥基，马莱塔区政府也组织了一支由40人组成的讨伐队。

10月16日，讨伐先遣队进驻马莱塔岛；5天后，其余人员抵达马莱塔岛。10月26日，讨伐队向内陆进军。讨伐队将夸伊沃人的祖先头骨和圣器等圣物压碎、焚烧，或将其扔入"妇女之屋"，亵渎夸伊沃人的圣地。此外，他们决定逮捕内陆各部族的所有成年男性，并将他们押解到图拉吉，其中包括许多未涉案的老人。在此次搜查中，大多数夸伊沃人不是被抓到的，而是由于听说许多妇女、儿童、老人等未涉案人员被杀的传言而主动自首的。12月21日，尽管仍有20人外逃，讨伐队还是结束了搜捕工作。

警方报告说有27名夸伊沃人因袭警、拒捕和试图逃跑被击毙。到底有多少夸伊沃人在讨伐期间被杀，基本上无法确切统计。南海福音教派在夸伊沃地区的传教士估计，有60人被杀。尽管政府斥之夸大未予承认，但是40年后，罗杰·M.基辛在对官方报告和夸伊沃人的回忆进行研究后认可了这种说法。基辛报告说，基本确定造成 55 人死亡。夸伊沃人则认为大概有 200 人被杀。

在 1927 年 11 月至 1928 年 2 月间，总共有 198 名夸伊沃人被逮捕和拘禁。他们先是被拘留在奥基港附近的俘虏营里，后来又被关押在图拉吉的监狱里。由于牢饭很差和环境拥挤，许多人染上了疾病。2 月，痢疾暴发，在随后的数月里，有 173 人因此获准住院。其中，有 30 人在监禁期间因病死去。政府在回应死亡原因时答复说，许多死亡的人是老年人，其死亡是高龄所致，或者本来身体就弱。但是，他们没有解释为什么要关押这些人。

由于需要通过幸存人员和被拘留人员巩固证据，审前调查阶段花费了很长时间。最终，司法机构对有证据表明曾杀害政府官员或警察的人，指控谋杀罪；对曾伤害政府官员和警察的人，或起了至关重要作用的人，指控谋杀未遂罪。有 11 人被控谋杀罪，6 人被判刑；有 71 人被控较轻罪行，21 人被判有罪。1928 年 6 月 29 日，杀死贝尔的巴斯亚纳被公开处以绞刑。

1928 年 6 月，为了处置那些被判无罪或从未受到犯罪指控的人，高级专员颁布了《授权拘留某些此前生活在马莱塔岛上的原住民的皇家条例》（King's Regulation to Authorise the Detention of Certain Natives Formerly Living on the Island of Malaita）。上述条例宣布，为了维护英属所罗门群岛保护领内的和平与良好秩序，与此次拘留有关的所有行为和延长拘留时间至 6 个月，是"合法的和有效的"。1928 年 8 月，剩下的被拘留人员被遣返回马莱塔岛，同时，监狱的伙食也得到了改善。

由于许多夸伊沃人在被讨伐期间曾在信仰基督教的村庄寻求过

庇护，因此，在他们的圣地被玷污后，数百人皈依了基督教。与沿海地区相比，内陆地区人口急剧下降，而且村庄也略微变小了，更加分散了。

（二）主持人和规则运动

20 世纪 30 年代，理查德·普林斯·法洛斯（Richard Prince Fallowes）在英属所罗门群岛发起了一场政治运动，史称"主持人和规则运动"（The Chair and Rule Movement）。

理查德·普林斯·法洛斯于 1901 年出生在英格兰的苏塞克斯，是牧师约翰·普林斯·法洛斯（John Prince Fallowes）和艾格尼丝·C. V. 钱皮恩·德·克雷皮尼（Agnes C. V. Champion de Crespigny）的儿子，曾就读于牛津大学彭布罗克学院（1923～1927）。在英格兰担任过助理牧师（1924～1929），在瓜达尔卡纳尔岛的马拉沃沃教区（1928～1929）和圣伊莎贝尔岛的卜格图（1929～1934）担任过传教士。当他在卜格图传教时，由于与保护领政府发生冲突和被指控犯有施加体罚罪而被判有罪，因患有严重抑郁症，他于 1935 年辞职并离开所罗门群岛。1938 年，他未经当局许可私自返回圣伊莎贝尔岛，并在那里帮忙组织了被称作主持人和规则运动的政治性会议。

在圣伊莎贝尔岛，经多次磋商后，他帮助大酋长（Paramount Chief）朗斯代尔·加多（Lonsdale Gado）在姆布格豪图岛（Mbughotu）、萨沃岛（Savo）和恩格拉岛（Nggela）组织了三次大型会议。与会者都是社会各界领导人，其中有牧师、警察和民族传统领导人，他们来自马莱塔岛、拉塞尔群岛、瓜达尔卡纳尔岛和马基拉岛。法洛斯建议，为便于处理会务应选出一位主持人，他的上述建议被接受。会议拟定了对政府和基督教诸传教团的不满清单和请愿书。请愿书被呈递给常驻专员弗朗西斯·阿什利（Francis Ashley）。在请愿书中，他们要求常驻专员在恩格拉岛上建立一所技术学校，并在每个区开办一间配备一位乡村医生的医务室，在图拉吉修建一家政府办的旅馆，允许销售子弹，禁止已婚男子与种植园续签第二期合同，给予在种植园劳动和充当船员的马莱塔人更高的工资，公布椰干和贝壳在悉尼的价格，绝不将保护领移交给澳大利亚或任何其他国家。

1939年6月，主持人和规则运动在恩格拉岛举行了第三次会议。在高级专员哈里·卢克爵士到访所罗门群岛后不久，甚至在他抵达图拉吉之前，他就已开始面对来自马基拉岛和瓜达尔卡纳尔岛的请求，上述两个岛屿的居民不满金矿开采没有给当地人带来任何回报。在到达图拉吉之后，卢克收到了来自恩格拉岛的请愿书，指责法洛斯未做更加有利的事情。7月29日，法洛斯被驱逐出境。主持人和规则运动衰落，但是在保护领，该运动已家喻户晓，并成为马西纳运动的先声。

二　太平洋战争

1941年12月7日，日军偷袭了美国海军基地珍珠港，太平洋战争由此爆发。随后，在进攻马来半岛和菲律宾的同时，日军对中部和南部太平洋也展开了进攻。1941年12月10日，日军占领了关岛和吉尔伯特群岛的马金岛、托拉威岛。12月22日，日军占领了威克岛。1942年1月4日，日军开始进攻俾斯麦群岛，23日占领拉包尔。不久后又占领了整个新不列颠群岛。至此，日军不仅扫清了进攻所罗门群岛的外围障碍，还取得了发动进一步进攻的前进基地。所罗门群岛完全暴露于日军的进

攻之下。

1942年初，在占领东南亚广大地区后，日军决定向西南太平洋推进，夺取新几内亚岛的莫尔兹比港和所罗门群岛的图拉吉岛，以掌握该地区的制海权和制空权，切断美国通往澳大利亚的海上交通线。1942年5月4日至8日，日美海军在珊瑚海进行了海战。结果，日军战败，被迫放弃对莫尔兹比港的进攻。但是，日军占领了图拉吉岛，并随后占领了所罗门群岛的大部分岛屿。所罗门群岛成为日本进一步南下，攻击斐济、澳大利亚和新西兰的跳板，同时也成为盟军进行反攻的理想基地，因而成为美日两国激烈争夺的目标。

在太平洋战争期间，以美军为首的盟军和日军为争夺所罗门群岛进行了一系列海陆大战。在1942年7月7日攻占瓜达尔卡纳尔岛后，日军开始在该岛上修建空军基地，旨在以此为基地攻击澳大利亚和对美军展开反击作战。8月7日，美军派遣海军陆战队奇袭图拉吉岛和瓜达尔卡纳尔岛，这不仅是对日军进攻新几内亚岛东部地区的反制措施，也是盟军在太平洋战场上进行战略反攻的开始。尽管美军在瓜达尔卡纳尔岛成功登陆，并控制了瓜达尔卡纳尔岛上日军基本完工的机场，但是日军进行了猛烈反扑，双方在瓜达尔卡纳尔岛上进行了激烈的争夺战。为了争夺所罗门群岛地区的制海权，盟军和日军还进行了一系列海战，大小共30余次。其中，主要包括萨沃岛海战（1942年8月8~9日）、东所罗门群岛海战（1942年8月24~25日）、埃斯帕兰斯角海战（1942年10月11~12日）、圣克鲁斯群岛海战（1942年10月26~27日）、瓜达尔卡纳尔岛海战（1942年11月12~15日）和塔萨法隆格海战（1942年11月30日）等。双方共投入军队约10万人，美军伤亡约

4000 人，日军死亡约 2.4 万人，其中包括日本联合舰队司令官山本五十六。在海战中美军共损失战舰 25 艘，日军损失 24 艘。这一系列海战使日本海上军事主动权丧失殆尽。由于失去制海权，日军被迫于 1943 年 2 月撤出瓜达尔卡纳尔岛。不过，直到 1945 年 8 月日本在舒瓦瑟尔岛的军队向盟军投降，战争在所罗门群岛才真正结束。

　　所罗门群岛岛民也参加了以美军为首的盟军与日军在所罗门群岛的战争，有 800 名所罗门群岛岛民参加了所罗门群岛的防卫部队。一些岛民参加了在所罗门群岛和布干维尔岛的作战，还有一些岛民成为警察、侦查员和海岸观察员。但是，所罗门群岛岛民主要是作为劳工参加了太平洋战争。1942 年 11 月，英国通过招募岛民组织了所罗门群岛劳工团，征募工作主要集中于马莱塔岛。劳工团承担了修建机场和道路，装卸船上的补给和军品，并为建设军营平整土地的工作。劳工团对于盟军的作战十分必要。因为它使美国士兵能够专心战斗，所以在取得对日作战胜利上发挥了重要作用。在 1944 年，所罗门群岛劳工团人数多达 3700 人。

　　战争对岛民的影响是深远的。战争所造成的破坏以及现代材料、机械和西方文化产品的引进，改变了长期与世隔绝的岛民们的传统生活方式。由于没有战争赔款和战前作为经济主体的种植园遭到破坏，所罗门群岛经济重建缓慢。值得注意的是，所罗门群岛岛民们作为盟军劳工的经历，促使他们对经济组织和作为物质进步基础的贸易的重要性有了一些新的理解。这些想法在战后初期的政治运动——马西纳运动中被付诸实践。

三 二战后的自治运动

（一）马西纳运动

在二战期间，许多所罗门群岛岛民，主要是马莱塔人，应征加入了所罗门群岛劳工团，为盟军提供战地服务。在劳工团工作期间，他们受到一些美国人尤其是非裔美国人的影响。劳工团的一些马莱塔人，如艾瑞斯梅（Arisimae）、艾利基·努努乌西梅（Aliji Nono'oohimae），阿热阿热的诺里（Nori）和蒂莫西·乔治·马哈拉塔（Timothy George Maharatta）等人，开始组织起来，开会讨论如何彻底重组马莱塔社会和使马莱塔人掌控自己的命运，他们后来成为马西纳运动的领袖。当返回家乡后，他们在马莱塔岛南部的阿热阿热地区发动了马西纳运动。马西纳运动是一场建立在自治和自决愿望基础之上的早期的土著民族主义运动。

在马西纳运动初期，他们倡导农业改革，将村民集中到更大更清洁的村落，编撰原住民法律。马西纳运动很快就从阿热阿热地区蔓延到马莱塔岛各地和邻近岛屿，特别是马基拉岛和瓜达尔卡纳尔岛的部分地区。

马西纳运动主导了所罗门群岛中部区的政治舞台达 8 年之久。①马西纳运动取得了惊人的成就。它将曾经意见不一的美拉尼西亚诸社区人民团结起来共同对抗英国殖民者。虽然许多追随者的愿望是不现实的，尤其是有些人希望借助美国的干预来实现独

---

① "Maasina Rule"，http：//www. solomonencyclopaedia. net/biogs/E000181b. htm，2014 年 3 月 25 日。

立，但是，马西纳运动的确使二战后仍然软弱的保护领政府几乎崩溃。

（二）莫罗运动

20世纪50年代末，佩里斯·莫罗（Pelise Moro）[①] 在瓜达尔卡纳尔岛发起了一场名为莫罗运动的社会经济和政治改良运动。该运动旨在通过经济组织推动瓜达尔卡纳尔岛的社会、经济和政治发展。为了建立新的社会秩序，该运动还高度重视习俗和传统的作用，此外还具有一定的宗教色彩。莫罗运动是以下因素共同作用的结果：在瓜达尔卡纳尔岛东端马劳海峡地区的阿热阿热长期定居的马莱塔人的影响，第二次世界大战和盟军对瓜达尔卡纳尔岛的影响，马西纳运动（1944～1952年）的影响，政府对天气海岸的长期忽视。莫罗运动不仅称瓜达尔卡纳尔岛为伊萨塔布岛，而且数十年来，它一直是主张恢复该岛传统生活的一支重要力量。此外，它

[①]　佩里斯·莫罗，生于20世纪20年代，逝于2006年，瓜达尔卡纳尔岛天气海岸马卡卢卡村（Makaruka Village）人。其童年基本上是在马卡卢卡村东边的素胡（Suhu）跟着舅舅度过的。他的父亲是一位在马卡卢卡村掌握重要宗教仪式权力的大人物，后来，莫罗继承了他父亲的权力。莫罗受洗成为罗马天主教教徒，但是没有上过学。在二战期间，他留在了村子里。但是，在战争快结束时，他曾和朋友卜卜利（Bubuli）在图拉吉为美国人工作过一年，主要从事军事设施的拆除工作。在马西纳运动日益扩大之时，他回到了天气海岸，但是没有参加马西纳运动。此后，他在拉塞尔群岛上的种植园工作了2年，并作为园丁为霍尼亚拉的政府工作了3年。1956年，在大病初愈之后，他开始讲述一些强调瓜达尔卡纳尔岛起源和其人民权利的故事。莫罗口授了关于伊萨塔布历史的文件，这些文件使他在该岛获得了至高无上的领袖地位。他声称他与奠基者依容噶利（Ironggali）和其继承人图依马乌里是一脉相承的，规定了酋长的职责是捍卫法律，界定了习俗土地的边界，并否定了英国的荒地和闲田的概念。这场运动在20世纪50年代末和60年代达到高峰，影响了瓜达尔卡纳尔岛一半的地区，有三四千人参与了该运动。莫罗领导了一个由顾问和职员组成的理事会，并维护了"习俗之屋"（Custom House）或"古代的风俗习惯之屋"（House of Antiquities）。莫罗运动不仅收税，还试图像马西纳运动那样开展自治。1962年，他娶了内陆地区的一位女子，他们养育了两个孩子。

还卷入了马莱塔人和瓜达尔卡纳尔岛人在 20 世纪 90 年代和 21 世纪初所造成的"紧张局势"。

在瓜达尔卡纳尔岛东端的马劳海峡地区，其居民大多是来自马莱塔岛西海岸阿热阿热地区的马莱塔人。他们在这一地区已经定居了 13 代，其中一些移民声称可以追溯到 34 代。阿热阿热地区与马劳海峡地区的这种联系非常悠久，在 19 世纪中叶似乎还有所增强。在门达纳探险队于 1568 年拜访此地时，就已存在上述联系，并一直有独木舟定期往返两地，此外还有贸易和血缘的联系。这些马莱塔人分为两类：一是生活在海峡周边岛屿的人，二是生活在主岛上的人。在马西纳运动时期，在马劳海峡地区定居的阿热阿热人认为自己是该运动的一部分。在 1953 年开始筹备组建瓜达尔卡纳尔岛委员会后，马劳海峡地区的两个村子（黑铁尔和纽）的村民在 1954 年想加入马莱塔委员会。当马莱塔委员会拒绝他们后，他们想与邻近的维如莫里（Veru Moli）人建立马劳－豪巴委员会，上述想法在 1955 年得到实现。马劳的"海水"人与"灌木丛"人关系极度紧张，因为马劳的"海水"人决心扩张他们在瓜达尔卡纳尔岛上的利益。马劳的马莱塔人要求掌控位于奥尼瑟里（Oniseri）与考考（Kaukau）间的土地。本地的大多数瓜达尔卡纳尔岛人倾向于把阿热阿热地区的马莱塔人视作入侵者，尽管他们已有数百年的联系。

1957 年 5 月，政府文件首次报告了莫罗运动中一起导致莫罗及其一些追随者被监禁三个月的事件。莫罗说，他命中注定要领导马劳－豪巴的人民。两位受过良好教育的美拉尼西亚传教团成员戴维·瓦卢萨（David Valusa）和约瑟夫·格莱嘉（Joseph Goraiga）向他提供了帮助，他们记录下了他对习俗和历史的见解。他的最重要的文件涉及瓜达尔卡纳尔岛即伊萨塔布岛。莫罗运动的总部位于天气海岸维如莫里地区的马卡卢卡村。莫罗渴望其人民通过社会活动获得经济上的改善。在马劳－豪巴委员会衰落之后，他的地位获得提高，他强烈反对政府。该运动沿着海岸线蔓延到山区和北部海岸的瓜达尔卡纳尔岛平原地区。该运动创建了一个具有地区领导人、办事员和征税的体系，类似于马西纳运动所设计的体系。

1959 年，莫罗及其追随者拒绝参加政府组织的人口普查，也不配合政府开展测绘项目。1960 年，该运动被称作莫罗习俗社（the Moro Custom Company）。政府对其态度非常谨慎，起初试图推动天气海岸地区的经济发展，并在开展莫罗运动的地区实施了一些农业和卫生项目。在 1965 年和 1966 年，瓜达尔卡纳尔岛委员会帮助殖民政府在阿姆阿姆（Avuavu）修建了一座飞机场。莫罗的一些支持者当选为瓜达尔卡纳尔岛委员会委员。到 20 世纪 60 年代中期，莫罗习俗社的影响遍及瓜达尔卡纳尔岛一半地区，主要在该岛的中心地区，范围为霍尼亚拉郊区和从北方沿海地区到南部沿海地区的杜伊杜伊和巴洛。在该岛 2.2 万土著人中，有三四千人是其追随者。

1972 年，来自天气海岸沿岸和霍尼亚拉的千余名宾客来到马卡卢卡村，包括加拿大广播公司的一个摄制组和地区专员詹姆斯·特德（James Tedder）等政府官员。为庆祝人类首次抵达瓜达尔卡纳尔岛以及当地人民的悠久历史和传统习俗，莫罗举办了一场盛宴。莫罗向来此地的人们发出了邀请，以示他的运动是合理的。出席活动的还有一个来自夏威夷大学东西方中心的研究小组。他们穿着传统服装，男子在臀部围塔帕纤维布，妇女穿草裙或绳裙，特许欧洲妇女穿塔帕纤维布上衣。该村只有 10 座房屋，但是为来宾又建造了 190 座。主办方还举办了舞会，并进行了战斗表演。

在 1978 年所罗门群岛独立之时，莫罗及其追随者应邀参加了在霍尼亚拉举行的文化活动。在 1985 年，莫罗运动举行了庆祝其成立 30 周年纪念活动。时至今日，该运动仍对所罗门群岛的政治、经济、文化和社会产生着影响。

（三）基督徒团契教会运动

基督徒团契教会（Christian Fellowship Church，CFC）是所罗门群岛西部的一个独立的本土教会。它创立于 20 世纪 50 年代卫理公会的分离主义运动时期，并于 1960 年成为一个独立教会。其创始人是来自新乔治亚群岛科伦巴格亚（Kolumbaghea）地区的塞拉斯·埃托（Silas Eto，1905－1984），他也被称为圣徒玛马（Holy Mama）。圣徒玛马极力宣扬社群主义学说，该教会在一定程度上已经完全控制了数十个追随者村庄的传统土地和自然资源。基督徒团契教会一直坚持宗派孤立主义并保持完全独立。

1927～1932 年，埃托在 J. F. 戈尔迪牧师所领导的柯克洛（Kokeqolo）教会中工作，并被培养为牧师。在供职于卫理公会时，他创立了一种风格独特的礼拜仪式和神学思想。1956 年，埃托认为圣灵已经降临过其教会会众，于是，他带领追随者脱离了卫理公会，并组建了新教会。弥尔顿·塔拉萨萨成为新教会的首任主持。该教会在其祷告仪式上使用罗维亚纳语唱赞美诗，由埃托负责传教。埃托掌握着该教会的大权。他自称是圣灵的载体，并声称拥有治疗疾病的能力。该教会招募了许多前卫理公会牧师。20 世纪 70 年代，在新乔治亚群岛西部地区，该教会控制了 22 个村庄，并开办了 5 所学校。基督徒团契教会创办了新式农业商业企业，建立了一所《圣经》培训学校。当其他教会将小学教育纷纷移交给政府时，该教会继续开办自己的小学。天堂村保留了所罗门群岛最漂亮的体现传统风格的教堂，该建筑长 42 米、宽 12 米，被建在高木桩上。基督徒团契教会尤其注重实干，以能够为社区项目聚集大量人力而著称。它一直参与大规模的造林工程。

在跨国公司巨头联合利华于 20 世纪 70 年代将林木采伐作业延伸至该教会控制的区域之后，澳大利亚的环境保护人士也来到了该区。他们强烈反对砍伐森林，最终，该教会的领导人和村民也参与进来。1986 年，联合利华不得不撤离所罗门群岛。

基督徒团契教会如今融合了美拉尼西亚传统、旧式循道宗教义、政治自治和现代主义理念。在 21 世纪，它仍是所罗门群岛西部的一支重要力量。

第四节　当代史

一　1978～1997 年的所罗门群岛

1980 年 8 月，所罗门群岛举行了独立后的首次大选。由于没有在国民议会中获得过半议席，所罗门群岛联合党与多数无党派议员组成了执政联盟，彼得·凯尼洛雷亚再次当选总理。为了巩固执政联盟，无党派议员领袖弗朗西斯·比利·希利获得提名并当选副总理。与此同时，人民联盟党、国家民主党和部分无党派议员组成了反对党，所罗门·马马洛尼成为反对党领袖。然而，彼得·凯尼洛雷亚政府在执政仅 14 个月之后，由于领导人之间的个性冲突和彼得·凯尼洛雷亚缺乏强有力的领导权，无党派议员集团不再支持彼得·凯尼洛雷亚政府并再度与反对党结成联盟，执政联盟瓦解。

1981 年 8 月，议会通过对彼得·凯尼洛雷亚总理的不信任案，并决定由所罗门·马马洛尼接替彼得·凯尼洛雷亚出任总理。所罗门·马马洛尼从 1981 年一直执政到 1984 年。1981～1984 年，由于财政部部长巴塞洛缪·乌卢法阿卢采取了适当的货币和财政政策，所罗门群岛出现了经济增长的积极迹象。所罗门·马马洛尼政府还顺应了地方要求获取更大自治权的呼声，在 1981 年主导通过了《省政府法》。所罗门·马马洛尼上台后，为维护国家独立和主权，采取了一系列措施，得到了所罗门群岛广大人民的支持和拥护。1984 年 2 月，所罗门·马马洛尼政府宣布，任何外国军舰或军用飞机不得擅自进入所罗门群岛的领海和领空，除非事先向所罗门群岛政府递交不携带任何核武器的书面保证。1984 年 6 月，所罗门·马马洛尼政府扣押并没收了在所罗门群岛附近水域非法捕鱼的美国渔船。在与美国进行激烈的斗争之后，1985 年 2 月，彼得·凯尼洛雷亚总理宣布，鉴于美国渔船主已缴纳罚金 77 万美元，所罗门群岛政府决定释放扣押的美国渔船。美国政府随即宣布不再禁止从所罗门群岛进口鲜活海产品，美国还决定与所罗门群岛就美国金枪鱼渔船队进入所罗门群岛水域进行谈判。1986 年 10 月，所罗门群岛与其他南太平洋岛国一道，与美国签署了一项为期五年的渔业协定，该协定特许美国金枪鱼渔船队在所罗门群岛政府划定的专属经济区内作业。1988 年所罗门群岛议会又通过一项渔业法令，规定美国渔船仅被允许在专属经济区 10% 的水域内捕鱼。这是所罗门群岛政府保护本国渔业资源和国家主权的又一重大举措。

尽管所罗门·马马洛尼政府日益受到民众的欢迎，但是在 1984 年大选前夕，由于夸伊沃·法丹加（Kwaio Fadanga）拒绝参加即将举行的选举，而公务员为了实现加薪在 1984 年 9 月举行了长达一周的罢工，所罗门·马马洛尼在随后举行的选举中败北。

在 1984 年大选中，尽管所罗门群岛联合党在国民议会中没有获得过半席位，但是通过与 4 位无党派议员和新成立的所罗门爱乡党结成联盟，仍获得了政府的领导权。所罗门群岛联合党领袖彼得·凯尼洛雷亚再次被国民议会选举为总理，所罗门·马马洛尼再次成为反对党领袖。

1985 年，彼得·凯尼洛雷亚政府受到政府公用房屋出售丑闻的冲击。由于农业与土地部部长赛特修尔·凯利不按程序出售政府公用房屋，公务员举行了全国性罢工。为了调查政府出售公用房屋丑闻，彼得·凯尼洛雷亚政府迫于压力组建了一个调查委员会。最终，政府从公务员手中收回了一些房屋，并解除了凯利的部长职务。为了报复，凯利于 1986 年 7 月宣布爱乡党不再支持彼得·凯尼洛雷亚政府，并在国民议会中提出对彼得·凯尼洛雷亚政府的不信任案。尽管彼得·凯尼洛雷亚以 18 票支持、18 票反对的票数，侥幸保住了总理职位，但是其执政地位受到了动摇。

1986 年 5 月，飓风纳穆袭击了所罗门群岛，所罗门群岛损失惨重，这也沉重打击了彼得·凯尼洛雷亚政府。彼得·凯尼洛雷亚总理被指控违规使用法国的援助救灾款改造其家乡。该指控在 11 月一经曝光，新成立的民族主义者争取进步阵线党就宣布其三位内阁部长辞职。接着，反对党在国会对彼得·凯尼洛雷亚总理提出不信任案。彼得·凯尼洛雷亚威信扫地，被迫宣布辞职，由原副总理伊泽基尔·阿莱布亚接任总理。尽管凯尼洛雷亚－阿莱布亚政府执政时问题重重，但是，这届政府是所罗门群岛政府第一次完整地完成四年国会任期。

在 1989 年大选中，由于支持将所罗门群岛建设成联邦制共和国，人民联盟党赢得了 21 个席位，因此在国民议会中取得了压倒性优势。鉴于此，所罗门·马马洛尼顺理成章地出任总理，并首次组建了一党执政的政府。反对党包括联合党、国家民主党、民族主义者争取进步阵线党和无党派人士。由于始终坚持一党执政和几乎没有预料到党内问题极具破坏性，所罗门·马马洛尼和党主席考斯梅尔在一些议题上逐渐产生了分歧，而且进行了公开辩论。对于党主席而言，被国会中的党团公开批评十分罕见。最终，在 20 世纪 90 年代初期，党主席考斯梅尔公开要求所罗门·马马洛尼总理辞职。所罗门·马马洛尼解除了其内阁五名部长的职务，并亲自宣布其是无党派总理。他从反对党中挑选了五位议员，并任命他们为新成立的民族团结与和解联盟①政府的部长。民族团结与和解联盟政府组建的一个后果是削弱了政党。所罗门·马马洛尼脱离人民联盟党导致其解体。

在 1993 年大选中，尽管民族团结与和解集团（GNUR）获得了国民议会 47 个议席中的 21 个席位，只需要增加 3 个议席就可以保住执政权，但是，如下两个原因导致其没能成功。一是小型政党已经一致同意共同组建一个合作伙伴民族联盟（NCP）政府；二是民族团结与和解集团发言人查尔斯·道萨比阿（Charles Dausabea）公开声称民族团结与和解集团不需要通过游说获得支持。上述失策导致没有任何国会议员愿意加入民族团结与和解集团。尽管在进行

① 1990 年 10 月，由于与人民联盟党主席考斯梅尔公开分裂，所罗门·马马洛尼宣布退出人民联盟党；为了继续执政，所罗门·马马洛尼随后联合一批反对党议员组成了民族团结与和解联盟，并改组了政府。为了迎接 1993 年大选，所罗门·马马洛尼在大选前夕将民族团结与和解联盟改组为民族团结与和解集团，并获得大选胜利，赢得 21 个席位。但是，由于策略失当，该集团没有取得执政权。1994 年 8 月，为了加强该集团的团结，所罗门·马马洛尼将该集团改组为民族团结、和解与进步党。

游说后才有三名无党派国会议员同意在投票时与其保持一致，但是，在总理选举中，合作伙伴民族联盟候选人弗朗西斯·比利·希利最终以 24 票微弱多数当选为总理。很显然，在民族团结与和解集团中有人转而支持了合作伙伴民族联盟。民族团结与和解集团成为反对党。

合作伙伴民族联盟政府上台后进行了一些改革。其中一项就是将可任意使用的特别基金①改为选区发展基金，并将数额增加到每年每个选区 20 万所元。在某种程度上，这对于人口高度密集的选区是不公平的，因为它不是建立在人口基础之上的。合作伙伴民族联盟政府在执政中出现了一些问题。在 1994 年年中，财政部部长因被指控贪污而被迫辞职。合作伙伴民族联盟的执政基础开始动摇。

为了增强反对党的力量，1994 年 8 月，所罗门·马马洛尼等人将民族团结与和解集团改组为所罗门群岛民族团结、和解与进步党。由于反对党团结成一个单一政党并认可了一个领袖，反对党开始着手夺取执政权。一方面，反对党针对现政府执政中出现的问题大造舆论；另一方面，开始寻求脱离合作伙伴民族联盟的叛离者。在这一时期，双方使用"支票或现金游说"。合作伙伴民族联盟无法再将其成员团结起来。因此弗朗西斯·比利·希利总理在领导一个少数派政府两周后，最终在 1994 年 11 月辞职。

1994 年 12 月 7 日，所罗门·马马洛尼当选总理并宣誓就职。这意味着又出现了一个单一政党的政府，即所罗门群岛民族团结、

---

① 为了避免国会议员比驻霍尼亚拉的外国使团人员工资低和缓解来自其选民的越来越大的压力，国民议会在 1992 年设立了可任意使用的特别基金。国会议员有权任意使用特别基金资助其选区的某些社区。

和解与进步党政府。所罗门·马马洛尼维持了政局的稳定，并一直执政至 1997 年大选。

二　所罗门群岛内乱（1998～2003）

1998～2003 年，所罗门群岛爆发了严重的内乱。这场内乱致使所罗门群岛经济崩溃、政府瘫痪和社会动荡。这场内乱的爆发不是偶然的，而是多种因素共同作用的结果。

日益激化的民族矛盾是引发内乱的历史原因。所罗门群岛民族矛盾由来已久，究其历史根源，可以追溯到第二次世界大战时期。所罗门群岛原为英国的殖民地，1942 年被日军占领。后来，美国海军陆战队在瓜达尔卡纳尔岛登陆，将日军赶走，并从马莱塔岛招募了一些土著人前来瓜达尔卡纳尔岛从事军需物资搬运和后勤工作。此后，这些马莱塔人在瓜达尔卡纳尔岛定居下来，从事城市工商业，并廉价购得了大片土地。马莱塔人有背井离乡谋生的传统，因为马莱塔岛人多地少，为了谋生，年轻人纷纷离开马莱塔岛到所罗门群岛其他岛屿的种植场和城市寻找就业机会。1978 年所罗门群岛独立后，马莱塔人控制了政府的主要部门，瓜达尔卡纳尔岛人因政治、经济地位的失落而与马莱塔人的积怨越来越深。

社会动荡是引发政变的现实原因。20 世纪 90 年代末，政府管理不善导致经济下滑，犯罪率上升，社会与民族矛盾加剧。

执政党和反对党的政治斗争是引发内乱的直接原因。在 1997 年 8 月大选中败北后，前总理所罗门·马马洛尼组织反对党联盟，向现政府发难，致使政局不稳，社会动荡。1998 年年初，有消息披露，为了保卫所罗门群岛的北部边境，所罗门·马马洛尼在其下台之前曾向美国订购了 400 万美元的武器，其中包括两架轻型飞机和一架武装直升机。巴塞洛缪·乌卢法阿卢试图取消这笔订单。因为巴塞洛缪·乌卢法阿卢认为，如果这批武器被所罗门·马马洛尼控制，有可能引发所罗门群岛与巴布亚新几内亚的战争，而且，这批武器，至少有一部分，是为巴布亚新几内亚的反政府武装"布干维尔革命军"订购的。由于无法在议会中击败巴塞洛缪·乌卢法阿卢，为了破坏争取改革联盟政府的稳定，反对派开始操纵所罗门群岛国内的民族分裂势力。

1998 年 11 月，瓜达尔卡纳尔省省长伊泽基尔·阿莱布亚要求中央政府就将霍尼亚拉作为所罗门群岛首都对该省给予巨额"赔偿"。与此同时，在瓜达尔卡纳尔岛南部的天气海岸地区，出现了数个由下层社会的青年人组成的社团，他们自称"瓜达尔卡纳尔岛解放阵线"。他们持有自制的武器，并将阿莱布亚所提的赔偿要求视作开始向霍尼亚拉进军和恐吓生活在农村地区的马莱塔人的信号。"瓜达尔卡纳尔岛解放阵线"的武装分子迫使马莱塔人逃离了霍尼亚拉以东地区的油棕种植园，导致年产值占所罗门群岛 1/5 的油棕产业陷入完全崩溃的境地，造成严重的经济损失。到 1999 年年初，有 3.2 万人被迫逃离其在瓜达尔卡纳尔岛北部的家园，其中大约 2 万名马莱塔人离开瓜达尔卡纳尔岛，前往马莱塔岛。霍尼亚拉成为马莱塔人的一块飞地，挤满了数以千计的难民，并且还发生了 100 多人被杀的惨案。

1999 年 6 月，巴塞洛缪·乌卢法阿卢宣布所罗门群岛进入紧急状态。斐济前总理斯提维尼·兰布卡（Sitiveni Rabuka）被任命为英联邦代表，前往所罗门群岛进行斡旋。在斯提维尼·兰布卡的斡旋下，瓜达尔卡纳尔岛叛军和所罗门群岛政府以及瓜达尔卡纳尔省政府达成了一项和平协定。根据该协定，武装分子交出武器，作为交换条件，政府正视瓜达尔卡纳尔岛原住民的"不满"，并向瓜达尔卡纳尔岛赔偿 2500 万所元。由于叛军未能交出武器，该协议以及此后签署的几个协议都没有发挥实际效力。由于被叛军包围，霍尼亚拉成为一座孤城。

1999 年年末，为了复仇，马莱塔人在马莱塔岛成立了一个名为"红色眼镜蛇"的武装组织。2000 年 1 月，一群马莱塔武装分子袭击了马莱塔岛奥基的警察局，并抢走了 34 支步枪和一支枪榴弹发射器。为了获得政府的赔偿，他们宣布成立"马莱塔之鹰武装"。2000 年 3 月，该武装迁移至霍尼亚拉，并开始报复性地攻击瓜达尔卡纳尔岛人。同年 5 月，巴塞洛缪·乌卢法阿卢政府请求澳大利亚调停以恢复秩序，但被拒绝。所罗门群岛局势进一步恶化，许多马莱塔人指责身为马莱塔人的巴塞洛缪·乌卢法阿卢没有发挥作用。

2000 年 6 月，这场危机达到了高潮。2000 年 6 月 4 日晚，"马莱塔之鹰武装"和国民议会警察中的马莱塔人发动政变。他们软禁了总理巴塞洛缪·乌卢法阿卢，占领了首都霍尼亚拉的交通要道和一些重要的政府机构。在这次政变期间，"马莱塔之鹰武装"占领了警察的军械库，并在霍尼亚拉郊区与伊萨塔布自由运动武装进行了激战。马莱塔人利用一艘被劫持的海上巡逻艇炮轰了伊萨塔布自由运动武装的阵地。由于这些阵地位于霍尼亚拉以东地区，这导致霍尼亚拉国际机场被暂时关闭。与此同时，瓜达尔卡纳尔岛的反叛者袭击了该岛中部的金岭金矿，使金矿的生产陷于停顿。该金矿的产值在当时占所罗门群岛国内生产总值的一半左右。日资企业所罗门群岛大洋有限公司停止了捕鱼作业，并在其一艘渔船被劫持之后关闭了他们在诺罗的罐头工厂。"布干维尔革命军"袭击了所罗门群岛西部的吉佐，并杀害了数名马莱塔人。到此时，所罗门群岛政府已陷入瘫痪，国家实际上已经濒临崩溃。数以千计的岛民失业，经济衰退，社会动荡，许多受过良好教育的所罗门群岛人前往他国。

政变领导人诺里明确提出两项要求：现总理必须辞职并代之以新总理；政府对丧失家园的马莱塔人给予足够的赔偿。6 月 7 日，总理巴塞洛缪·乌卢法阿卢获释，并与政变分子达成协议，表示愿意以辞职求得危机的解决。由于政变使首都霍尼亚拉内外的形势进一步恶化，澳大利亚、新西兰等国纷纷撤侨，有千余名各国侨民撤至澳大利亚和巴布亚新几内亚。9 日晚，交战双方同意实行为期两天的停火，为英联邦代表团的访问和斡旋创造条件。10 日，由澳大利亚、新西兰、博茨瓦纳三国外长和马来西亚总理特别代表组成的英联邦代表团抵达霍尼亚拉，会晤了政府成员及有关各方代表，寻求解决危机的办法。政变领导人诺里承诺保证总理巴塞洛缪·乌卢法阿卢的安全，主张由议会选出新总理。但冲突双方不肯解除武装和部分议员的逃离，使得议会选举一再推迟。直到 6 月 30 日，议会才召开会议，选出人民进步党领导人玛拿西·索加瓦尔为新总理。玛拿西·索加瓦尔当选后表示立即组成代表民族团结与和解的政府，继续与交战的武装派别举行会谈，希望能在圣诞节之前实现持久和平。2008 年 8 月，伊萨塔布自由运动武装与马莱塔之鹰武装达成了停火协议。10 月，马莱塔之鹰武装、伊萨塔布自由运动武装和所罗门群岛政府在澳大利亚汤斯维尔签订了一份和平协议。在该协议中，政府同意大赦，作为交换条件，伊萨塔布自由运动武装和马莱塔之鹰武装交出武器并归还抢来的财物；各方同意在澳大利亚、新西兰和其他太平洋岛国以及国际组织的监督下，努力解决所罗门群岛的民族矛盾。至此，积淀了数十年的民族矛盾得到初步缓解。

2001 年 12 月，所罗门群岛举行了大选。大选后，国民议会选举艾伦·凯马凯扎为总理。尽管在上届国民议会的 50 名议员中只有 18 人保住了席位，许多当选的新议员还是将他们的选票投给保守势力。艾伦·凯马凯扎是上届政府的留任人员，他曾在大选的前一年支付给自己 80 万所元的赔偿款。艾伦·凯马凯扎的主要支持者是前财政部部长，此人曾给予其亲信数千万美元的免税额。由于腐败一直是民族分裂的温床，因此由腐败引致的民族分裂继续困扰着这个国家。

根据汤斯维尔协议，前反叛者成为一支"中立武装"的"特殊警察"。马莱塔人的民兵组织被改编为警察部队，但是一些瓜达尔卡纳尔岛人的反叛武装继续实施抢劫，尤其是由伊萨塔布自由运动的激进分子哈罗德·柯克率领的一股武装力量。在 2002 年 8 月，柯克杀害了一名前来拜访他的内阁部长，据估计，他与其同伙在该地区曾杀害了 50 余人。2002 年年末和 2003 年年初，在霍尼亚拉和马莱塔岛，发生了多起凶杀和暗杀未遂事件。2003 年 2 月，一位前警察专员在奥基被杀害，当时他正带领一个团队遣散"特殊警察"。

2003 年 4 月，一筹莫展的艾伦·凯马凯扎政府通过秘密途径请求印度尼西亚出手相助，这使得澳大利亚开始警觉。于是，澳大利亚政府邀请艾伦·凯马凯扎总理访澳，并同意帮助所罗门群岛政府恢复国内秩序。澳大利亚总理霍华德的提议立即获得了太平洋论坛 16 个成员国外交部部长的认可。2003 年 7 月，来自澳大利亚、新西兰、斐济和其他太平洋国家的 2250 名士兵、警察和公共服务顾问组成驻所罗门群岛地区援助团，进驻所罗门群岛。

驻所罗门群岛地区援助团在初期取得了一些令人瞩目的成功。仅在一个月内，援助团就收缴和销毁了 3712 件非法武器。叛军首领哈罗德·柯克在天气海岸被劝降，并被押送到霍尼亚拉受审。警察部队中的数十名腐败人员被清除；前武装分子要么被逮捕，要么改邪归正。澳大利亚承诺，为了重建所罗门群岛，在今后十年中将提供 8.5 亿澳元的援助。

三　2006 年"四月骚乱"

2006 年 4 月 18 日至 20 日，因反对党质疑大选结果，所罗门群岛爆发大规模骚乱。此次骚乱造成所罗门群岛社会剧烈动荡，首都霍尼亚拉唐人街被付之一炬，华人华侨财产损失惨重、生命安全受到严重威胁。澳大利亚、新西兰迅速增调军警赴所罗门群岛控制局势。中国紧急实施大规模撤侨行动，确保了华人华侨的安全。

中国台湾当局的"贿选"是此次骚乱爆发的直接导火索。4 月18 日下午，所罗门群岛国民议会宣布原副总理兼财政和国家计划部部长斯奈德·里尼当选为新一届内阁总理。这一消息在首都霍尼亚拉立即引起混乱。反对党认为，选举存在舞弊行为，里尼与原总理艾伦·凯马凯扎关系密切，选举结果是二人早已安排好的。反对党所罗门群岛工党领袖图哈努库说，中国台湾当局私下资助一些候选人，并且通过"贿选"操纵选举。特别是中国台湾当局通过所罗门群岛时任总理艾伦·凯马凯扎向那些靠拢中国台湾的候选人输送资金，以换取对中国台湾"地位"的承认。另一名反对党领袖表示，"台湾的赃钱"用在了支持某些特定候选人上。一名议员候

选人说，霍尼亚拉西区 2 名候选人获得了中国台湾当局提供的资金，从而使选举丧失了公正性。另一名议员候选人指出，中国台湾当局不仅贿赂候选人，而且还在候选人之间散布谣言，挑起候选人的争斗，以操纵选举。与此同时，有人散布传言称，在选举之前，竞选各方势均力敌，但因华商出面为里尼收买了数名反对党议员，才导致选举走势发生变化。"贿选"被曝光后，中国台湾驻所罗门群岛官员陈俊贤急忙进行解释，称所谓"贿选"并不存在，台湾的经济援助都走在"明面"，不会暗箱操作；中国台湾当局也声称，"台湾尊重所罗门群岛实行民主制度，绝未介入当地选举，也未资助任何候选人"。新当选总理斯奈德·里尼也发表声明否认他的政府受到华裔商人的巨大影响，并否认为了获得支持而贿赂他人。

尽管中国台湾当局和新当选总理斯奈德·里尼极力否认存在"贿选"问题，但是反对党仍纠集数百人在议会大厦、总理府和市中心商业区等地举行抗议活动，高呼口号，指责选举不公正，要求重新举行选举。在所罗门群岛执行维和任务的澳大利亚和新西兰军警立即出动近 300 人到现场维持秩序。

19 日，抗议活动演变成暴乱，抗议者在街上进行疯狂的打砸抢活动。由于许多抗议者认为这次选举不公，有中国台湾"金钱外交"和华人的因素，距离议会大厦最近的唐人街很快就被殃及。有的暴徒拿着石头，有的提着两尺多长的"斩草刀"，冲入唐人街，先对商店和餐馆进行打砸抢，然后放火焚烧，整个唐人街火光冲天，局势一片混乱。闹事歹徒最多时达到 2000 人。针对事态升级，所罗门群岛政府当天发布了宵禁令；澳大利亚和新西兰的军警多次向暴徒发射催泪弹，导致双方发生激烈冲突，17 名澳大利亚警员受伤。最后，寡不敌众的军警只好撤离唐人街。经过暴徒洗劫后，有着 30 多年历史的唐人街遭到严重破坏，几乎化为废墟，经济损失超过 1000 万美元，90% 的华人华侨经营的商店和餐馆被焚毁，货物被抢光，部分华人被打伤。许多华人华侨被迫离家逃往当地警察局、教堂和医院避难。

20 日，在紧急赶来增援的澳大利亚和新西兰军警的协助下，骚乱开始得到控制，局势逐渐趋于稳定。四处躲藏的新当选总理斯奈德·里尼受到澳大利亚和新西兰军警的保护。在警察局避难的大部分华侨华人返回家中，但是仍有 100 多人留在那里，因为他们的家在骚乱中被烧毁，他们无家可归。这是自 2003 年以来所罗门群岛发生的规模最大、破坏程度最严重的一次骚乱。

所罗门群岛发生骚乱后，澳大利亚、新西兰等周边国家感到"震惊"。澳大利亚总理霍华德在 4 月 19 日凌晨做出快速反应，决定向所罗门群岛增派 110 名军人和 70 名警察。当日晚，这 180 名军警就赶到所罗门群岛首都霍尼亚拉，并开始在大街小巷执勤巡逻。与此同时，新西兰也决定增派 30 名警察和 25 名军人前往所罗门群岛，以帮助维持秩序。

所罗门群岛的骚乱给当地华侨华人造成巨大的财产损失和严重的人身安全威胁，引起中国政府的高度重视。中国国家领导人获悉所罗门群岛发生暴乱殃及中国侨民后，十分关心侨胞的生命和财产安全。正在国外进行国事访问的国家主席胡锦涛以及国务院总理温家宝，都对维护中国在所罗门群岛侨胞的安全做出了重要指示。中国外交部遵照中央和国务院领导的要求，及时启动应急机制，要求所罗门群岛政府立即采取有效措施，切实保护中国在所罗门群岛侨民的人身安全和财产安全；紧急商请澳大利亚、新西兰、巴布亚新几内亚等国政府在需要时为在所罗门群岛的中国公民提供协助；与所罗门群岛侨胞保持电话联系，转达中国政府的关切和慰问，了解损失情况并动员其转移至安全地区。同时，中国政府实施了大规模的"撤侨七日行动"。4 月 19 日，鉴于所罗门群岛局势恶化及侨胞的要求，中国政府决定先租用外国商业飞机将侨胞分批撤至巴布亚新几内亚，然后派出南航包机飞赴巴布亚新几内亚接回侨胞。中国驻巴布亚新几内亚大使馆等加紧进行撤侨准备。从 20 日开始，经中国驻新西兰大使馆协调，新西兰政府允许部分持有有效证件的中国侨民搭乘其军机撤离。中国驻巴布亚新几内亚使馆优先安排 10 名老、幼、病侨民，搭乘新西兰空军飞机离开所罗门群岛赴新西兰。另有 22 名中国侨民搭乘澳大利亚军机或商业航班，离开所罗门群岛抵达澳大利亚。21 日，中国驻巴布亚新几内亚大使馆派出 2 名领事官员前往所罗门群岛安排撤侨。22 日，中国驻巴布亚新几内亚使馆租用的飞机飞抵霍尼亚拉，并于当晚 21 时把第一批 90 名华人华侨安全地接到巴布亚新几内亚首都莫尔兹比港，其中主要是老、弱、妇、幼以及 20 名香港同胞。同日，由外交部、公安部等有关部门组成的联合工作组抵达广州指导撤侨工作。至 25 日，中国政府撤侨行动结束，共有 353 名旅居所罗门群岛的侨胞被接至巴布亚新几内亚、新西兰和澳大利亚，其中 325 人被接回中国。

第三章

政　治

　　所罗门群岛是一个实行君主立宪制和代议制民主的独立国家。《所罗门群岛宪法》规定，所罗门群岛的一切权力属于人民，人民行使国家权力的机关是根据宪法设立的国民议会、内阁和司法机构。其行政权由内阁行使。立法权被赋予了国民议会。国家元首（君主）由总督代表；内阁首脑为总理。司法机构独立于行政和立法机关。宪法保护人民的言论、信仰、迁徙和结社等自由。

第一节　政治体制

　　所罗门群岛曾是英国西太平洋高级专员所管辖的众多领地之一。1893 年，英国宣布成立英属所罗门群岛保护领，并于 1896 年任命查尔斯·伍德福德为首任驻地专员，负责管辖英属所罗门群岛保护领，并对驻斐济的高级专员负责。1921 年，为协助驻地专员治理英属所罗门群岛保护领，又成立了一个咨询委员会。但是，所罗门群岛原住民直到 1950 年才开始直接参与最高决策。在那一年，驻地专员首次任命了四位所罗门群岛岛民为咨询委员会委员。他们是牧师卡什帕·卡凯斯（Kaspar Kakaise）、塞拉斯·斯泰（Silas Sitai）、弥尔顿·塔拉萨萨（Milton Talasasa）和雅各布·沃扎

（Jacob Vouza）。这些人后来成为所罗门群岛的开国元勋。1953 年，西太平洋高级专员不再兼任斐济总督。1952 年年底至 1953 年年初，西太平洋高级专员公署迁至霍尼亚拉。从那时起，英属所罗门群岛保护领由高级专员直接管辖。从 20 世纪 50 年代初起，英属所罗门群岛开始在各地建立地方委员会。地方委员会是所罗门群岛政府体系的基层组织，也是中央民意机关代表的地方基础。在 1960 ～ 1978 年间，为了使英属所罗门群岛保护领逐步实现独立，成为一个按照威斯敏斯特体制运行的单一制国家，所罗门群岛进行了多次宪政改革。1978 年，所罗门群岛颁布了独立后的首部宪法，并实施至今。

一　政体

所罗门群岛政体是君主立宪制。因此，世袭君主是所罗门群岛的最高统治者，也是所罗门群岛的国家元首。现任君主是英国女王伊丽莎白二世。根据《所罗门群岛宪法》，君主是"统而不治"的"虚君"，由所罗门群岛总督代其履行职责。这个总督与独立前的总督不是一回事，只是象征性的有名无实的职位，现任总督为弗兰克·卡布伊（Frank Kabui）。

（一）君主立宪制

在所罗门群岛，英国君主是作为所罗门群岛君主行使最高统治权，在所有与所罗门群岛有关的事宜上，君主完全根据所罗门群岛部长们的建议履行职责。

这种安排源于《1926 年贝尔福宣言》。《1926 年贝尔福宣言》给予了各自治领与英国相等的权利，这使得各自治领不再从属于英国。《1927 年皇家和议会头衔法案》（Royal and Parliamentary Titles

Act，1927）首次在法律中表述了这一变化；《1931 年威斯敏斯特条例》（Statute of Westminster 1931）又做了进一步阐述。根据《1931 年威斯敏斯特条例》，所罗门群岛与英国和其他英联邦王国共享一个君主，未经其他王国一致同意，所罗门群岛不能改变王位继承规则，除非通过修改宪法明确放弃共享君主。

在所罗门群岛，现任英国君主的官方头衔是"伊丽莎白二世，承蒙上帝恩典，所罗门群岛和其他王国及领地的女王，英联邦元首"。由于特别强调了英国君主作为所罗门群岛君主的角色，以及英联邦王国的共有君主，上述尊称体现了所罗门群岛作为独立的君主立宪国家的地位。通常情况下，现任君主被称为"所罗门群岛女王"，当其在所罗门群岛时，或代表所罗门群岛履行职责时，才称呼其官方头衔。

所罗门群岛于 1976 年获得了自治。1978 年 7 月 7 日，所罗门群岛独立，成为一个以英国君主为元首的拥有主权的民主国家。同日，《所罗门群岛宪法》生效。《所罗门群岛宪法》由各种起源于英国或所罗门群岛的成文法和惯例组成。这些成文法和惯例使所罗门群岛具有了与其他英联邦王国相似的议会制政体。《所罗门群岛宪法》规定，国家的所有权力被建立在君主之上。君主由所罗门群岛总督代表。君主根据所罗门群岛国民议会的建议任命总督。在总督给予御准之前，君主应被告知总理的决定。《所罗门群岛宪法》中的效忠宣誓是一篇向"英国女王伊丽莎白二世陛下及其后嗣和继任者"效忠的宣言。

所罗门群岛君主的国内职责主要由总督履行。在正式场合，如议会开幕、授予勋章和阅兵等，由总督代表所罗门群岛君主出席。宪法规定，在议会休会期间，君主在某些问题上有权采

取行动，如任命和处分政府工作人员。不过，与其他英联邦国家一样，君主以及副王的地位几乎完全是象征性的和文化上的，宪法所赋予君主的权力几乎完全要根据内阁的建议行使。但是，在特殊情况下，君主或副王可以根据其保留权力反对内阁的建议。还有一些必须由君主履行的职责或须君主同意的议案，如签署任命总督的文件，批准授予勋章。如果总督反对总理或政府的建议，总理可以直接向君主上诉，甚至建议君主免去总督的职务。

根据男性优先的原则，王位继承实行长子继承制，并受到《1701年王位继承法》和《英国人权法案》的支配。这些法律最初由英国议会通过，如今也是《所罗门群岛宪法》的一部分。这些法律规定，君主不能是罗马天主教徒，也不能与罗马天主教徒结婚。所罗门群岛关于王位继承的法律目前与联合王国的法律一样。现任王储是伊丽莎白二世的长子查尔斯。

所罗门群岛的所有法律都由君主或副王署名颁布。君主署名同意一项法案被称为御准；议会的所有法案皆须署名和公告；通常由总督准予或拒绝。副王为了令君主高兴也可以保留法案，换言之，允许君主亲自对法案做出决策。君主有权在宪法规定的期限内驳回一项法案。

由于君主被认为是"正义的源泉"，因此还要负责为所有臣民主持正义。君主尽管不亲自裁决司法案件，却以其名义行使司法职能。普通法认为，君主"可以犯错"，但是君主不能因刑事罪行在其法院中被起诉。针对具有公共身份的君主的民事诉讼（即起诉政府）是被允许的；但是，针对君主个人的诉讼将不会被审理。君主以及总督也可以使用"赦免权"，还可以赦免冒犯君主的罪行。赦免状可以在审判之前、期间或之后被给予。

在所罗门群岛，国家的法律人格被称为"依仗所罗门群岛权力的女王陛下"。例如，如果对政府提起诉讼，被告被正式描述为"依仗所罗门群岛权力的女王陛下"。在此类事务中，君主不再作为个人而发挥作用。

（二）总督

所罗门群岛总督是所罗门群岛君主的常驻代表。由于所罗门群岛君主不在该国居住，因此由总督代行其职责，对其负责。在所罗门群岛，总督候选人必须具备国民议会议员候选人资格；而且，总督由国民议会提名，由所罗门群岛君主任命。尽管被提名人由国民议会选举产生，但是所罗门群岛君主不一定接受上述被提名人。总督任期为五年，不得连选连任超过两届。如果总督职位出现空缺，由议长或首席法官代行职责。但是总督主要是一个象征性的有名无实的职位，而且很少涉足政府日常事务。所罗门群岛独立以来的历任总督见表3-1。

表3-1 所罗门群岛独立以来的历任总督

序号	姓名	任期
1	巴德利·德维西（Baddley Devesi,1941—2012）	1978~1988年
2	乔治·利平（George Lepping,1947—）	1988~1994年
3	莫塞斯·普尔班加拉·皮塔卡卡（Moses Pulbangara Pitakaka,1945—2011）	1994~1999年
4	约翰·伊尼·拉普利（John Ini Lapli,1955—）	1999~2004年
5	纳萨尼尔·瓦埃纳（Nathaniel Waena,1945—）	2004~2009年
6	弗兰克·卡布伊（Frank Kabui,1946—）	2009年至今

弗兰克·卡布伊,马莱塔岛人,前高等法院法官和司法部部长,自 2009 年担任所罗门群岛总督。1975 年毕业于巴布亚新几内亚大学,是所罗门群岛首位法学学士学位获得者。他是所罗门群岛律师协会会员,曾两次当选该协会主席。还担任过法律改革委员会主席。在 2009 年,经过国民议会四轮投票,最终以 30 票被提名担任总督。随后,所罗门群岛女王伊丽莎白二世正式任命其为所罗门群岛总督。2009 年 7 月 7 日,在劳森塔马体育场宣誓就任总督。

二 选举制度

(一)选举制度的形成与发展

英属所罗门群岛于 1965 年举行了首次大选。1964 年 9 月 25 日,英国枢密院为英属所罗门群岛制定了一部新宪法。11 月 4 日,英国国会通过了《英属所罗门群岛枢密令》。1965 年 2 月 1 日,英属所罗门群岛开始实施 1964 年宪法。新宪法规定,在立法委员会 10 名非官方委员中,8 名非官方委员由选举产生;另外 2 名非官方委员由高级专员任命产生。同年 4 月 7 日,英属所罗门群岛举行了立法委员会选举。此次选举将全国分为 8 个选区,其中马莱塔区拥有 3 个选区,中部区拥有 2 个选区,霍尼亚拉、西部区、东部区各拥有 1 个选区。代表霍尼亚拉选区的委员由直接选举产生;其他 7 名委员由选举团选举产生。选举团成员由地方管理委员会委员选举产生。

1967 年 5 月,英属所罗门群岛举行了立法机关成员的首次直选。在此次选举中,有 62 人参加了竞选,争夺 14 个席位。在 35101 名已登记选民中,有 17689 人参加了投票,投票率为 50.39%。除了瓜达尔卡纳尔岛南部选区外,其余选区都有多名候选人，一般为 2~5 名。大多数选区竞争激烈，尤其是在霍尼亚拉和维拉拉维拉－科隆班加拉选区。一些候选人不仅制作了海报，还发表了竞选宣言。没有政党参加选举。由于选票标记错误，瓜达尔卡纳尔岛东部选区的选举结果被宣布无效，并于 10 月进行了补选。

在 1970 年 5 月 26 日至 6 月 30 日，英属所罗门群岛举行了管理委员会委员选举。在此次大选中，有 55.4% 的已登记选民参加了投票，投票率比 1967 年大选略高一些。其中，伊莎贝尔选区投票率最高，为 74.8%；马莱塔中部选区最低，为 37.7%。此次选举进一步扩展到人口较少的地区，如伦内尔－贝洛纳选区和翁通爪哇选区。与此前一样，在东部离岛选区，选举是通过选举团进行的；但是在其他地方，已经有了一份包括 21 岁以上已登记选民的名单。1970 年 7 月 15 日，管理委员会成立。

在 1973 年大选时，英属所罗门群岛实现了普选，年龄在 21 岁以上的成年人都可以参加投票。管理委员会席位由 26 个增至 33 个；其中，有 24 个席位由单议席选区选举产生，有 9 个席位由任命产生。在此次选举中，共有 118 名候选人参加竞选，候选人对选举更加关注，对竞选流程更加熟悉。

1976 年，英属所罗门群岛举行了独立前的最后一次大选。此次大选有 177 位候选人参加竞选，争夺 38 个立法议会议席。在 78646 名已登记的选民中，有 44438 人参加了投票。

（二）现行选举制度

1980 年 4 月 3 日，国民议会通过了《国民议会选举规定法》（*National Parliament Electoral Provisions Act*）。该法历经多次修订，最近一次修订是在 2010 年 4 月 6 日。

所罗门群岛选举法规定，全国分为 50 个单议席选区；国民议

会议员通过直接选举产生；获得相对多数即可当选；通过选举任命两次大选之间产生的空缺；不强制选民投票。

选民必须年满 18 周岁；拥有所罗门群岛国籍；在其所投票的选区居住。如果已被宣布精神失常，违法或违反选举法，被监禁六个月以上，或已被判处死刑，拥有双重国籍，是非法移民，则将被取消投票资格。

候选人必须具备选民资格；年满 21 周岁；在其所参选的选区居住。如果拥有双重国籍，效忠于外国，未被免除破产责任，是选举委员会的管理人员或委员，被监禁六个月以上，或者已被判处死刑，则将被取消候选人资格。

候选人不能是国家元首，不能担任公职和法官，不能是政府顾问、选举委员会管理人员或委员、公营公司的管理人员或职员、军人、警察。

候选人须由其所在选区的三名以上选民提名，也可以是政党提名；登记参选的时间不得晚于选举前 28 天。此外，每位候选人须缴纳 2000 所元保证金，保证金不予退还。

（三）独立后的历届大选

在 1978 年独立后，所罗门群岛到目前为止共举行过 9 次大选（见表 3 - 2）。

1. 1978～2010 年历届大选

1980 年 8 月 6 日，所罗门群岛举行了独立后的首次大选。在此次选举中，共有 244 名候选人参加了竞选。此次大选的主要政治议题是将行政权下放到诸省。最终，有 2/3 的上届议员落选。所罗门群岛联合党获得 16 个议席；人民联盟党获得 9 个议席，国家民主党获得 2 个议席。此外，无党派候选人获得 11 个议席。

表 3 - 2　1980 ~ 2014 年所罗门群岛历届大选情况

年份	投票率(%)	总票数	登记选民数	投票年龄人口投票率(%)	投票年龄人口
2014	89.93	258599	287565	—	—
2010	52.36	234366	447612	75.73	309471
2006	56.95	193459	339688	70.37	274924
2001	61.88	178161	287921	77.16	230907
1997	68.35	137787	201584	70.72	194824
1993	63.61	105351	165620	60.56	173950
1989	64.94	81239	125106	55.76	145700
1984	—	65637	—	53.04	123740
1980	58.23	58136	99843	54.71	106260

1984 年 10 月 24 日，所罗门群岛举行了独立后的第二次大选。在此次选举中，共有 230 名候选人参加了竞选。最终，所罗门群岛联合党获得了 13 个议席，成为国民议会第一大党。人民联盟党获得 12 个议席；国家民主党获得 1 个议席；所罗门爱乡党①获得 4 个议席；无党派候选人获得 8 个议席。

1989 年 2 月 22 日，所罗门群岛举行了独立后的第三次大选。在此次选举中，共有 257 名候选人参加了竞选，其中包括 3 名女性。最终，所罗门·马马洛尼领导的人民联盟党赢得 23 个议席，成为国民议会第一大党。所罗门群岛联合党获得 4 个席位；争取进步国民阵线获得 3 个席位；所罗门群岛工党和所罗门群岛自由党各获得 2 个席位；无党派候选人获得 4 个席位。

1993 年 5 月 26 日，所罗门群岛举行了独立后的第四次大选。

---

① 所罗门爱乡党（Solomon Agu Sagufenua）成立于 1984 年，其领导人为赛瑟尔·凯利（Sethuel Kelly）。

在此次选举中，国民议会议席从 38 个增至 47 个，共有 280 名候选人参加了竞选。最终，所罗门·马马洛尼领导的民族团结与和解集团获得了 21 个议席，但是没有在国民议会中获得过半数席位。人民联盟党获得 7 个议席；所罗门群岛国民行动党获得 5 个议席；所罗门群岛工党和所罗门群岛联合党各获得 4 个议席；无党派候选人获得 6 个议席。

1997 年 8 月 6 日，所罗门群岛举行了独立后的第五次大选。在此次选举中，国民议会议席从 47 个增至 50 个，共有 9 个政党的 350 名候选人参加了竞选。最终，所罗门群岛民族团结与和解党获得了 21 个议席；人民联盟党获得 7 个议席；所罗门群岛国家行动党获得了 5 个议席；所罗门群岛联合党获得了 4 个议席；所罗门群岛自由党获得了 4 个议席；国民党获得了 1 个议席；其他政党获得了 2 个议席。此外，无党派候选人获得了 6 个议席。

2001 年 12 月 5 日，所罗门群岛举行了 2000 年 6 月政变之后的首次大选。在来自澳大利亚、新西兰、日本、美国、英联邦和太平洋岛国论坛的国际观察员的监督下，共有 328 名候选人参加了竞选。最终，人民联盟党获得了 20 个议席；所罗门群岛争取变革联盟获得了 12 个议席；人民进步党获得了 3 个议席；工党获得了 1 个议席。此外，无党派候选人获得了 13 个议席。2001 年 12 月 17 日，艾伦·凯马凯扎被国民议会选为总理。

2006 年 4 月 5 日，在驻所罗门群岛地区援助团的主持下，所罗门群岛举行了自外国维和人员于 2003 年 6 月进驻所罗门群岛恢复秩序以来的首次选举。在此次选举中，共有 453 名候选人参加了竞选，其中包括 24 名女性。在此次选举中，没有任何政党获得 4 个以上议席。国民党获得 4 个议席；所罗门群岛乡村建设党获得 4 个议席；

人民联盟党获得 3 个议席；民主党获得 3 个议席；所罗门群岛自由
党获得 2 个议席；所罗门群岛社会信贷党①获得 2 个议席；拉法里
党获得 2 个议席；无党派候选人获得了 30 个议席。大选结束后，
许多无党派议员组成了由斯奈德·里尼领导的无党派议员联盟。没
有女性候选人当选，这使得所罗门群岛国民议会成为世界上为数不
多的几个完全由男性组成的立法机关之一。

2. 2010 年大选

2010 年 4 月 24 日，由于任期届满，国民议会被解散。6 月 22
日，总督弗兰克·卡布伊宣布所罗门群岛将在 8 月 4 日举行大选。
在 2010 年大选中，共有 509 名候选人参选，其中包括 25 名女性。

在 2010 年大选前夕，所罗门群岛新组建了数个政党。前总理
玛拿西·索加瓦尔和 8 名国民议会议员成立了所有权、团结与责任
党；该党承诺将下放经济权力，重启玛拿西·索加瓦尔在其执政时
期所实施的自下而上的发展战略。5 月，迪尔玛·诺丽夫人创建了
该国首个女性政党"和平与繁荣 12 支柱"（Twelve Pillars to Peace
and Prosperity），该党承诺，为支持性别友好的民主化进程的男性
和女性提供一个渠道。6 月，副总理弗雷德·福诺创建了所罗门群
岛人民代表大会党。

---

① 所罗门群岛社会信贷党（Solomon Islands Social Credit Party）由玛拿西·索加瓦尔创建
于 2005 年 7 月。该党奉行关于货币改革的社会信贷理论。该党是组成所罗门群岛争取
变革联盟（Solomon Islands Alliance for Change）的四个政党之一。除了社会信贷党外，
该联盟还包括国民党、所罗门群岛自由党和所罗门群岛农村发展党，以及来自霍尼亚
拉、马莱塔岛和瓜达尔卡纳尔岛的无党派议员。所罗门群岛社会信贷党发源于新西兰
社会信贷党（现名为新西兰民主党），其领导人之一布鲁斯·毕瑟姆（Bruce Beetham）
曾在家里款待过一位所罗门群岛的学生，那个学生即所罗门·马马洛尼，他后来成为
所罗门群岛总理。该党反对外国控制该国经济，主张根据社会信贷理论进行彻底的货
币和金融改革。该党认为，所罗门群岛的贫困问题只能通过社会信贷货币改革才能解
决。

即将离任的德里克·西库阿总理公开请求选民支持，呼吁应投票支持那些视国家利益高于一切的领导人。史蒂夫·阿巴纳所领导的所罗门群岛民主党承诺将提出一项确保政治稳定的法案。詹姆斯·梅卡布领导的人民联盟党承诺，将通过任命 12 名合格的工程师监督公路建设，改善公路状况。

尽管对选民登记情况表示担忧，并建议选举管理机构在下次大选之前重新进行登记，但是国际观察员认为，投票过程平静有序，选举人自由地行使了其民主权利。不过，在泰莫图省、中部省和马莱塔省，由于对选举结果不满，一些民众破坏了一些商店和建筑。

与 2006 年大选类似，无党派议员在新一届国民议会中仍是最大的一支政治势力，控制了 19 个议席。所罗门群岛民主党成为第一大党，获得了 13 个议席。所有权、团结与责任党和所罗门群岛改革民主党各获得了 3 个议席；独立民主党、所罗门群岛农村进步党和人民联盟党各获得 2 个议席；乡村建设党、所罗门群岛自由党、所罗门群岛国民党、人民联邦党、人民代表大会党和城乡政治党各获得 1 个议席。"和平与繁荣 12 支柱"没有获得议席。与上次大选一样，没有女性在 2010 年大选中当选。

在 2010 年大选中，有 25 位上届议员获得了连任；有 25 位落选，其中包括前总理艾伦·凯马凯扎、即将离任的副总理福诺和外交部部长威廉·豪梅。后者被前中央银行行长里克·豪击败。在国民议会 50 名新当选的议员中，有 45 人的任期没有超过两届，因此，大部分议员相对缺乏议会工作经验。五位长期担任国民议会议员的是乔布·杜德利·陶辛加（第七次当选）、丹尼·菲利普（第五次当选）、斯奈德·里尼（第四次当选）、玛拿西·索加瓦尔

（第四次当选）和戈登·达西·利洛（第三次当选）。

8月25日，所罗门群岛改革民主党领导人丹尼·菲利普以26票对23票，击败所罗门群岛民主党领导人阿巴纳，当选为总理。9月8日，新一届国民议会召开了首次会议，选举前总理艾伦·凯马凯扎为新任议长。

3. 2014年大选

2014年11月19日，所罗门群岛举行了独立后的第九次大选。参加此次选举的候选人共有443人。在此次大选中，无党派候选人赢得了国民议会50个议席中的32个席位；民主联盟党赢得7个席位，成为国民议会第一大党；联合民主党获得5个席位；人民联盟党获得3个席位；所罗门群岛农村进步党、所罗门群岛亲民党和所罗门群岛卡达雷党分别获得1个席位。

第二节 立法机关

国民议会是所罗门群岛的最高权力机关。根据所罗门群岛宪法，国民议会是所罗门群岛政府的立法机关，实行一院制。根据宪法规定由选举产生的若干名议员组成，每四年普选一次。1993年，国民议会议员席位由38个增加到47个；1997年，又增加到50个。

一 国民议会的权限

根据宪法规定，国民议会的权力主要有立法权、财政控制权、决定权和人事任免权。国民议会有权制定保障所罗门群岛和平、秩序和良好政府的法律；国民议会制定的所有法律都称为"国民议会法令"；国民议会有修改宪法的权力；法律由国民议会以议案的

形式通过。当一个议案被国民议会通过后，就被提交给总督，总督代表国家元首予以批准，经总督批准后，此议案正式成为法律，但是任何法律在未正式公布之前，均为无效。国民议会审查并批准国家的预算。国民议会可以规定特权、豁免权、国民议会及其成员的权力。国民议会对国家一些重要官员有人事任免权。

二　国民议会的内设机构

国民议会有担负确保国民议会平稳运转特殊职责的官员。议长负有管理和监督国民议会会议的职责。他负责维持国民议会会议的秩序，确保国民议会议员根据议事程序（《国民议会议事规则》）行动和发言。副议长在议长缺席期间履行议长职责。议长由国民议会议员从国民议会之外选举产生（即议长不是国民议会议员），副议长从国民议会议员中选举产生。

书记员负责为国民议会及其委员会提供秘书工作支持。国会召开会议期间，书记员坐在议长前方，记录议员发言内容及议长和国会议员所提出的关于特定议题的建议。副书记员协助书记员工作。

议会警卫携带象征议长权威的权杖，负责协助议长确保议会规则得到确实遵守。

除了以上官员和辅助工作人员之外，国民议会还设有一些担负不同职责的处室，如财务处、图书馆与信息处、委员会秘书处、信息通信技术处以及行政管理和登记处等。

三　国民议会的运转机制

国民议会通常每年举行 3 次会议，每次会议持续 3～4 周。国民议会的会议向公众开放，公众可以参加国民议会。国民议会开会时通常使用英语或皮钦语。国民议会的所有文件，如法案、议案、议题、报告均使用英语。国民议会每年审议 10 多项法案。呈递给国民议会的大多数法案是由政府提交的，但是议员偶尔也呈递法案提请国民议会审议。国民议会只在工作日开会。星期一至星期四由政府决定业务安排。星期五由普通国民议会议员支配，这一天被称为"普通议员日"。这一天通常被反对党国民议会议员利用。会议通常在上午 9 点半开始，下午 4 点半结束。

　　在国民议会中，可以存在反对派和无党派议员团体。反对派是国民议会中反对政府的一派议员，无党派议员是国民议会中独立于政府和反对派之外的一派议员。根据议长建议，总督可以视具体情况任命反对派和无党派领袖。

　　1976～2014 年所罗门群岛国民议会历任议长和反对党领袖见表 3－3。

表 3－3　1976～2014 年所罗门群岛国民议会历任议长和反对党领袖

届次	时间	议席（个）	议长	反对党领袖
第一届	1976～1980 年	38	劳埃德·M. 吉纳	巴塞洛缪·乌卢法阿卢
第二届	1980～1984 年	38	劳埃德·M. 吉纳	所罗门·马马洛尼 彼得·凯尼洛雷亚
第三届	1984～1988 年	38	劳埃德·M. 吉纳	所罗门·马马洛尼
第四届	1988～1993 年	38	维塔·本·塔布萨斯	安德鲁·H. 诺里 约瑟夫·图哈努库
第五届	1993～1997 年	47	保罗·图瓦阿	所罗门·马马洛尼 巴德利·德维西 埃德瓦·胡尼尔胡
第六届	1997～2001 年	50	保罗·图瓦阿	所罗门·马马洛尼 玛拿西·索加瓦尔 巴塞洛缪·乌卢法阿卢

续表

届次	时间	议席(个)	议长	反对党领袖
第七届	2001～2005 年	50	彼得·凯尼洛雷亚	派特森·奥蒂 约翰·加洛 弗朗西斯·比利·希利
第八届	2006～2010 年	50	彼得·凯尼洛雷亚	弗瑞德·福诺
第九届	2010～2014 年	50	艾伦·凯马凯扎	史蒂夫·阿巴纳 德里克·西库阿
第十届	2014 年至今	50	阿吉隆·纳斯乌	耶利米·马内尔

第三节 行政机构

所罗门群岛政府的行政权被赋予了内阁,内阁在政治上对国会负责。内阁由总理和各行政部门的部长组成。总理由国民议会从其议员中选举产生,并负责组阁。部长由总理推荐,总督任命。内阁成员在常任秘书的协助下领导政府各部;常任秘书是职业公务员,负责管理各部职员。

所罗门群岛的政党松散,议会政治联盟高度不稳定。由于国会反对党频繁地提出对政府的不信任案,导致政府领导层更替频繁,内阁经常更换。

一 内阁与总理

内阁是总督的顾问。对国民议会根据内阁建议呈递给总督的任何建议,内阁负全面责任,并对任何部长在履行其职责时的行为负责。内阁各部部长由总督根据总理建议在议员中委任，人数不得超过 11 人或国民议会规定的人数，其中 1 人应为副总理。在国民议会解散但须委任部长职务时，可委任国民议会解散前的国民议会议员担任部长。

总理由国民议会议员选举产生。宪法规定，在总理职位空缺时或者在大选后，总督应尽早召集国会议员召开选举总理的会议，并向每位议员发出通知。在召开选举会议前，总督应将被提名者名单发给每位议员。每位议员都有资格参选总理，但是需要另外四名议员提名才能成为候选人，而且任何议员只能参与提名一位候选人；候选人可以在选举结束前退出总理竞选。选举采取秘密投票的方式，每位议员只有一票表决权。选举会议由总督主持，选举由总督领导。在统计选票结束后，总督应立即宣布每位候选人的得票数，如果其中一位候选人在选举中获得绝对多数票，总督应立即宣布该候选人当选总理，并将总理的简历公布于众。如果国民议会议员大多数投票通过了对总理的不信任案，总督应免去总理的职务。对总理的不信任案必须在其被投票表决的七天前通知议长。

二　独立后的历任总理

所罗门群岛独立以来的历任总理见表 3 - 4。

（一）彼得·凯尼洛雷亚

彼得·凯尼洛雷亚（Peter Kenilorea，1943.5 -　），马莱塔岛人，所罗门群岛联合党创始人和领袖，国民议会议员，第一任总理。1975 年，获得南太平洋大学（斐济苏瓦校区）公共管理学文凭。

表 3-4　所罗门群岛独立以来的历任总理

姓名	任期	政党
彼得·凯尼洛雷亚	1978～1981 年	所罗门群岛联合党
所罗门·马马洛尼	1981～1984 年	人民联盟党
彼得·凯尼洛雷亚	1984～1986 年	所罗门群岛联合党
伊泽基尔·阿莱布亚	1986～1989 年	所罗门群岛联合党
所罗门·马马洛尼	1989～1993 年	人民联盟党/争取民族团结与和解集团
弗朗西斯·比利·希利	1993～1994 年	无党派/民族联盟伙伴关系
所罗门·马马洛尼	1994～1997 年	争取民族团结与和解党
巴塞洛缪·乌卢法阿卢	1997～2000 年	所罗门群岛自由党/争取变革联盟
玛拿西·索加瓦尔	2000～2001 年	人民进步党
艾伦·凯马凯扎	2001～2006 年	人民联盟党
斯奈德·里尼	2006 年	无党派议员联盟
玛拿西·索加瓦尔	2006～2007 年	所罗门群岛社会信贷党
德里克·西库阿	2007～2010 年	所罗门群岛自由党
丹尼·菲利普	2010～2011 年	改革民主党
戈登·达西·利洛	2011～2014 年	争取改革与进步民族联盟
玛拿西·索加瓦尔	2014 年至今	人民进步党

1968～1970 年，在国王乔治六世中学任教；1971 年，担任财政部常务副部长秘书；1971～1973 年，先后担任伊莎贝尔区和马莱塔区民政事务专员；1973～1974 年，任土地管理部门官员；1974～1975 年，升任首席部长办公厅副秘书长和首席部长秘书；1975～1976 年，任东所罗门民政事务专员。

在 1976 年举行的大选中，第一次当选东阿热阿热选区国家立法议会议员。1976 年 7 月至 1978 年 7 月，任自治政府首席部长，领导该国在 1978 年脱离英国实现独立。1977 年，负责制定所罗门群岛国家独立宪法，领导立法议会议员代表团成功完成了与英国的宪法谈判。1978 年 7 月，任所罗门群岛首任总理，全权负责外交和国际证券事务，并兼任公共服务部部长。在 1980 年 5 月创建联合党。

在 1980 年举行的大选中，当选东阿热阿热选区国民议会议员。大选后，被国民议会选举为总理。1981 年 8 月，由于在建立省级政府体制上态度谨慎，失去了国民议会全体无党派议员对其政府的支持，因此在议会中失去多数支持而被迫辞职。1981～1984 年为国民议会反对党领袖，其间曾访问过中国。

在 1984 年举行的大选中，当选东阿热阿热选区国民议会议员，1984 年 11 月再度出任总理。1986 年 11 月，因议会通过对其的不信任案而再度辞职。在 1988～1989 年和 1990～1993 年，担任外交部部长。在"马莱塔之鹰武装"和"伊萨塔布自由运动"爆发武装冲突后，担任和平谈判副主席。2000 年 8 月，担任由 8 人组成的和平监督委员会主席。从 2001 年 12 月起，直到 2010 年 9 月，他长期担任国民议会议长。

(二) 所罗门·马马洛尼

所罗门·马马洛尼（Solomon Mamaloni，1943—2000），马基拉岛人，人民进步党创始人和领袖，国民议会议员，第二任总理。

从 1970 年起开始从事政治活动。1970～1973 年任国务委员会委员、主席，代表马基拉－乌拉瓦地区。1973 年创建人民进步党，任主席。根据 1974 年新宪法的规定，国务委员会改称立法议会，所罗门·马马洛尼当选第一任首席部长，领导所罗门群岛在 1976 年 1 月取得自治；1976 年 7 月 14 日，在大选后的首席部长选举中败于彼得·凯尼洛雷亚。1977 年，由于没能连任首席部长，放弃立法议会议员席位。1979 年底，人民进步党和农村联盟党合并，成立人民联盟党，任该党领袖。在 1980 年 8 月举行的独立后首次大选中，当选国民议会议员。在 1980 年大选后，担任反对党领袖，直到 1981 年 8 月 31 日在国民议会特别会议上当选所罗门群岛总理。此后，曾三次担任内阁总理，即 1981～1984 年、1989～1993 年和 1994～1997 年。在 1981 年上台执政后，积极推行《省政府法》，下放了中央政府的一些行政权和职能。由于面临针对其领导风格而提出的不信任案威胁，在 1990 年 10 月，退出人民联盟党并改组内阁，这是所罗门群岛独立以来第一次由个人掌握政权。

在他第二次担任内阁总理期间，由于布干维尔危机引发的冲突，所罗门群岛与巴布亚新几内亚的关系恶化。1993 年 6 月，弗朗西斯·希利·比利接替他担任内阁总理；1994 年 10 月，由于希利总理被解职，在 11 月 7 日，他被国民议会选举为总理。在 1997 年国民议会的总理选举中，败于巴塞洛缪·乌卢法阿卢。

在 1984～1988 年和 1993～1994 年担任反对党领袖。1998 年 9 月下旬，接替乔布·杜德利·陶辛加担任反对党领袖。由于领导所罗门群岛在 1978 年摆脱英国统治而独立，其获得盛誉并赢得广泛支持，因此，直到其于 2000 年 1 月因病在霍尼亚拉的一所医院中去世，一直担任国民议会反对党领袖。

（三）伊泽基尔·阿莱布亚

伊泽基尔·阿莱布亚（Ezekiel Alebua，1947 - ），瓜达尔卡纳尔岛天气海岸阿姆阿姆村人，所罗门群岛联合党党员，第三任总理。他在一所当地小学接受了初等教育，然后在特纳鲁（Tenaru）的圣约瑟夫学院接受中学教育，在南太平洋大学（斐济苏瓦校区）接受高等教育，主攻行政管理专业。毕业回国后，他曾在多个省级议会供职。在 1981 年，当选为国民议会议员。1981 年 8 月至 1982 年 5 月，任第一届所罗门·马马洛尼政府的外交通商部部长。1984 年 11 月，任彼得·凯尼洛雷亚政府副总理兼农业部部长，后转兼外交部部长。曾于 1982 年 4 月和 1984 年 7 月两次访问中国。由于彼得·凯尼洛雷亚被控对法国援助资金使用不当而被迫辞职，因此，在 1986 年 12 月至 1989 年 3 月，继彼得·凯尼洛雷亚之后担任所罗门群岛总理。在 1989 年 2 月的大选中，败于所罗门·马马洛尼，未能连任。

1998 年 4 月至 2002 年 12 月，任瓜达尔卡纳尔省省长。由于不支持宣布该省独立，遭到该省一些人的敌视。2001 年 6 月 1 日，遭到哈罗德·柯克领导的伊萨塔布自由运动的暗杀而受伤。后来，因为贪污被判入狱多年。

（四）弗朗西斯·比利·希利

弗朗西斯·比利·希利（Francis Billy Hilly，1948.7 - ），西部省兰诺加岛人，所罗门群岛国民议会议员，第四任总理。所罗门群岛首位获文学学士学位（行政管理）的人。从政前，曾担任民政事务专员（1974）、马基拉省职员（1975），曾任英属所罗门群岛贸易公司驻吉佐经理（1976）。

1976 年，当选兰诺加 - 辛博选区立法议会议员。在 1976 年，被任命为彼得·凯尼洛雷亚政府的内政部部长，但是，在 1978 年 5 月，因支持西部省分离运动而辞职。在 1980 年，当选兰诺加 - 辛博选区国民议会议员。曾担任民政部部长、副总理兼卫生与医疗服务部部长。

在 1993 年和 1997 年大选中，当选兰诺加 - 辛博选区国民议会议员。1993 年 6 月，被国民议会选举为总理。1994 年 10 月，由于反对党指控其收受伐木公司贿赂并在国民议会中对其提出不信任案，被迫辞职。1994~1995年，任反对党领袖。

在2001年大选中，当选兰诺加-辛博选区国民议会议员。在2004年11月至2005年12月任政府账目委员会主席；2004年7月至2006年4月任反对党领袖，在当选反对党领袖后，他声明不会转变立场加入政府，强调反对党领袖职位的重要性。

在2006年大选中，当选兰诺加-辛博选区国民议会议员。5月，任议会内务委员会主席。在2006年4月18日，希利反对斯奈德·里尼当选总理，指责他收受贿赂并用其获得选票，宣称总理选举受到外人的控制和影响。里尼下台后，他曾在里尼的继任者玛拿西·索加瓦尔的政府中担任过商业、工业与就业部部长，但是不久被解职。2007年12月再次担任商业、工业与就业部部长。

（五）巴塞洛缪·乌卢法阿卢

巴塞洛缪·乌卢法阿卢（Bartholomew Ulufa'alu，1950.12 - 2007.5），马莱塔岛人，罗马天主教教徒，国家民主党和所罗门群岛自由党创始人及领袖，所罗门群岛国民议会议员，第五任总理。曾就读于巴布亚新几内亚大学，在1974年获经济学学士学位。爱好阅读、足球、钓鱼和园艺。

在1974年回国后，在毕纳创办了一家社区锯木厂。1975年，创建了所罗门群岛全国工人联合会，后来担任该组织的主席。同时，以此为基础，组建了国家民主党，并在1976~1980年担任国家民主党领袖。在1976年的立法议会选举中，巴塞洛缪·乌卢法阿卢当选东霍尼亚拉选区的立法议会议员，国家民主党共获得8个席位；在大选后，被正式任命为所罗门群岛第一任反对党领袖。

在1980年举行的首次大选中，尽管巴塞洛缪·乌卢法阿卢当选东霍尼亚拉选区国民议会议员；但是，国家民主党表现不佳，只赢得了 2 个议席。大选后，该党加入了反对党。然而，在 1981 年 8 月，由于弗朗西斯·比利·希利所领导的"无党派议员集团"不再支持彼得·凯尼洛雷亚政府，导致彼得·凯尼洛雷亚政府垮台；31 日，所罗门·马马洛尼继任总理，巴塞洛缪·乌卢法阿卢成为所罗门·马马洛尼政府的财政部部长。巴塞洛缪·乌卢法阿卢在财政部部长职位上的表现极为出色。但在 1984 年大选中失利。此后他开始从事商业活动，并领导了所罗门群岛商会。1988 年，创建了所罗门群岛农民协会。同年，与约西·图哈努库决裂，并组建所罗门群岛自由党，从此开始担任所罗门群岛自由党领袖，直到去世。同时，图哈努库和所罗门群岛工会代表大会建立了所罗门群岛工党。

在 1989 年 2 月举行的全国大选中，当选东霍尼亚拉选区国民议会议员，并加入反对党。但是，在 1992 年，由于接受了担任两年马马洛尼总理办公室经济顾问的工作，辞去国民议会议员职务。1994 年，担任联合国开发计划署和国际劳工组织关于社会领域结构调整方案的顾问。

在 1997 年 8 月举行的全国大选中，当选奥克－兰加兰加（Aoke/Langalanga）选区国民议会议员；并且以微弱多数击败老牌政治家所罗门·马马洛尼，成为所罗门群岛第五任总理。然而，国家债台高筑，政府支出失控。为了改善政府的财务管理和消除腐败，他开始实施改革；然而，在 1997 年 11 月、1998 年 4 月和 1998 年 9 月，他接连不断地受到不信任案的困扰，最终，以得票相等的一次投票勉强获得胜利。

巴塞洛缪·乌卢法阿卢政府的后半期被通常称作"种族紧张

局势"的内部冲突弄得不堪重负。到1998年末，瓜达尔卡纳尔岛人中的极端分子开始对马莱塔移民实施恐吓和暴力活动。在1999年，作为回应，马莱塔人成立了"马莱塔之鹰武装"。

巴塞洛缪·乌卢法阿卢政府努力应对日益复杂的冲突。在1999年底，政府宣布国家进入四个月的紧急状态。他也多次尝试过和解，但无济于事。他还向澳大利亚和新西兰寻求援助，但是遭到了拒绝。

"马莱塔之鹰武装"人员认为，尽管巴塞洛缪·乌卢法阿卢是马莱塔人，但是他没能够充分保障他们的利益，因此在2000年6月将其绑架。随后，巴塞洛缪·乌卢法阿卢以辞职换取了获释。玛拿西·索加瓦尔以23票比21票击败牧师莱斯利·柏塞图而当选为总理。

在2006年4月举行的全国大选中，当选奥克－兰加兰加选区国民议会议员。大选后，巴塞洛缪·乌卢法阿卢领导的自由党联合独立议员和社会信贷党、农村进步党、国民党和民主党四个政党组成了"争取变革联盟"。其目的是推翻由即将离任的总理艾伦·凯马凯扎所领导的人民联盟党和由即将离任的副总理斯奈德·里尼所领导的独立议员联盟组成的联合政府。然而，社会信贷党的领导人玛拿西·索加瓦尔脱离了"争取变革联盟"，因为他们没能提名其为总理候选人。他通过支持里尼获得了商务部部长的职位。然而，在2006年4月18日，里尼当选总理的消息引发了"四月骚乱"。结果，玛拿西·索加瓦尔倒戈并再次参加"争取变革联盟"；作为回报，他被提名为总理候选人。2006年5月5日，玛拿西·索加瓦尔正式当选总理。

2007年5月25日乌卢法阿卢去世。

（六）玛拿西·索加瓦尔

玛拿西·索加瓦尔（Manasseh Sogavare，1955 - ），舒瓦瑟尔岛人，基督复临安息日会教徒，人民进步党领袖，所罗门群岛国民议会议员，第六任总理。曾获会计学、管理学、经济学、文学学士学位，管理学硕士学位。

曾担任所罗门群岛国家公积金主席、所罗门群岛中央银行董事、税务局局长。1994 年 2 月至 1996 年 10 月，任财政部常务秘书。曾参加在西班牙马德里召开的国际货币基金组织（IMF）和世界银行联席会议、在西班牙马德里召开的太平洋岛国经济高峰会、1984 年和 1991 年的英联邦税收管理协会、1994 年在奥克兰举行的澳大利亚开发银行全体会议。

1997 年 8 月，当选东舒瓦瑟尔选区国民议会议员。1997 年任巴塞洛缪·乌卢法阿卢政府金融和财政部部长；1998 年 7 月，被巴塞洛缪·乌卢法阿卢总理解职。巴塞洛缪·乌卢法阿卢说，解除其职务是因为政府需要保持执政团队的人数。1998 年 8 月初，玛拿西·索加瓦尔宣布不再支持巴塞洛缪·乌卢法阿卢及其政府，指责巴塞洛缪·乌卢法阿卢专制和虚伪，为了维护自己的权位只强调稳定。1998 年 9 月末，被选为以所罗门·马马洛尼为领袖的反对党副领袖。在所罗门·马马洛尼于 2000 年 1 月去世后，全票当选反对党领袖。2000 年 6 月，所罗门群岛发生武装政变，巴塞洛缪·乌卢法阿卢总理遭到武装叛乱分子扣押，并被迫辞职。2000 年 6 月 30 日，玛拿西·索加瓦尔以 23 票比 21 票击败牧师莱斯利·柏塞图而当选总理；但是，由于 6 位国民议会议员未能出席这场关键性投票，玛拿西·索加瓦尔的当选备受非议。由于其政党在 2001 年 12 月举行的大选中只获得了国民议会中的 3 个议席，因

此，玛拿西·索加瓦尔没能连任总理。

在 2006 年 4 月举行的全国大选中，当选东舒瓦瑟尔选区国民议会议员。大选之后，由玛拿西·索加瓦尔领导的社会信贷党参加了由独立议员和自由党、农村进步党、国民党和民主党四个政党组成了"争取变革联盟"然而，因为他没能被提名为总理候选人，玛拿西·索加瓦尔及其所领导的社会信贷党脱离了"争取变革联盟"。他通过支持里尼获得了商务部部长的职位。然而，在 2006 年 4 月 18 日，里尼当选总理的消息引发了"四月骚乱"。玛拿西·索加瓦尔倒戈并再次参加"争取变革联盟"；作为回报，他被提名为总理候选人。结果，2006 年 4 月 26 日，里尼辞职；2006 年 5 月 4 日，玛拿西·索加瓦尔以 28 票比 22 票击败弗雷德·福诺当选为内阁总理。他的主要任务是使国家从里尼执政期间发生的骚乱中恢复过来。

2006 年 10 月 11 日，针对玛拿西·索加瓦尔的不信任案以 28 票反对、17 票赞成未获通过，其政府得以继续执政。为了保护所罗门群岛代理总检察长朱利安·莫蒂，玛拿西·索加瓦尔在 2006 年 9 月驱逐了澳大利亚高级专员帕特里克·科尔。澳大利亚希望引渡朱利安·莫蒂，因为他涉嫌猥亵幼童；同时，莫蒂在所罗门群岛也面临非法进入该国的指控。在 10 月 13 日，玛拿西·索加瓦尔威胁要将澳大利亚驱逐出驻所罗门群岛区域援助团。一个星期后，来自驻所罗门群岛区域援助团的澳大利亚维和部队搜查了玛拿西·索加瓦尔的办公室，寻找与莫蒂案件相关的证据。

2007 年 12 月 13 日，国民议会以 25 票赞成、22 票反对通过了针对玛拿西·索加瓦尔的不信任案投票，玛拿西·索加瓦尔被解职。12 月 20 日，德里克·西库阿击败帕特森·奥蒂当选总理。同日，玛拿西·索加瓦尔成为反对党领袖。

2010 年，玛拿西·索加瓦尔和其他八位国民议会议员成立了"所有权、团结与责任党"。2010 年 8 月，当选东舒瓦瑟尔选区国民议会议员；2011 年 6 月至今，任教育和人力资源培训委员会（Education and Human Resources Training Committee）委员。

（七）艾伦·凯马凯扎

艾伦·凯马凯扎（Allan Kemakeza, 1948 - ），中部省萨沃岛人，人民联盟党领袖。曾在多所美拉尼西亚圣公会举办的小学接受初等教育，在英国西约克郡警视厅警察学院学习过刑侦课程，在澳大利亚联邦警察学院学习过政府要员保护课程，在斐济学习过管理学课程。

1972 年加入所罗门群岛皇家警察部队，成为所罗门群岛皇家警察部队警员，后晋升为助理警司（ASP）。曾任所罗门群岛第一任总督的侍从武官、刑事调查局局长、警务处处长高级参事、警务处处长助理。1988 年 12 月，辞职竞选国会议员。

在 1989 年大选中，当选萨沃和拉塞尔选区国民议会议员。在 1989～1990 年，担任警察和司法部部长；在 1991～1993 年，担任住房和政府服务部部长。

在 1993 年 5 月举行的大选中，当选萨沃和拉塞尔选区国民议会议员。在 1993～1994 年，担任反对党代理领袖。在 1995～1996 年，担任林业、环境和保护部部长。

在 1997 年 8 月举行的大选中，当选萨沃和拉塞尔选区的国民议会议员。1997～1999 年，担任反对党代理领袖；2000 年 6 月，担任副总理兼民族团结、和解与和平部部长；2001 年 8 月，因被指控贪污，被玛拿西·索加瓦尔总理解除了上述职务；艾伦·凯马

凯扎否认贪污了 85 万所元赔偿款，称这笔钱是赔偿给内战期间遭受财产损失的个人的。

在 2001 年 12 月举行的大选中，当选萨沃和拉塞尔选区的国民议会议员，同时，其领导的人民联盟党赢得国会 50 个议席中的 20 个席位，成为国会第一大党。在随后举行的国民议会总理选举中，艾伦·凯马凯扎当选总理。在执政期间，艾伦·凯马凯扎曾历经三次不信任案投票，但都化险为夷，并完成了四年国会任期。在担任总理期间，为了恢复所罗门群岛的稳定，艾伦·凯马凯扎呼吁国际社会帮助所罗门群岛稳定国内局势。应所罗门群岛政府的邀请，一支由澳大利亚领导的名为驻所罗门群岛区域援助团的维和部队进驻所罗门群岛首都霍尼亚拉。在 2004 年 11 月 15 日至 2005 年 12 月 5 日，其担任国民议会公共账户委员会委员。

在 2006 年 4 月举行的大选中，没能获得总理连任，但仍当选为萨沃和拉塞尔选区国民议会议员。在其政治盟友斯奈德·里尼当选总理后，被任命为执政联盟领袖。在 2006 年 7 月 13 日至 2007 年 12 月 22 日间，担任外交事务委员会委员；在 2006 年 4 月至 2007 年 12 月 22 日间，担任议会内务委员会委员；在 2006 年 4 月 24 日至 2007 年 12 月 22 日间，担任国民议会副议长。在 2007 年 12 月 22 日至 2010 年 8 月间，担任林业和环境保护部部长。

在 2007 年 11 月初，艾伦·凯马凯扎被指控通过威胁、恐吓等手段索要钱财。据说，这与他 2002 年 5 月下令突击搜查位于霍尼亚拉的所罗门律师事务所有关；此次搜查是为了将该律师事务所的澳大利亚籍律师驱赶出所罗门群岛，因为艾伦·凯马凯扎认为该人对国家的非银行金融机构具有太大的影响力。定罪后，据报道，他与玛拿西·索加瓦尔政府就赦免问题进行了协商。玛拿西·索加瓦尔政府要求艾伦·凯马凯扎脱离反对党，并担任所罗门群岛水务委员会董事会主席；但是艾伦·凯马凯扎拒绝了这一要求。在12月，以前一直保持中立的艾伦·凯马凯扎宣布支持弗雷德·福诺领导的反对党，不久，玛拿西·索加瓦尔政府在不信任案表决中被击败，玛拿西·索加瓦尔下台。在2008年，艾伦·凯马凯扎最终被监禁了5个月。

在2010年8月举行的大选中，落选萨沃和拉塞尔选区的国民议会议员。在2010年9月，被任命为国民议会议长。

（八）斯奈德·里尼

斯奈德·里尼（Snyder Rini, 1948 - ），西部省马罗佛礁湖人。1964～1966年，就读于库库都小学；1967～1969年，就读于拜提卡马中学；1970年，就读于巴布亚新几内亚的凯姆布布高中。1971年，就读于巴布亚新几内亚大学；1972～1974年，就读于巴布亚新几内亚科技大学会计系，获会计学学士学位。

在1989年，任自然资源部常务副部长；在1994～1995年间，任国家计划与发展部常务副部长；在1997年1～6月，任农业与渔业部常务副部长。

在1997年8月、2001年12月和2006年4月举行的大选中，斯奈德·里尼都成功当选代表马罗佛礁湖选区的国民议会议员。在2000年7月至2001年12月，任财政部部长。在2001年12月至2002年12月，任副总理兼国家计划与发展部部长。在2002年12月至2003年6月，任副总理兼财政部部长。在2003年7月至2006年4月，任副总理兼教育与人力资源发展部部长。

在2006年4月大选后，里尼被国民议会选举为总理。但是，其当选总理的消息引发了骚乱。反对党认为选举存在舞弊行为，里尼与原总理艾伦·凯马凯扎关系密切，选举结果是二人早已安排好

的。与此同时，有人散布传言称，在选举之前，竞选各方势均力敌，但因华商出面为里尼收买了数名反对党的国民议会议员，才促使选举走势发生变化。于是，反对党纠集数百名支持者在议会大厦、总理府和市中心商业区等地举行抗议活动，继而发生骚乱。4月19日，里尼无视抗议，宣誓就职。但是，4月26日，面对国会中即将进行的不信任案投票，里尼辞职。2006年5月4日，玛拿西·索加瓦尔击败里尼政府副总理弗雷德·福诺，当选总理，取代了里尼。2006年5月16日，里尼被反对党领袖弗雷德·福诺任命为影子内阁国家规划与援助协调部部长。2007年12月，里尼被德里克·西库阿总理任命为财政部部长。

2010年大选中，里尼当选马罗佛礁湖选区的国民议会议员。2010年8月，出任援助协调和规划部部长。

（九）德里克·西库阿

德里克·西库阿（David Derek Sikua，1959－），瓜达尔卡纳尔省东塔西波波人，所罗门群岛自由党党员，瓜达尔卡纳尔岛东北选区国会议员。

1966～1969年，就读于库鲁小学；1970～1973年，就读于马拉沃沃初中；1974～1978年，就读于塞尔温私立中学；1979～1981年，就读于南太平洋大学，获南太平洋大学中学英语和社会科学教育学文凭；1985年，就读于澳大利亚南昆士兰大学，获教育学学士学位；1991～1992年，就读于澳大利亚莫纳什大学，获教育政策和管理专业硕士学位；1998～2003年，就读于新西兰怀卡托大学，获博士学位。

1986～1997年，先后任教育与人力资源发展部职员、主任、司长、副部长、常务副部长；1997～1998年，任林业、环境与保护部常务副部长。2003～2005 年，任教育与人力资源发展部常务副部长。

2006 年 4 月 5 日，当选瓜达尔卡纳尔岛东北选区国会议员。2006 年 5 月 4 日，开始担任玛拿西·索加瓦尔政府教育与人力资源发展部部长；2007 年 12 月 10 日辞职。随后加入反对党，并于 12 月 13 日在国会提出对玛拿西·索加瓦尔的不信任案。不信任案以 25 票赞成、22 票反对获得通过，玛拿西·索加瓦尔被解职。12 月 20 日，德里克·西库阿击败帕特森·奥蒂当选总理。

在 2010 年 8 月的大选中，尽管他继续当选国会议员，但是所罗门群岛自由党仅获 1 个议席。大选后，没有参与竞争总理连任，丹尼·菲利普接任总理。在 2011 年 3 月 29 日，当选反对党领袖。

（十）丹尼·菲利普

丹尼·菲利普（Danny Philip, 1953.8 - ），西部省伦多瓦岛人，所罗门群岛国会议员。1984～2001 年，曾任四届国民议会议员。在 1984～1993 年，代表沃纳沃纳－伦多瓦－泰特帕雷选区；在 1994～2001 年，代表南新乔治亚－伦多瓦－泰特帕雷选区。

1995～1996 年、2000 年 7 月至 2001 年 6 月，菲利普担任外交部部长。1997～2000 年，担任人民进步党领袖，此后，他创建改革民主党，并担任该党领袖。2010 年 8 月 24 日，以微弱多数当选总理。在发表胜选演讲时，菲利普说，他的首要任务是组建新一届政府。其政府将积极支持国家的宪法改革进程。这一直是其核心竞选承诺之一，也是创建改革民主党的初衷。2011 年 11 月 11 日，由于 5 名内阁部长和 7 位后座议员转而支持反对党，面对国民议会即将针对其提出的不信任案投票，菲利普选择了辞职。去职后，菲利普作为后座议员继续留在国民议会中。

（十一）戈登·达西·利洛

戈登·达西·利洛（Gordon Darcy Lilo，1965 - ），西部省科隆班加拉岛人，争取改革与进步民族联盟领袖，所罗门群岛国会议员，第十一任总理。曾获巴布亚新几内亚大学经济学学士学位和研究生文凭，澳大利亚国立大学克劳福德经济和政府学院开发和管理学硕士学位。曾担任过林业和环境保护部常务副部长和财政部常务副部长。

2001 年 12 月，当选吉佐和科隆班加拉选区国民议会议员。2001 年 12 月至 2006 年 4 月，被任命为国民议会无党派议员集团领袖。2006 年 4 月，当选吉佐和科隆班加拉选区国民议会议员。2006 年 5 月至 2007 年 11 月 8 日，担任财政部部长；2007 年 11 月 8 ~ 10 日，担任司法和法律事务部部长；2007 年 12 月 22 日，担任环境保护部部长。

2011 年 11 月，丹尼·菲利普总理指责时任财政部部长戈登·达西·利洛和中央银行行长里克·豪（Rick Hou）损害了其政府的权威，因此解除了二人的职务。丹尼·菲利普总理一直被控滥用和侵吞了中国台湾当局援助的 1000 万美元国家发展基金。对于上述解职，利洛对媒体说，"没有任何人损害总理的权威，损害其权威的是他自己，他滥用权力并辱没了这个国家的最高公职。他解除我们的职务，是为了腾出职位来拉拢国民议会中的反对派议员"。利洛进一步批评丹尼·菲利普说，"他（丹尼·菲利普）的所作所为是令人难以置信的、不可接受的和令人厌恶的"。

2011 年 11 月 11 日，由于被指控滥用中国台湾当局援助的资金而面临不信任案投票，丹尼·菲利普总理辞职。11 月 16 日，国民议会举行总理选举，利洛获得 29 票，获得多数支持，当选总理。

第四节　司法机构

为了确保法律面前人人平等和提供一个解决争端的机制，所罗门群岛成立了负责解释和实施法律的司法机构，由其掌握所罗门群岛政府的司法权。所罗门群岛司法机构沿用了英国的司法制度，由上诉法院（Court of Appeal）、高等法院（High Court）、治安法庭（Magistrate Court）、地方法院（Local Court）和传统土地上诉法院（Customary Land Appeal Court）组成。法院系统受司法与法律事务部管辖，2013 年 6 月，康明斯·梅瓦（Commins Mewa）就任司法与法律事务部部长。

在 2003 年之前，所罗门群岛的司法机构勉强运转，法院很少开庭。2003 年，为了恢复所罗门群岛的治安和加强其制度建设，驻所罗门群岛区域援助团进驻所罗门群岛。此后，所罗门群岛司法机构得到加强。截至 2013 年，援助团向所罗门群岛派遣了 19 名长期顾问。与大多数太平洋岛国一样，所罗门群岛法院系统也在一定程度上依赖其他普通法系国家的法官。因此，在上诉法院的法官中，有多名来自澳大利亚、新西兰和巴布亚新几内亚的高级法官。此外，在高等法院中，也有外国法官。

一　上诉法院

上诉法院只拥有审理和裁判民事和刑事上诉案件的管辖权。上诉法院由其院长主持。除了院长之外，上诉法院的法官还包括若干名上诉法官，以及作为其当然成员的高等法院的法官。上诉法院院长和法官由总督根据司法与法律事务部的建议任命。2014 年 3 月，

贾斯蒂斯·埃德温·古兹布罗（Justice Edwin Goldsbrough）被任命为所罗门群岛上诉法院院长。

二　高等法院

高等法院是所罗门群岛的最高法院，对重大案件拥有无限制的初审管辖权和上诉管辖权，以及审理来自治安法庭和传统土地上诉法院的上诉案件。高等法院对来自传统土地上诉法院的上诉案件拥有最终裁判权。高等法院有权监督下级任何法院的任何刑事或民事诉讼案件。为了保证下级法院公正地审理案件，高等法院有权下达其认为适当的命令和指示。高等法院的其他裁决可向上诉法院上诉。

高等法院由首席法官主持，此外还包括一些普通法官。首席法官和普通法官由总督根据司法与法律事务部的建议任命。2013 年艾伯特·帕尔默（Albert Palmer）爵士就任首席法官。

三　下级法院

下级法院包括地方法院、传统土地上诉法院和治安法庭。

地方法院对在其管辖范围内所发生的民事和刑事案件拥有管辖权。地方法院法官不是职业法官，而是社区长老。他们依据习惯法和当地法律进行裁决。地方法院所宣判的刑事案件不能超过六个月刑期和 200 所元罚金。如果传统方式无法解决争端或社区长老所做出的裁决未令所有当事人满意，案件才能被提交治安法庭审理。来自地方法院的上诉案件由治安法庭审理；如果争议涉及传统土地，则由传统土地上诉法院审理。

传统土地上诉法院仅负责审理与原住民传统土地的使用权和所

有权有关的案件。其适用法律为习惯法。来自传统土地上诉法院的上诉案件由高等法院负责审理。

治安法庭既具有民事和刑事案件的初审管辖权，也具有审理来自地方法院的上诉案件的管辖权。但是，所审案件有一定的限制。对于涉及合同和侵权的民事案件，治安法庭只能审理涉案金额不超过 6000 所元的案件；对于刑事案件，所宣判的最高刑期不超过 14 年。来自治安法庭的上诉案件由高等法院审理。

第五节　政党

一　概况

所罗门群岛实行多党制。所罗门群岛第一个政党是 1965 年 6 月成立的民主党，该党由马里亚诺·凯勒斯（Mariano Kelesi）任主席，澳大利亚商人埃里克·V. 劳森（Eric V. Lawson）任秘书。民主党存在的时间很短暂。第二个政党是 1968 年由比尔·拉姆塞（Bill Ramsay）、戴维·考斯梅尔（David Kausimae）和弗兰克·威克姆组建的所罗门统一国民党（Solomons United National Party），该党有名无实地存在到 1972 年。1971 年，在霍尼亚拉举办了一个政治论坛。在该论坛上，所罗门群岛的主要岛民发言支持采用威斯敏斯特体系，并呼吁管理委员会委员们组建一个政党。

尽管管理委员会的委员们没有组建一个政党，但是不久之后，管理委员会的两位其他成员创建了政党。一位是彼得·萨拉卡（Peter Salaka），他组建了劳工民主党（Labour Democratic Party）；另一位是乔·布莱恩（Joe Bryan），他组建了人民保护党（Peoples

Protection Party）。为了对抗政府的林业政策，来自伯克吉姆波河（Bokokimbo River）与考考区（Kaukau District）的地方领导人在瓜达尔卡纳尔岛东部勒里（Rere）的种植园创建了人民保护党。乔·布莱恩与当地的立法委员会委员巴德利·德韦西进行了协商，统一了人民保护党的宗旨和努力方向。人民保护党是首个环境保护团体，尽管是一个地区性政党，但是它推动了《1969 年森林和木材法令》所批准的改革。1973 年 7 月 27 日，本尼迪克特·基尼卡（Benedict Kinika）、吉迪恩·佐洛维克（Gideon Zoloveke）和阿什利·维克姆（Ashley Wickham）创建了统一所罗门群岛党（United Solomon Islands Party）。尽管该党在 1973 年底陷入瘫痪，但是在 1974 年恢复了活动。威利·百图在这时组建了无党派议员集团（The Independent Group），一个由无党派委员组成的政治联盟。

在 1973 年选举之后，所有 23 位①民选管理委员会委员于 11 月 20 日召开正式会议，支持组建由本尼迪克特·基尼卡领导的一党执政的政府。社会服务委员会（Social Services Committee）主席威利·百图被任命为一个指导委员会的领导人，负责起草一个关于新政党的政策，该政党囊括了所有民选委员。上述指导委员会包括五位管理委员会的主席：威利·百图、菲利普·索罗迪亚·范尼法卡、所罗门·马马洛尼、考斯梅尔和佐洛维克。此次会议是应统一所罗门群岛党主席本尼迪克特·基尼卡的要求召开的。令人惊讶的是，统一所罗门群岛党同意解散该党，并在 1974 年 3 月组建一个新政党，但仍使用旧名称。

---

① 塞缪尔·库库的选举结果已经被宣布无效，因此只有 23 位委员，而不是 24 位。

这遭到所罗门·马马洛尼的反对。但是，在 1974 年，他还是组建了一个新政党——人民进步党，于是，这个新政党成为反对党。

在 1975 年 2 月，巴塞洛缪·乌卢法阿卢创建了所罗门群岛普通工人工会（Solomon Islands General Workers Union），并成为其主席。他组织了联合反对党集团（Coalition Opposition Group），为了角逐 1976 年 6 月的大选，他又将上述集团改组为国民党。在此次选举中，他成为立法议会议员。该党在 1977 年出版了一份周报，并在 1977 年将党名改为国家民主党（National Democratic Party）。考斯梅尔和芬尼塔·希拉（Faneta Sirra）在 1977 年创建了农村联盟党（Rural Alliance Party）。在 1980 年，农村联盟党与所罗门·马马洛尼领导的人民进步党合并，组建了人民联盟党。在 1977 年，彼得·凯尼洛雷亚组建了所罗门群岛联合党（Solomon Islands United Party）。

截至 2010 年，所罗门群岛共有 12 个政党。

二　政党制度

与其他新成立的民主国家一样，所罗门群岛出现政党的历史相对比较短，政党普遍规模小、组织性差、以精英为基础、高度个人化，而且与选民缺乏制度性或意识形态上的联系。

许多政党的组建或开展活动仅仅是为了选举。在选举后，大部分政党在公共领域中便不再开展活动或完全消失。他们的主要功能是，招募候选人进行选举和争取支持组建联合政府及维持权力；并且，只把政党作为动员民众进行选举或者梳理各种议题的工具，利用政党聚集、代表和清楚地表达各种利益诉求，并将各种不同的公

众观点转化成条理清楚的公共政策，利用政党发动选举运动，组建和维持稳定的政府，并实施政策。事实上，许多政治家是在选举之后而非选举之前宣布其政党成员的。有许多因素影响了所罗门群岛政党的性质和发展以及其对政治进程的参与。

首先，所罗门群岛的政党历史较短，仍处于发展的初期；所罗门群岛第一个类似于政党的政治组织组建于 1965 年。这种状况是与所罗门群岛在政治上走向自治、引入选举制度和所罗门群岛当地岛民有资格参与政治进程密不可分的。1960 年，立法委员会取代了此前作为高级专员顾问机构的咨询委员会。立法委员会共有 21 名成员，其中 6 人是所罗门群岛的当地岛民。行政委员会 8 名成员中有 2 人是所罗门群岛的当地岛民。这是所罗门群岛岛民第一次作为政策制定者参加殖民政府。1964 年，在霍尼亚拉举行了第一次立法委员会代表的直接选举，选举一位立法委员。外国侨民埃里克·劳森当选。1965 年，由于希望获取支持组建政府（行政委员会），劳森和代表北马莱塔地区的立委马里亚诺·凯勒斯组建了民主党。该党以劳森和凯勒斯为核心，但是没有形成一个制度性的机构，也没有超出立法委员会，主要是被用来作为获取支持组建政府的工具。在行政委员会选举结束后，由于其目的已经达到，该党停止了存在。

然而，在 1967 年选举后，取代劳森担任立法委员会霍尼亚拉代表的比尔·拉姆塞与代表南马莱塔地区的戴维·考斯梅尔合作，组建了所罗门统一国民党。该党的作用也主要是获得支持组建政府。该党没有正式注册，与此前的民主党一样，组织结构也没有超出立法委员会的范畴。

在 1973 年，由于高级专员成为只具有名义权力的总督，政府体系再次发生改变。行政权被赋予新设立的首席部长。在准备1973 年大选时，所罗门·马马洛尼领导成立了人民进步党，本尼迪克特·基尼卡领导成立了团结所罗门群岛党。但是，由于两党在大选中都没有获得绝对多数票，因此不得不寻求由威利·百图领导的无党派立委的支持以组建联合政府。所罗门·马马洛尼随后当选首任首席部长，领导由人民进步党和一些无党派立委组成的联合政府。

1976 年，所罗门群岛获得自治，在 7 月举行了殖民地时代的最后一次大选。在选举前，人民进步党和团结所罗门群岛党分崩离析，其成员都以无党派身份当选。与此同时，工会领导人巴塞洛缪·乌卢法阿卢组建了国家民主党。

其次，所罗门群岛政党主要以精英为基础。前内阁总理巴塞洛缪·乌卢法阿卢说："政党完全与民众脱节。所罗门群岛精英在政党发展的早期阶段将大部分精力放在了尽力将其同僚赶下台，并向上寻求支持进入殖民政府，而非向外寻求民众支持。"政党尚未找到与民众紧密联系的路径。这主要是因为各政党以霍尼亚拉为基地，倾向于发展生活和工作在霍尼亚拉的中产阶级岛民。各政党在首都以外的地区没有分支机构，也没有团体性联系。

最后，由于缺乏大众传媒工具，政党很难动员农村选民。平面媒体仅有一份日报《所罗门星报》和一份周报《所罗门通讯》，发行范围也主要是在霍尼亚拉和奥基、吉佐、拉塔和布阿拉等城镇。另外，只有一座向全国进行广播的广播电台，还有三家只在霍尼亚拉进行广播的调频广播台。没有地方电视台。

2010 年 4 月底，国民议会否决了旨在阻止国民议会议员改变政治派系的《关于政党的宪法修正案》和《2009 年政党（注册和管理）法》。由于德里克·西库阿总理一直坚持认为这些法案有助于政治稳定，因此，他解除了5名反对这些法案的部长的职务。

三 主要政党

（一）所罗门群岛联合党

所罗门群岛联合党由彼得·凯尼洛雷亚创建于1980年3月。起初，彼得·凯尼洛雷亚属于无党派议员，在准备参加1980年举行的独立后第一次大选时，他意识到，要想执政和获得领导权，在国民议会中必须要有可以依靠的支持，而这种支持只能通过拥有有组织的政党才能获得。于是，他组建了所罗门群岛联合党，并在国民议会中获得绝对多数支持，实现了连任。自彼得·凯尼洛雷亚在2001年担任国民议会议长后，该党一直不太活跃。在2010年，乔尔·莫法特·科诺菲利亚（Joel Moffat Konofilia）宣布其有意恢复该党活力，并以该党领导人身份参加2010年大选。这导致了一些混乱，因为彼得·凯尼洛雷亚一直担任该党的领袖。该党曾领导过两届前后相继的联合政府，这也是第一个执政满四年国会任期的政党。

（二）人民联盟党（人民进步党）

人民联盟党（人民进步党）是所罗门群岛历史最悠久的政党，始建于1977年。由已故的所罗门·马马洛尼领导的人民进步党和戴维·考斯梅尔领导的农村联盟党合并而成。[①] 合并后，由所罗门·马马洛尼担任新成立的人民联盟党领袖。人民联盟党立基于这

---

① 人民进步党（People's Progressive Party）由所罗门·马马洛尼创建于1973年。农村联盟党（Rural Alliance Party）由戴维·考斯梅尔创建于1977年。戴维·考斯梅尔（1930.10～2007.9），马莱塔岛人，所罗门群岛政治家，国民议会议员。

样的信念，即所罗门群岛的团结对于国家的生存和进步不可或缺。该党在其提出的《分权和共享权力方案》中认为，国家的巩固和作为一个国家的地位是国家发展的推动力。

在 1989 年大选中，人民联盟党赢得国民议会绝对多数席位，首次获得组建所罗门群岛政府的权利。时事评论专家们指出，由于无党派议员在大选后宣布效忠该党，人民联盟党在国民议会中获得绝对多数支持。1989 年 3 月 28 日，所罗门·马马洛尼重新担任总理。他此前曾在 1981 年 8 月至 1984 年 11 月间担任过总理职务。尽管该党控制了国会中的多数席位，该党在一年后却失去了对政府的控制。为了回避党内对其领导权的挑战，所罗门·马马洛尼退出该党，并组建了一个新的包括反对党成员的"民族团结与和解政府"联盟。

在 1997 年 8 月举行的大选中，人民联盟党成绩斐然。但是，所罗门·马马洛尼辞去了党的领袖职务，由丹尼·菲利普继任领袖。由于其他政党联合起来反对，该党没有成员当选内阁总理。

在 2001 年 12 月的大选中，在该党党龄最长的党员艾伦·凯马凯扎的领导下，人民联盟党再次获得执政权，赢得国民议会 50 个席位中的 20 个议席，艾伦·凯马凯扎获得组阁权，并于 2001 ~ 2006 年担任总理。这是第一次（也是截至 2015 年唯一的一次）总理任满四年任期，并成功击败三次不信任案投票。

在 2006 年大选中，由于人民联盟党失去 10 个席位，艾伦·凯马凯扎没能获得连任。在 2006 年 4 月，艾伦·凯马凯扎被任命为国民议会副议长，2007 年 12 月被任命为德里克·西库阿政府的林业部部长。2007 年 11 月初，艾伦·凯马凯扎被指控通过威胁、恐吓等手段敛财,最终于 2008 年被判监禁 5 个月。在 2010 年 3 月,艾伦·凯马凯扎宣布,他有意参加 2010 年大选,而且他将作为竞选经理领导人民联盟党。克莱门特·肯加瓦接替艾伦·凯马凯扎担任人民联盟党议会党团领导人。

从独立前的管理委员会时代(1970～1973)开始,人民联盟党有着与其他政治集团结盟的历史。人民联盟党还参加了德里克·西库阿总理的争取民族团结和农村进步联盟政府。争取民族团结和农村进步联盟通过 2007 年 12 月举行的针对前总理玛拿西·索加瓦尔的不信任案投票,夺得政权。争取民族团结和农村进步联盟还包括民主党(马修·维尔)、国民党(弗朗西斯·比利·希利)、所罗门群岛乡村建设党(乔布·杜德利·陶辛加、戈登·达西·利洛)和无党派议员协会。2010 年 4 月,新宪法草案(政党条款修正案)未能通过,导致联盟分裂。在筹备 2010 年大选时,人民联盟党的许多前成员继续建立新的政党或与其他政党结成联盟。2010 年 4 月,所罗门群岛著名政治人物弗雷德·福诺宣布,他将建立自己的政党——人民大会党,并宣布他有意竞选总理。塞缪尔·马尼托阿里(Samuel Manetoali)和特雷弗·奥罗瓦尔(Trevor Olovae)也与人民联盟党断绝关系,组建了所罗门群岛城乡党(Rural and Urban Party of Solomon Islands)。

该党谋求将声誉建立在所罗门群岛历史最悠久的政党基础之上。该党领导人克莱门特·肯加瓦认为,如果人民联盟党能够在执政联盟中获得一席之地,就能奋力一搏,获得总理职位。该党是仅有的几个真正能够在全国吸纳成员的全国性政党之一。当时,与所罗门群岛的其他许多政党一样,其成员是流动的,而且往往根据选举结果改变其党派立场,而不是选民们的选择。

该党的政策纲领是使所罗门群岛人民拥护民族团结与和平共处。在 2010 年大选中，该党的竞选纲领是，希望建立小政府，同时将国家的发展重点从霍尼亚拉地区转移到各省和农村社区。重要选举承诺包括：呼吁通过公投制定一部实行联邦制的新宪法；为了给予农村人口更多的权利和资源，着手制定逐步实现联邦制的方案。该党认为，妇女和青年长期被边缘化，应重视发挥妇女和青年在管理和决策中的作用。

主要成员：詹姆斯·梅克布（James Mekab，主席）、摩西·比利基（Moses Biliki，秘书长）、阿洛伊斯沃·马哈阿努阿（Alloysio Maha'anua，司库）、克莱门特·肯加瓦（议会党团领袖）、艾伦·凯马凯扎（竞选经理）、奥古斯丁·塔尼阔（Augustine Taneko）、戴维·沃特·斯泰（David Wote Sitai）、劳里·陈（Laurie Chan）、约翰逊·科利（Johnson Koli）、斯利阿阔·尤萨（Siriako Usa），已去世的所罗门·马马洛尼和戴维·考斯梅尔。

（三）国家民主党

国家民主党成立于 1976 年。领袖是巴塞洛缪·乌卢法阿卢。该党以工会运动为基础，巴塞洛缪·乌卢法阿卢同时也是所罗门群岛总工会的创始人和主席。在 1976 年大选中获得 38 个席位中的 5 个，从而奠定了党的基础。1976 年底至 1977 年初，领导万余名工人举行两次罢工，要求普及教育，改善工人的劳动条件，提高工资。

1988 年，巴塞洛缪·乌卢法阿卢与约西·图哈努库决裂，并组建所罗门群岛自由党（Solomon Islands Liberal Party），从此，开始担任所罗门群岛自由党领袖，直到去世。同时，图哈努库和所罗门群岛工会代表大会建立了所罗门群岛工党。

（四）所罗门群岛工党

所罗门群岛工党（Solomon Islands Labour Party）成立于 1988年。领袖是约西·图哈努库，总书记是托尼·卡古瓦伊（Tony Kagovai）。该党主张建立联邦制政府，发展议会民主，恢复有效的财政管理，将财政部部长的免税权移交内阁，加强与援助国间的对话。在 1989 年大选中，获得 2 个议席；在 1993 年大选中，获得 4个议席；在 1997 年大选中，获得 3 个议席；在 2001 年大选中，获得 1 个议席；在 2006 年大选中，没有获得任何议席。曾两度与其他政党组成联合政府，一次是 1993～1994 年的政府，另一次是1997～2000 年所罗门群岛争取变革联盟政府。

（五）所罗门群岛国民党

所罗门群岛国民党由弗朗西斯·比利·希利创建于 1997 年。该党的宗旨是"人民和国家高于一切"，主旨是"确保人民获得基本权利"；追求的目标是，在统一和独立的所罗门群岛，构建一个自由、和平与和谐的社会，不断推动本民族的发展和改善其福祉，使大多数人在一个安全的环境下享受国家财富和服务。

该党主张：公众利益高于个人利益，国家至高无上；增强法规的透明度、可操作性和明确法规的责权利，尊重法规；开发和利用自然资源时要使所有利益相关者公平获益；在解决国家内部分歧时要在相互尊重的基础上促进"多样性的统一"；为了确保不受外部威胁和来自发展合作伙伴的支持保持连贯以及在面对不断变化的地缘政治现实时保持主动，所罗门群岛在处理外交关系时，应贯彻"选择性接触"政策；支持和发扬联合国的所有人都有受教育权的原则，尤其是确保儿童和青少年能够接受教育；使所有所罗门群岛岛民都能够便利地获得医疗保健服务，确保国民健康；确保私营部门成为经济增长和发展的有效引擎；妥善处理公共生活各领域和各私营部门中的性别歧视问题，以便妇女和女孩能够共享所罗门群岛岛民所创造的财富；根据人民的意愿，依法制定适合国情的政治制度，并在该制度框架内开展工作。

（六）无党派议员集团

无党派议员集团成立于1974年10月。领袖是威利·百图。曾参加所罗门·马马洛尼政府，获得2个部长职位。1976年，有19名议员加入该集团，官方承认该集团为政治实体。其成员经常被任命为部长。该集团试图通过舆论恢复美拉尼西亚人的政府观念。每个成员自由决定是否支持议会的决议。

（七）所罗门群岛民主党

2005年10月，律师出身的加布里埃尔·苏瑞（Gabriel Suri）创建了所罗门群岛民主党（The Democratic Party of Solomon Islands）。该党强调"以德治国"。同时，该党还积极推动"原住民统治"，确保原住民"控制国家的命运"，赞同"传统的决策程序"。

在2006年4月的大选中，该党只获得了4.9%的选票，赢得国民议会3个席位。然而，由于新当选的斯奈德·里尼总理因面临不信任投票而在5月辞职，民主党得以参加玛拿西·索加瓦尔的争取变革联盟政府。2007年11月，民主党放弃了对索加瓦尔的支持，赞同针对他的不信任案投票而成功将其赶下了台，并成为德里克·西库阿总理的争取民族团结和乡村发展联盟政府的重要支柱。

在2010年8月举行的大选中，该党领袖史蒂夫·阿巴纳（Steve Abana）承诺，"进一步通过以部落名义登记所有部落土地来承认部落的土地所有者身份"，"实施国家适应计划以解决气候变化对最脆弱的社区的影响；重点提高农村生活水平以实现千年发展目标"；"确保该国 80% 的能源来自可再生资源"；通过引入选择选举制进行选举改革；发展与中华人民共和国的经济和贸易关系。

在 2010 年大选中，民主党成为有史以来国民议会中最大的单一政党，赢得 13 个席位。但是，民主党领袖史蒂夫·阿巴纳在竞选总理时以 23 票比 26 票败于丹尼·菲利普（人民进步党）。8 月 31 日，阿巴纳被正式任命为反对党领袖，并组建了一个影子内阁，民主党获得其中的 10 个席位。但是，其他两位民主党人转而支持菲利普，并获得内阁席位。后来，阿巴纳影子内阁的基础设施发展部部长也转而支持菲利普，成为公共服务部部长。因此，在民主党的 13 名国民议会议员中，有 9 人是影子内阁成员，3 人是菲利普政府内阁的成员。

2011 年 11 月，马修·维尔（Mathew Wale）成为该党领袖，艾里斯·波拉德博士成为全国执委会主席。在本届议会里，该党尽管仍正式存在，但是其近 3/4 的国会议员已经转而支持政府，包括史蒂夫·阿巴纳。

（八）所罗门群岛乡村建设党

所罗门群岛乡村建设党（Solomon Islands Party for Rural Development）由乔布·杜德利·陶辛加和戈登·达西·利洛创建于 2006 年。该党的目标是将所罗门群岛建设成一个受人尊敬的、尊老爱幼的、进取的和独特的国家，在这个国家里，所有公民都能够自我照顾和彼此关爱。因此，该党致力于向全体岛民提供一个有利于充分发挥个人和集体潜力的环境，同时依靠投资者，为国家和人民提供一个有利于经济发展的环境。鉴于此，该党的政策是，重塑国内和国外对所罗门群岛的信心；发展经济，千方百计扩大就业机会，削减贫困；加强省级政府提供服务的能力；重新调整和提高国民政府提供服务的能力；为农村居民提供稳定的医疗服务；加强教育领域的投资和改革项目；使每年到所罗门群岛的游客数量显著增加；提高政府的领导和管理水平；政府定期资助老人、长期患病者和伤残人士。

所罗门群岛乡村建设党领袖现为乔布·杜德利·陶辛加，该党在 2010 年议会选举中获得 5 个席位。

（九）所罗门群岛所有权、团结与和解党

为了参加 2010 年大选，玛拿西·索加瓦尔与 8 名国民议会议员在 2010 年 1 月 16 日创建了所有权、团结与和解党（Ownership, Unity and Responsibility Party）。该党声明，为了促进农村经济发展，使民众更好地分享经济发展成果，打算在 4 年里向农村投资 7.8 亿所元；要求各省政府积极参与农村发展。该党还承诺，将会考虑恢复殖民地时代因公共用途而出让的传统土地的所有权，尤其是霍尼亚拉的传统土地。为此，它将以瓦努阿图所实施的传统土地所有权政策为指导。

玛拿西·索加瓦尔称，尽管西部省出口了价值数百万所元的原木，土地所有者却没有获得多少收益或得到更好的服务。他承诺，该党在执政后会改变这种状况，在所有权基础上使民众获得应有的权利。

（十）其他政党

争取进步国民阵线（National Front for Progress）是由所罗门群岛自由党、国民行动党、工党和国民党等政党组成的执政联盟，成立于 1988 年，其领导人为安德鲁·诺里。

丹尼·菲利普创建了所罗门群岛改革民主党（Reform

Democratic Party of Solomon Islands）。在 2010 年大选时，该党主张对宪法进行改革，以使人民成为国家的主人。在 2010 年 8 月，丹尼·菲利普当选总理。

为了参加 2010 年大选，弗雷德·福诺创建了人民大会党（People's Congress Party）。该党主张改革颇有争议的农村选区发展基金；在国民议会中为女性设置保留议席，鼓励女性参与政治。该党承诺将加强农村地区的基础设施建设，改善农村地区的公路、供水系统和医疗服务。为了刺激农村地区的经济发展，该党还计划制定奖励措施，使可可、椰肉干、渔业产品和木材出口翻一番。最终，该党在国民议会中赢得 1 个议席。不过，弗雷德·福诺落选。

第六节　进入 21 世纪以来的政治状况

1997 年 8 月，巴塞洛缪·乌卢法阿卢当选为总理。1999 年，瓜达尔卡纳尔岛爆发民族冲突，该岛原住民与该岛的马莱塔岛移民进行了战斗。2000 年，双方民兵组织间的战斗不仅日趋激烈，而且在当年 6 月，马莱塔人的民兵组织还将巴塞洛缪·乌卢法阿卢总理扣为人质。巴塞洛缪·乌卢法阿卢总理被迫辞职；玛拿西·索加瓦尔经国民议会选举继任总理，并承诺寻求解决暴力冲突的方案。

在 2001 年 12 月举行的大选中，艾伦·凯马凯扎当选为总理。尽管他竭力推动协商解决暴力冲突，但是形势并没有改观，经济崩溃，国家破产。2003 年 7 月，应所罗门群岛政府之邀，为了帮助所罗门群岛恢复秩序，一支由澳大利亚领导的维和部队——驻所罗门群岛区域援助团进驻所罗门群岛。驻所罗门群岛区域援助团获得巨大成功，解除了叛乱分子的武装，逮捕了他们的领导人，使因暴力冲突而流离失所的人民重返家园。在 2003 年年底之前，援助团的大部分成员撤离了所罗门群岛，但其警察人员仍留在所罗门群岛，继续执行任务。

在 2006 年 4 月举行的大选中，针对数名政府部长的腐败指控使艾伦·凯马凯扎及其政党受到重创。前副总理斯奈德·里尼继艾伦·凯马凯扎之后当选为总理，但是里尼的当选在霍尼亚拉引发抗议，因为游行示威者对里尼与"腐败的行政当局"的关系心怀芥蒂。由于腐败一直被认为与中国台湾投资者所带来的资金和发展有关，抗议者转而掀起了反华暴乱。为了帮助所罗门群岛恢复秩序，澳大利亚和新西兰向所罗门群岛增派了部队，里尼由于失去了国民议会的支持，被迫辞职。5 月，玛拿西·索加瓦尔在反对党的支持下当选为总理。

由于澳大利亚大使批评所罗门群岛对 2006 年暴乱的调查是应付公事，因此遭到所罗门群岛的驱逐，这使得新政府与澳大利亚的关系变得紧张。2007 年 7 月，玛拿西·索加瓦尔任命朱利安·莫蒂（Julian Motive）为所罗门群岛司法部部长，导致澳所关系进一步恶化。莫蒂是一名澳大利亚斐济裔律师，他因被控猥亵儿童罪而遭到澳大利亚的通缉。2006 年 9 月，莫蒂在巴布亚新几内亚过境时被逮捕。于是，澳大利亚试图将莫蒂从巴布亚新几内亚引渡回国。但是，莫蒂设法逃离了巴布亚新几内亚，并非法进入所罗门群岛。由于其非法入境，其担任司法部部长的任命被暂停。

所罗门群岛警方为调查莫蒂非法入境，突击搜查了总理办公室。玛拿西·索加瓦尔批评上述搜查侵犯了所罗门群岛的国家主权，因为在所罗门群岛警察部门，所罗门群岛政府雇用了许多澳大利亚人；澳大利亚政府否认曾卷入所罗门群岛的警务工作。所罗门群岛法院在 12 月撤销了对莫蒂的所有指控，随后，出生于澳大利亚的警察专员被宣布为不受欢迎的移民，莫蒂在 2007 年 7 月担任司法部部长。

2007 年 4 月，一场海底地震和海啸严重破坏了所罗门群岛西部地区，并摧毁了所罗门群岛第二大城市吉佐。

2007 年 12 月，玛拿西·索加瓦尔因信任投票失败而下台，德里克·西库阿在反对党和玛拿西·索加瓦尔的前支持者的支持下，当选为总理。莫蒂随后被驱逐到澳大利亚；2009 年，澳大利亚法官永久终止了公诉莫蒂的诉讼程序。在 2010 年 8 月举行大选之后，丹尼·菲利普组建了一个松散的政治联盟，并在国民议会中以微弱优势当选总理。2011 年 11 月，由于被指控滥用基金，上述政治联盟瓦解，菲利普被迫辞职，戈登·达西·利洛继任总理。

在 2014 年大选中，戈登·达西·利洛意外落选，无缘再次问鼎总理宝座。此后，民主联盟党、所罗门群岛亲民党、人民联盟党和所罗门群岛农村进步党组成争取改革民主联盟，并推举玛拿西·索加瓦尔为总理候选人。2014 年 12 月，国民议会选举索加瓦尔为总理。

第四章

经　济

　　所罗门群岛是一个农业国，其80%左右的人口依赖自给型农业生活。农业、渔业和林业是该国的主要经济部门。经济严重依赖木材、鱼类、可可和椰子等大宗商品的出口。大多数工业制成品和石油产品须进口。该国蕴藏着丰富的未开发矿产资源，如铅、锌、镍和黄金。黄金等矿产的开采、棕榈油的生产和旅游业是该国潜在的经济增长部门。1999年底，由于种族关系紧张，所罗门群岛陷入政治动荡和内乱，经济形势急剧恶化。到2003年年中，所罗门群岛经济处于近乎崩溃的状态。2003年7月，为了恢复所罗门群岛的治安，由澳大利亚领导的驻所罗门群岛区域援助团进驻所罗门群岛。此后，所罗门群岛经济得以恢复，宏观经济趋于稳定。然而，由于全球经济危机和伐木业衰退，经济增长在2009年急剧放缓。随着全球经济状况的好转，所罗门群岛经济在2010年恢复增长。

第一节　概况

一　经济发展简史

（一）殖民地时代

在殖民地时代，所罗门群岛经济是建立在岛民从国外汇回和带回的工资基础之上的。当时，许多岛民作为契约劳工被送到澳大利亚昆士兰州、斐济、萨摩亚和新喀里多尼亚等地务工。椰肉干产业是英属所罗门群岛经济的重要支柱，是重要的财富来源。在1978年独立之时，椰肉干销售收入占了其出口收入的1/4。

在19世纪末，所罗门群岛经济被欧洲人控制。出口商品主要有珍珠贝、龟壳和海参。此外，所罗门群岛还小批量地出口椰肉干。在18世纪90年代至19世纪60年代，甚至到19世纪80年代末，鲸油贸易在所罗门群岛北部和中部地区一度相当兴盛。烟草是其主要进口商品。其他极其重要的进口商品，一是供欧洲人和原住民使用的小艇，二是煤，商人拉尔斯·尼尔森（Lars Neilson）在加武图岛（Gavutu）为英国海军储存了1000多吨煤。

所罗门群岛的椰肉干产业兴起于20世纪初。在19世纪70年代末，德国人在萨摩亚改进了椰肉干加工工艺，使椰肉干加工不仅更为简便，还降低了成本。这为所罗门群岛大力发展椰肉干产业提供了技术条件。椰肉干产业的兴起也与殖民地政府的大力扶持有关。为了推动椰子树的大规模种植，在查尔斯·伍德福德的倡议下，保护领政府分别于1905年和1909年与利沃斯太平洋种植园股份有限公司（Levers Pacific Plantations Ltd.）和总部位于澳大利亚昆士兰州的马莱塔公司（Malayta Company）签署了协议。到1913年，所罗门群岛有23家公司从事椰肉干的加工、运输和销售业务。椰肉干出口从1903年的2817吨增加到1912～1913年的4196吨。椰肉干产业的兴起促进了所罗门群岛经济的发展，为保护领政府征收国内税创造了条件。1906年，保护领政府开始征收国内税，到1910年，保护领政府财政首次出现预算盈余。在20世纪30年代，由于所罗门群岛椰肉干质量差，其价格也急剧下跌，致使许多小种植园主破产。二战期间，椰子种植园受损严重，椰肉干烘干房也被废弃。二战后，保护领政府将恢复椰肉干产业作为其在经济领域的主要任务。由于缺乏资金，椰肉干产业直到 20 世纪 40 年代末 50 年代初才完全恢复。

从 20 世纪 50 年代起，由于意识到所罗门群岛经济完全依赖椰肉干产业的危险，保护领政府开始积极推动所罗门群岛经济多样化发展。尤其是在 20 世纪 60 年代初，随着通信的改善、政府部门的扩大和一系列发展计划的推行，保护领政府对保护领经济前景的信心不断增长，并竭尽全力推动经济多样化发展。1964 年 12 月，立法委员会批准了一份《关于农业和渔业政策的白皮书》，明确了政府的发展目标和政策。

从 20 世纪 50 年代起，木材加工业逐渐成长为所罗门群岛的另一个极其重要的产业。在 20 世纪 60 年代，三家海外木材公司开始大规模采伐热带硬木，这为所罗门群岛的现代工业奠定了基础。此后，木材业获得持续发展，木材成为保护领第二大出口商品。1971 年，木材出口增长了 12.5%，出口收入近 325 万美元，接近椰肉干的出口额。

20 世纪 50 年代，水稻开始在瓜达尔卡纳尔岛平原被商业化种植，马基拉岛、马莱塔岛和瓜达尔卡纳尔岛上的岛民种植了一些丘陵稻，并使用地方委员会和村集体的小型机器进行脱壳。英联邦发展公司和政府合作，对灌溉稻、旱稻、大豆和油棕进行了田间种植试验，并详细调查了 3000 英亩土地的农业发展潜力。1965 年 12 月，澳大利亚瓜达尔卡纳尔岛平原股份有限公司在瓜达尔卡纳尔岛平原引种了商业化水稻。

20 世纪 60 年代末，所罗门群岛的经济仍处于初始发展阶段。

此时，自然资源尚未得到开发，农业部门不发达，劳动力水平低，出口依赖椰肉干，财政依赖外部援助。1969 年，外部援助占了其国内生产总值的 41%，接受过高中以上教育的高级人力资源中有 80% 为外国侨民。

在 20 世纪 70 年代，所罗门群岛不仅为政治独立进行了认真准备，还为经济转型奠定了基础。1971~1973 年，保护领政府将经济发展的重点集中于农业和工业，试图通过发展农业、开发森林和矿产资源推动经济内生性增长。此外，为了提升劳动力的素质，殖民地政府还大力发展教育。1975~1979 年，所罗门群岛致力于为其独立奠定牢固的政治、文化和经济基础。

（二）自主发展时代

在 20 世纪 80 年代，所罗门群岛的经济形势并没有发生多少改观，仍然严重依赖农业，将农业作为其经济增长的引擎。出口产品主要是木材、鱼和椰肉干。制造业无足轻重，在国内生产总值中所占比重不到 4%。为了推动国家经济发展，所罗门群岛在 20 世纪 80 年代制定和实施了两个五年计划。与许多实行进口替代政策的发展中国家一样，由于缺乏资金，为了推动基础设施建设和自然资源开发，所罗门群岛政府大举从外国借债，负债累累。1987 年，国债占国内生产总值的比重从 1980 年的 18% 增至 60%。

由于国内政策失误和经济结构失调，以及受全球经济下滑的影响，所罗门群岛经济日益恶化。因此在 20 世纪 90 年代，历届政府的经济政策目标主要是实现经济稳定和促进经济增长。人民联盟党在 1989 年上台执政后实施了一系列内容广泛的经济政策。这些措施包括：继续强调开发自然资源；根据增长潜力，确定各部门的发展顺序；实现经济多样化和促进重点工业部门的发展；采取措施增加投资性储蓄和减少进口；鼓励新投资；合理安排财政支出项目；支持旅游业发展。1993 年 6 月，由 6 个政党组成的松散联盟"国家合作联盟"上台执政。其政策实现了经济稳定，推动了经济发展。首先，新政府的财政政策实现了对极度膨胀的公共开支和政府借贷的控制。其次，货币政策以实现低通货膨胀率为目标，降低利率，维持汇率的稳定和竞争力，保证适当的外汇储备。最后，政府提供了有利于吸引更多外国投资的环境。1997 年上台执政的所罗门群岛争取变革联盟所采取的政策和结构改革计划使国民经济调整活动达到高潮，其发展战略是制定和实施内容广泛的政策和结构改革规划。但是，种族冲突阻碍了上述改革规划的实施。

随着 2003 年 7 月驻所罗门群岛区域援助团的到来，该国重新致力于实施推动经济复苏、社会重建和发展以及实现安全和稳定的政策和计划。在此期间，经济政策的具体目标是恢复宏观经济稳定、促进收入增长。《国家经济复苏、改革和发展计划（2003～2006）》所强调的总体目标是，提高所罗门群岛全体岛民的生活质量和生活水平；调整经济政策，使其有利于恢复经济稳定和收入增长，重建经济持续增长和人类发展的基础。为实现上述经济政策而实施的策略是，恢复财政和金融稳定，振兴生产部门和重建基础设施，尤其是在种族冲突期间被破坏的基础设施。

与许多小国一样，所罗门群岛也受到全球经济危机的不利影响。2010 年 8 月，所罗门群岛举行了一次大选，政府进行了换届。对政府的不信任案投票层出不穷而导致的政治不稳定，影响了外来投资和经济增长。

2004~2008 年，政府的财政收入稳定增长。这使政府得以加大对医疗卫生和教育方面的投入和预算拨款。但是，全球经济危机导致的国际市场对该国出口商品需求的疲软和大宗商品价格走低，2009 年经济出现负增长。由于燃料价格上涨，直到 2008 年，该国通胀率仍然居高不下。2004~2008 年，总出口额持续增长，但是由于所罗门群岛受到全球经济危机的影响，在 2009 年经济出现下滑。

二　近期经济状况

在 2013 年，尽管所罗门群岛经济在上半年表现疲软，但是在下半年出现反弹，全年经济整体增长了 3.2%。与往年不同的是，2013 年的经济增长主要受非出口商品行业的驱动。另外，由于出口商品行业受到出口商品价格下滑和国内供给冲击的影响，所罗门群岛的贸易条件恶化。尽管如此，由于来自捐赠国的资金和外国投资者的资本流入，外汇储备总额进一步增加，投放至私人部门的信贷在 2013 年显著回升。由于受到进口要素和国内要素下行的影响，通货膨胀率在下半年出现下降趋势，在 12 月降至3.0%。

所罗门群岛经济在 2013 年增长了 3.2%。与 2012 年增长3.3% 相比，增速略有下降（见图 4-1）。经济增长主要是得益于非出口商品行业的发展，如建筑业、制造业、运输业、通信业和服务业。渔业表现出色，主要是因为索尔金枪鱼罐头厂提高了生产率。如果将林业和采矿业排除，2013 年的国内生产总值增长了约3.8%。

2013 年，出口商品行业的生产指数下降了近 10%。在上半

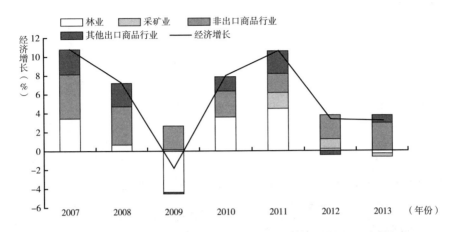

图 4 - 1　2007~2013 年所罗门群岛各行业对经济增长的贡献[*]

资料来源：所罗门群岛中央银行年度报告。参见 Solomon Islands National Statistical Office, *Report on Economic Activity and Labour Force*, 2009, p. 4。

年，由于出口商品价格下跌和供给的冲击，产量显著下降。上半年与上年同期相比，采伐原木 189.7 万立方米，下降了 3%；生产黄金 58690 盎司，下降了 13%；捕鱼 24876 吨，下降了 15%；生产椰肉干 13922 吨，下降了 48%。然而，由于椰肉干、可可和棕榈油等农产品的价格在下半年开始上扬，所罗门群岛经济在 2013 年年底增长非常强劲。

基础设施领域的公共投资和大型私营企业的保留投资在 2013 年的投资中占据了主导地位。大型私营企业受到投放至私人部门的贷款的倾斜政策扶持。与 2012 年相比，2013 年所颁发的建筑许可证数量和霍尼亚拉的商品房投资指数均出现上升趋势。据外国投资局报告，外国投资申请数量与 2012 年相比进一步增加，尤其是在零售和批发业、建筑业、采矿业、渔业和交通运输业等领域。

劳动力市场的各项指标显示，正规就业人数在 2013 年进一步增加。据所罗门群岛国家储备基金报告，灵活就业者和相对稳定的就业者人数增至 47785 人，比 2012 年增加了 3%。然而，仍缺乏足够的就业岗位吸引青年人进入劳动力市场。

由于出口商品价格持续下跌和产品产量下降，所罗门群岛的贸易条件在 2013 年进一步恶化。出口收入同比下降了 11%，降至 32.12 亿所元；进口增长 3%，升至 33.80 亿所元。这使得所罗门群岛在国际贸易中处于不利地位。2012 年，贸易盈余 3.47 亿所元，在 2013 年却出现了 1.68 亿所元的贸易赤字。经常账户收支状况恶化，出现了 6.68 亿所元赤字。尽管如此，由于来自捐赠国的资金和外国投资者的资本流入，外汇储备总额在 2013 年仍增至 39.09 亿所元。

除了新西兰元和欧元之外，所元（SBD）与所有主要贸易货币的年平均汇率上涨。所元兑美元的汇率上涨了近 1%，1 美元兑换 7.30 所元；兑澳元上涨了 7%，1 澳元兑换 7.07 所元；兑日元上涨了 19%，100 日元兑换 7.52 所元。然而，所元兑换新西兰元和欧元的汇率分别下跌了 0.4% 和 2%，1 新西兰元兑换 5.99 所元，1 欧元兑换 9.70 所元。就实际有效汇率而言，所元连续两年升值，2013 年上涨了 4.3%。

以 3 个月的移动平均值为指数，通货膨胀率在 2013 年 12 月放缓至 3.0%，而上年同期为 4.6%。该指数下跌始于其在 3 月达到 7.1% 的高点之后。低通胀率反映了国内要素和进口要素的发展趋势，它们分别从一年前的 6.3% 和 0.4% 回落至 5.7% 和 0.9%。通胀率下跌的主要原因是食品子要素大幅下跌至 1.3%，家庭和公用事业要素下跌至 0.7%。

广义货币供应量增速放缓，从 2010～2012 年的年均增长 20% 降至 2013 年的 12%。这在很大程度上反映了国外资产净额的增速放缓。货币供应量增长放缓得益于柏克龙票据的发行和私人部门贷款的增长。在 2012 年小幅增长 4% 之后，私人部门贷款显著增长 15%，增至 14.65 亿所元。在 2013 年，私人部门、物流业、旅游业、通信业、农业和运输业共增长了 2.23 亿所元。

政府在 2013 年的预算盈余为 1.33 亿所元。总收入（包括赠款）为 31.93 亿所元，比预算收入低 10%。然而，政府设法将开支降低了 20%，共支出 30.59 亿所元。所节省的开支主要来自那些由于项目实施单位没有能力实施的发展项目。与 2012 年相比，地方财政收入增长了 8% 以上，而经常性开支也增长了 9%。

第二节　农牧业

在 21 世纪初，84% 的所罗门群岛岛民仍生活在农村地区。在所罗门群岛，约 87% 的土地为社区人民集体所有，9% 为国家所有，4% 归个人所有。家庭是基本经济单位，主要依靠种植农作物维持生活。甘薯和木薯是主要农作物，此外还有山药、芋头、香蕉、甘蔗、槟榔和烟草。家畜包括猪、牛等。鱼类和贝类也是大多数家庭的重要食物。以物易物曾经非常普遍，但是随着经济的发展，农村地区每周或每两周出现一次以现金进行交易的市场，城市地区出现了日间市场。除了旱灾和洪灾导致粮食短缺外，该国没有出现过粮荒。所罗门群岛经济以农业为主。主要农产品有椰肉干、可可、稻米、高粱、甘薯、芋头、油棕、香蕉和橡胶等。椰肉干是该国的重要出口产品。畜牧业较发达，以饲养肉牛为主。

在所罗门群岛，轮垦是最常见的农耕方式。在收获了一两茬农作物之后，农民就到一块新的土地上进行耕作，原来的土地就被闲置几年，甚至几十年。通常，家庭的每位成员都要到农田参加劳作，男人们先是用斧头和割灌刀将树木砍倒，然后待倒下的树木干燥之后，将它们烧掉。在金属工具出现之前，上述工作非常艰苦，甚至在金属工具出现之后，清理林地上的树木也相当困难。妇女们的工作主要是用挖掘棒进行播种和田间维护。在过去，山药和芋头是最常见的农作物，人们大多种植芋头，如今主要种植甘薯。农作物有山药、芋头、甘薯、香蕉和甘蔗。为了使祖先之灵保佑丰收，祭坛曾经一度被建在菜园里。今天，外来作物，如菠萝、土豆、花生、黄瓜、西瓜、玉米和烟草，都已被普遍种植。许多新品种，最初是劳工们在 19 世纪从斐济和澳大利亚昆士兰州带回所罗门群岛的。

一　农　业

（一）椰子产业

对于所罗门群岛的农村家庭而言，椰子生产是最普遍的，也是最重要的生产活动。无论对于自给自足的小农经济而言，还是对于对外贸易而言，椰子都是非常重要的。椰肉干是最常见的椰子产品，行销于世界各地，椰肉还可以被用来榨油、制造香皂等产品。在 20 世纪 90 年代，由于比椰肉干附加值高，椰子油产量不断增加；但是，在所罗门群岛国内民族冲突时期，椰子油停产。由于交通痲痪和商品出口市场管理局（CEMA）出现问题，椰肉干生产也几乎停滞。直到 2003 年，椰肉干生产才恢复，但是其产量受到国际价格的影响。2007 年，椰子油恢复生产；但是，截至 2009 年，产量仍处于较低水平（见图 4-2）。

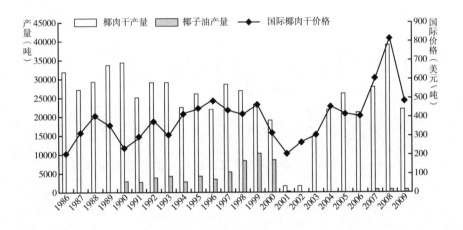

图 4-2　1986～2009 年所罗门群岛椰肉干和椰子油的产量及椰肉干的国际价格*

资料来源：所罗门群岛中央银行年度报告和商品出口市场管理局年度报告，仅涉及以现金交易的产量。参见 Solomon Islands National Statistical Office, *Report on Economic Activity and Labour Force*, 2009, p. 8。

（二）可可产业

生产可可的既有农村小农户，也有大种植园。对于农村小农户而言，由于获得了小型发酵和干燥设备，可可的销售价格不仅上涨，还超过了湿豆的价格。除了一小部分供自己享用外，大部分可可被投放到了市场上。由于可可生产尤其是商品性生产，主要集中于瓜达尔卡纳尔岛上，因此在所罗门群岛国内民族冲突期间，可可生产受到冲击。在 21 世纪初，随着经济的复苏，可可生产显著增长（见图 4 - 3），这在某种程度上也与可可的国际价格上涨和广泛采用新的制成品加工技术有关。

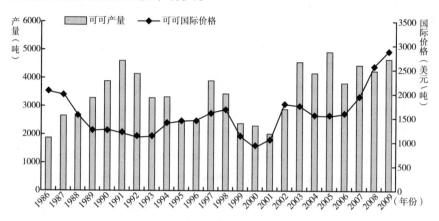

图 4 - 3　1986～2009 年所罗门群岛可可的产量和国际价格

资料来源：所罗门群岛中央银行年度报告和商品出口市场管理局年度报告。
参见 Solomon Islands National Statistical Office, *Report on Economic Activity and Labour Force*, 2009, p. 9。

（三）棕榈产业

棕榈油和棕榈仁产业发端于 20 世纪 70 年代中期的瓜达尔卡纳尔岛平原。在 20 世纪 80 年代末和 90 年代，棕榈产业获得显著发展，主要是在瓜达尔卡纳尔岛，但是在其他一些地区也有所发展。在所罗门群岛国内民族冲突时期，棕榈油和棕榈仁生产完全停滞。虽然棕榈种植园的恢复生产工作起步较早，但直到 2006 年生产才得以恢复。2009 年，棕榈仁产量已经恢复到 20 世纪 90 年代水平，但是棕榈油产量没有恢复。在种植园恢复生产的过程中，估计有 2500 名工人在瓜达尔卡纳尔岛平原地区从事棕榈油生产行业，但工人人数随着恢复生产工作的完成而日益减少。所罗门群岛棕榈产业情况见图 4 - 4。

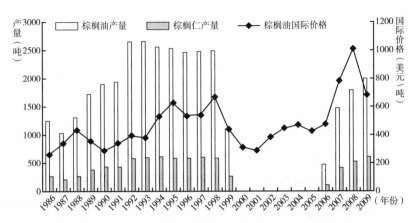

**图 4 – 4　1986～2009 年所罗门群岛棕榈油和棕榈仁的
产量及棕榈油的国际价格**

资料来源：所罗门群岛中央银行年度报告和商品出口市场管理局年度
报告，仅涉及以现金交易的产量。参见 Solomon Islands National Statistical
Office，*Report on Economic Activity and Labour Force*，2009，p. 9。

（四）其他农作物生产

除了上述主要农作物之外，所罗门群岛岛民们还种植槟榔、烟
草、鲜花、咖啡、醉椒、香草和水稻等。

二　畜牧业

二战前，在英属所罗门群岛保护领，养牛业是椰子种植园经济活
动的一部分。二战期间，所有牲畜都被人们吃掉了。1952 年，利用殖
民地开发和福利基金的拨款，瓜达尔卡纳尔岛农民开始养殖赫里福
德 - 瘤牛杂交牛。1964 年，为了建立健全种畜群，政府开始向农民补
贴从新赫布里底群岛、斐济、澳大利亚和新西兰引进牛的运输费用。
利弗斯太平洋种植园股份有限公司在其种植园内引进了牛，牛的数量
从 1963 年的 3300 头增长到 1965 年的 4300 头。政府还资助引入了公牛、

奶牛和小母牛。

在 1998～2003 年所罗门群岛内乱期间，瓜达尔卡纳尔岛上的许多畜牧业商业性基础设施被破坏殆尽，包括一些研究机构、一家饲料加工厂和该国唯一一家屠宰场。到 2008 年，所罗门群岛全国仅有 5000 头牛，约为内乱前的 1/5，而且遗传品质日益下降。2003 年以来，该国每年需进口 250～300 吨牛肉。

近年来，为发展养牛业，农业与畜牧业部积极扶持和发展骨干企业，并从国外大力引进种牛。在 2013 年之前，所罗门群岛的养牛业只有一家骨干企业，即瓜达尔卡纳尔岛平原地区的特纳瓦图养牛场。在 2013 年，又新建了两家骨干企业，一家在马莱塔省的西夸伊沃地区，另一家在西部省的旺乌努岛。上述养牛场不仅是该国的牛繁育中心，还分别拥有一个屠宰场，是该国牛肉产业的骨干企业。

为了增加种牛数量，除了在国内进行繁育之外，政府还积极从国外进口种牛。2011 年，从瓦努阿图进口了 400 头牛。2013 年，农业与畜牧业部从发展预算中拨付了进口牛所需的资金，并继续致力于引进更多的牛。

第三节　林业

一　概况

所罗门群岛拥有丰富的林业资源，植物物种丰富，多达 4500 余种，森林覆盖面积占陆地总面积的 79.26%。在靠近海岸的平原与沼泽地带，广泛分布着椰子树、海滩森林和红树林；在内陆山地和平原之间的丘陵地带，长有梅草、矮树、荆棘和各种蕨类植物；

在山区，覆盖着浓密的原始雨林，雨林里树木高大、冠层多样，寄生植物多，珍贵林木有陆均松、木麻黄等。岛上还有很多野生兰花，达230多种。最引人注目的是所罗门群岛和邻近的新几内亚岛特有的艳石斛和约翰逊石斛。所罗门群岛的热带雨林分属于两大不同的陆地生态区。除圣克鲁斯群岛属于瓦努阿图雨林生态区之外，大多数岛屿属于所罗门群岛雨林生态区，该雨林生态区还包括属于巴布亚新几内亚的布干维尔岛和布卡岛。

20世纪20年代，在所罗门群岛主要岛屿上，兴起了一批小型森林采伐和木材加工公司。从此，所罗门群岛的林业开始得到发展。由于设备缺乏、技术差、生产成本高和市场疲软，到1960年，这些公司的规模仍然不大，且许多公司已经破产。

然而，从1960年起，由于国外市场对木材需求的增长，所罗门群岛开始进行大规模的商业性采伐。在20世纪六七十年代，森林采伐仅限于殖民政府拥有和租赁的土地，政府拥有的土地约占全国陆地总面积的10%。[1] 利沃斯太平洋木材有限公司、阿勒代斯木材公司和卡勒纳木材有限公司[2]控制了所罗门群岛的林业，它们的森林采伐区主要集中在西部省和伊莎贝尔省。瓜达尔卡纳尔岛在这一时期很少受到伐木公司的关注，这是因为瓜达尔卡纳尔岛的商业林只占其陆地面积的15%（8.1万公顷），且大多位于传统土地上。

---

[1] M. Wairiu, "Forest certification in Solomon Islands", in B. Cashore, F. Gale, E. Meidinger and D. Newsom（eds）, *Confronting Sustainability*: *Forest Certification in Developing and Transitioning Countries*（New Haven, Conn. 2006）, pp. 137 – 161.

[2] 利沃斯太平洋木材有限公司（Levers Pacific Timbers Ltd.）是联合非洲公司（木材）有限公司（United Africa Company［Timber］Ltd.）的一家子公司；阿勒代斯木材公司（Allardyce Lumber Company）是一家澳大利亚公司；卡勒纳木材有限公司（Kalena Timber Company Ltd.）是一家美资公司。

在 20 世纪 80 年代，所罗门群岛林业发生了两个主要变化：一是森林采伐从国有土地扩展到传统土地上；二是出现许多亚洲伐木公司。所罗门群岛政府，特别是在所罗门·马马洛尼政府时期（1981～1984、1989～1993），允许伐木公司通过伐木权听证会与土地所有者（包括个人和部落）进行协商，获得森林采伐的特许权或伐木权。土地所有者或部落将伐木权给予外国伐木公司，而作为回报，外国伐木公司向他们支付特许使用金，并承诺诸如修建道路、诊所和学校等基础设施。

起初，伐木公司都遵守正规的伐木权听证会程序，但是由于上述程序极其烦琐、费时和费钱，伐木生产受到长期拖延。为了加快伐木权和采伐执照的谈判，许多公司雇用土地所有者家族中的个人或其他所罗门群岛岛民作为中间人，或者给予土地所有者伐木公司股份。伐木公司充分利用大多数拥有土地所有权的家族或部落内部因争夺伐木利益管理权而分裂的状况。在某些情况下，伐木公司利用了那些特别有影响力的人，因为这些人试图利用其与伐木公司的紧密合作来加强其在部落或家族中的权力基础。① 这些策略使得伐木公司的业务范围扩展到其他省份，包括舒瓦瑟尔省、马莱塔省、马基拉 - 乌拉瓦省、中部省和瓜达尔卡纳尔省。例如，1983 年，韩国的现代集团为了在瓜达尔卡纳尔岛上进行森林采伐创建了现代木材公司；1989 年，韩国又在舒瓦瑟尔岛上创建了利建资源开发有限公司（Eagon Resources Development Ltd. ）。从 1991 年起，当大型亚洲伐木公司的前雇员在所罗门群岛获得法人地位后，中等规模的马来西亚伐木公司和其他规模较小的外国公司也开始涌入所罗门群岛。在 20 世纪 90 年代，8 家外国公司（其中大部分来自马来西亚）控制

---

① Kabutaulaka, "Paths in the Jungle", pp. 1 – 273.

了所罗门群岛约75%的原木出口，同时，现代木材公司和利建资源开发有限公司控制了14%的市场份额。[1]

在20世纪90年代，所罗门群岛的林业再次发生重大变化，一些土地所有者获得了伐木权和采伐许可证并将其转包给外国伐木公司。在2005年，有24家外国公司根据与89家"当地公司"或许可证持有者的合同协议从事森林采伐业务。[2] 这一变化促使所罗门群岛原木生产和出口急剧增长。

林业是所罗门群岛最大的经济部门。其所赚取的外汇约占所罗门群岛外汇收入的60%，其产值约占所罗门群岛国内生产总值的30%。在2005年，所罗门群岛原木产量为110万立方米（见图4-5），赚取外汇6700万美元。其中，只有91148立方米来自人工林，约占该年原木总产量的8.2%；绝大部分原木仍来自原始森林。但是，所罗门群岛诸省的林业发展极不平衡，西部省的林业发展最为突出，而瓜达尔卡纳尔省在所罗门群岛独立以来的林业发展中却显得微不足道。在2005年的原木出口中，西部省在所罗门群岛诸省中独占鳌头，占71%，伊莎贝尔省占7.9%，舒瓦瑟尔省占6.8%，马基拉-乌拉瓦省占6.4%，马莱塔省占3.9%，中部省占3.1%，瓜达尔卡纳尔省只占0.9%。[3] 从1994年到2003年，西部省出口了320万立方米，伊莎贝尔省出口了110万立方米，瓜达尔卡纳尔省只出口了35.8万立方米，约占这一时期国家原木出口总

[1] Ian Frazer, "The struggle for control of Solomon Islands forests", *The Contemporary Pacific*, 9：1 (1997), pp. 44 - 52.

[2] T. T. Kabutaulaka, "Global capital and local ownership in Solomon Islands forestry industry", in S. Firth (ed.), *Globalisation and Governance in the Pacific Islands* (Canberra 2006), pp. 239 - 257.

[3] Central Bank of Solomon Islands (CBSI), *2005 CBSI Annual Report*, Honiara, 2006, p. 1.

量的 7%，远低于西部省和伊莎贝尔省。①

在 2013 年，原木产量下降 3%，降至 189.7 万立方米（见图 4 -
6）。其中，有 6.4 万立方米采伐自人工林，其他采伐自原始森林。
产量下降主要是因为第一季度天气恶劣和 2013 年原木价格持续下
跌。来自世界银行的数据表明，原木国际均价从 2012 年的每立方米
360 美元下跌至 2013 年的 305 美元。自 2012 年以来，原木价格之所
以持续下跌，主要是因为亚洲国家对原木的需求减少。然而，原木
产量在下半年出现反弹。在第四季度，产量创季度生产最高纪录，
达到 541976 立方米。这主要得益于下半年天气状况的改善。在 2013
年，西部省的原木产量仍居所罗门群岛各省首位，占全国总产量的
38%；其次是伊莎贝尔省，占 30%；马基拉 - 乌拉瓦省和舒瓦瑟尔
省各占 8%，伦贝尔省占 7%，瓜达尔卡纳尔省占 6%。

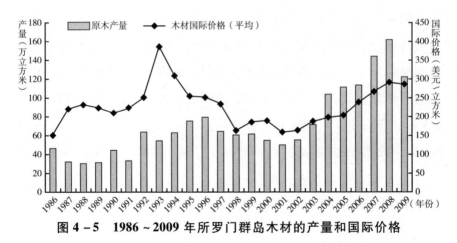

图 4 - 5　1986～2009 年所罗门群岛木材的产量和国际价格

资料来源：所罗门群岛中央银行年度报告。参见 Solomon Islands National
Statistical Office，*Report on Economic Activity and Labour Force*，2009，p. 11。

---

① Solomon Islands Government，Solomon Islands Forestry Management：National Forest Resources
Assessment Report（Honiara 2003），p. 14.

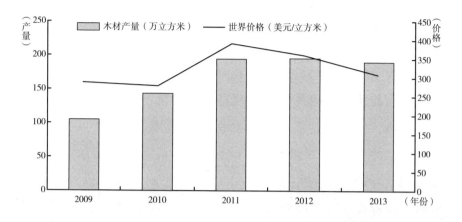

图 4 - 6 2009 ~ 2013 年所罗门群岛木材的产量和国际价格

资料来源：所罗门群岛中央银行，2013 年年度报告。

二 林业管理

政府多次试图通过制定法律和改善监管的新举措来控制森林采伐。现行法律是 1969 年制定的《森林和木材利用法》，已经修订过 9 次，包括 1977 年、1984 年和 1990 年的三次重大修订。根据 1984 年修订后的法律（改名为《1984 年森林资源和木材利用法》），政府在 1987 年年中公布了一份标准的森林采伐协议。对传统土地上的标准森林采伐协议的监控是由代表土地所有者利益的政府官员执行，因此一直未能达到预期效果。① 1999 年，乌卢法阿卢领导的所罗门群岛争取变革联盟政府制定并通过了一项新的森林法，即 1999 年森林法，但是该法没有被公布，因此未成为法律条文。不过，其中的一些条款得以实施，并由省政府代替地方议

① Sheehan, "The Solomon Islands Forest Sector", pp. 126 - 131.

会负责管理与土地所有者的伐木权谈判。1999 年森林法于 2000 年再度得到审核，并以 2004 年森林法案的名义呈交内阁审批，但是，为了进一步与资源所有者协商，审批被推迟，林业和环境保护部只能执行过时的法律。现行法律实际上是一部殖民地时期的旧法律，因此，这部法律无法适应 20 世纪 80 年代以来森林开发已发生的变化。20 世纪 80 年代中期，瓜达尔卡纳尔省政府主动采用《1985 年历史古迹保护条例》来控制森林采伐，[①] 这一条例使省政府获得了保护墓地和传统文化古迹的法律权力。后勤上的限制和资源的匮乏使得在采伐之前巡视采伐地点难以有效执行，所以这一意图控制采伐的举措也是难以见效的。

在 20 世纪 80 年代末，为了监控采伐和木材出口情况，澳大利亚政府帮助所罗门群岛政府在林业部建立了一套木材控制系统，其意图是减少传统土地上的木材浪费。该系统成功地帮助伐木公司减少了木材浪费，但是由于缺少中央政府持续不断的支持，再加上缺少足以监控尤其是传统土地上的森林采伐的法律授予的实权，该系统从未达到其预期的目标。秉承改革的弗朗西斯·比利·希利政府（1993～1994）和巴塞洛缪·乌卢法阿卢政府（1997～2000）企图进一步控制森林采伐。尽管政府暂停颁发新采伐许可证和提高出口关税，但是由于未能有效地执行，森林采伐仍没有得到有效控制。两届政府都遭到相关利益集团的反对。在伐木工人的支持下，所罗门·马马洛尼领导的反对派取代了弗朗西斯·比利·希利政府。所罗门·马马洛尼政府（1994～1996）撤销了往届政府的森林采伐控制措施。1992～2004 年，为

---

① Bennett, *Pacific Forest*, p. 311.

了支持所罗门群岛林业部门，加强管理、监督和控制以确保财政收入最大化，澳大利亚向所罗门群岛提供了超过 2600 万澳元的援助。[①] 在 1995 年，为了迫使所罗门·马马洛尼政府控制非法采伐和给予免税优惠，澳大利亚政府削减了上述林业项目资金 220 万澳元。所罗门·马马洛尼政府下台后，澳大利亚重新开始了对林业部门的援助，但是问题依然存在。

三　林业改革

在过去 15 年里，一些非政府组织一直倡导把实行社区林业管理方式作为商业采伐所引起的问题的解决方案。社区林业管理要求社区在采伐上遵循可持续和具有环境保护意识的林业管理方案。计划一直由所罗门群岛发展基金所运行的南太平洋人民国际基金、欧盟可持续林业管理项目、所罗门群岛生态林业项目（由绿色和平组织和所罗门群岛发展基金运行）和自然资源开发项目运行。[②] 在 2003 年，所罗门群岛环境关切行动网络和林业部的所罗门群岛林业管理项目实施了各自的针对土地所有者的林业倡议与培训项目。

自 1995 年以来，所罗门群岛发展基金与绿色和平组织联合实施的所罗门群岛生态林业项目，一直帮助农业社区进行自我组织，可持续地管理他们的林业和木材的加工与销售。1997 年 8 月至

---

① Moore, *Happy Isles in Crisis*, pp. 59, 77.

② Greenpeace, *Working Together: Sustaining Forests and Communities in Melanesia* (n. p. 1996), 6 – 9; Regina Scheyvens, "Sustaining Women Whilst Sustaining the Land? Engendering Eco-timber Production in the Solomon Islands", Women in International Development Working Paper, 262, Michigan State University, (East Lansing 1997); Hviding and Bayliss – Smith, *Islands of Rainforest*, pp. 74 – 284; Bennett, *Pacific Forest*, pp. 268 – 274.

2002 年 4 月，它向海外生态林业市场出口了 715 立方米的价值 22 万美元的已加工硬材，出口获得的资金直接付给土地所有者。现今，瓜达尔卡纳尔岛东北部的 24 位土地所有者积极参与了此项目，但是比起该省的实际林业采伐规模，它只是一个小项目。①

在所罗门群岛的其他地区，运行着一些其他项目。在马基拉 - 乌拉瓦省，当地非政府组织马基拉社区保护基金不断建立林业保护区，鼓励生态旅游和开展反对商业性采伐的运动。② 在马罗佛（Marovo），包括世界自然基金会、绿色和平组织在内的非政府组织，连同农业发展基金会和国际水域项目，与土地所有者建立保护区和倡导生态旅游。③ 其意图是，阻止土地所有者为了大规模商业性采伐而放弃其森林，并为他们提供其他创收途径。但是，这些项目规模较小，而且只能在特定区域实施。

2007 年，所罗门群岛发布了对其林业的最新评估。自 2003 年勘察之后，Lansat－7 号卫星影像被用来确定采伐程度，并且也被用来检查发生在已知的合法采伐区之外的森林采伐情况。当时根据这些资料预测，采伐天然林的速度会在 2010 年之前急剧下降，然后在 2014 年之前逐渐减小，并最终在 2015 年之前停止。在西部省和泰莫图省，栽种了大约 22200 公顷的"产业化"人工林，但是，再生林、乡村栽培和"产业化"人工林不足以代替天然林。这将会对所罗门群岛政府的财政和土地所有者产生重大影响，而且会影响农村的就业。2007 年瓜达尔卡纳尔岛未

---

① Wairiu, "Forest Certification in Solomon Islands" pp. 137－161; Greenpeace, *Working together*, pp. 6－9.

② WWF (World Wide Fund for Nature), For a Living Planet: A Forests Strategy for Solomon Islands 2006－2011 (n. p. 2005), pp. 24, 30.

③ Hviding and Bayliss－Smith, *Islands of Rainforest*, pp. 308－311.

被采伐的商业性天然林仅剩下 40200 公顷，"产业化"和乡村人工林只有 300 公顷。[①]

因此在所罗门群岛，伴随森林采伐而来的社会、经济与环境问题还将会继续增加，并且围绕着岛上因森林采伐而产生的冲突已经迅速涌现。

第四节　渔业

所罗门群岛海洋渔业资源非常丰富，在渔业中占主导地位。由于所罗门群岛森林覆盖面积大，雨量充足、土地肥沃，因而有较多的有机物被冲刷入海，因而岛屿附近饵料丰富，这里是海洋鱼类的天堂。在该海域，鲣鱼资源最为丰富，鲣鱼终年在此索饵和产卵；其次是金枪鱼，包括黄鳍金枪鱼、肥壮金枪鱼和长鳍金枪鱼。此外，还有红鱼、石斑鱼、鲻鱼、马鲛鱼、鲹科鱼类、鳀鱼、鲍、海参、墨吉对虾、龙虾和贝类。因此，这为所罗门群岛发展海洋渔业提供了得天独厚的条件。尽管所罗门群岛河川众多，其内陆水域渔业产量和产值都很低，人们捕获的少量淡水鱼一般用于自食而非在市场上出售。

一　海洋渔业

（一）概况

在所罗门群岛的海洋渔业中，传统的自给型渔业和个体渔业占

[①] Department of Forestry, Environment and Conservation, *National Forest Resource Assessment Update*, 2006, iv – ix.

有重要地位。传统渔业主要集中在沿海、近岸岩礁和潟湖区作业；装备和捕捞方式落后，主要使用木船，捕捞方式多为传统的手钓、曳绳钓、定刺网、流刺网、笼诱以及潜水捕捞，因此产量很低。传统渔业是大多数所罗门群岛岛民的副业，所获鱼产品一般自己食用。

为了促进农村渔业的发展和商业化，政府通过构建外部有利环境的方式进行了扶持。在农村地区，政府建立了许多渔业中心，为农村渔民提供储藏设施、产品销路，向其销售渔具，对其进行捕鱼技术培训，提升其渔获物处理能力。尽管政府对农村地区的商业性渔业进行了长期的开发援助，但是商业性渔业仍然很落后。一旦失去开发援助的扶持，商业性渔业有衰退的可能。

政府还开发了以国内外市场为导向的深海底层渔业。政府采取了各种措施，包括：组建深海底层渔业捕捞组，更新捕鱼装备，开展捕鱼技术和渔获物处理技术的培训，向农村渔民提供销售渠道，等等。这使得深海底层渔业得到发展。从20世纪80年代末开始，深海底层渔业产量不断提高。

1971年，所罗门群岛开始拥有竿钓渔船。竿钓渔船作业区主要集中在饵料鱼供应十分充足的群岛主岛附近海域。竿钓渔业具有明显的周期波动，每隔3~4年有一次高峰，该特征似乎与厄尔尼诺现象有关。在20世纪90年代中期，所罗门群岛拥有竿钓渔船27艘，其中有12艘租自日本冲绳。由于竿钓渔船所需饵料主要是鳀鱼，因此竿钓渔业的发展也带动了该国鳀鱼的捕捞生产。小型灯光围网船是捕捞鳀鱼的主要装备，单船月平均捕捞鳀鱼2.2吨。在20世纪80年代中后期，鳀鱼年捕捞量达到2000多吨。

所罗门群岛的金枪鱼捕捞始于1971年所罗门群岛政府和日本

大洋渔业公司合资成立所罗门群岛大洋有限公司。该公司的渔业基地位于西部省的诺鲁，建有速冻、装罐、熏干加工和冷藏保鲜等配套设施。速冻产品是该公司的主要出口商品。

1984 年，所罗门群岛开始使用围网渔船捕捞金枪鱼。最先装备围网渔船捕捞金枪鱼的是所罗门群岛大洋有限公司。后来，该公司与国家渔业开发公司使用本国渔船和租自澳大利亚、中国和日本的渔船进行作业，其中 2 艘属于国家渔业开发公司，11 艘为租赁渔船，这些渔船使用的是单船围网。但是，1994 年租赁渔船执照到期后，围网渔业基本上由本国的渔船进行作业。在 1995 年，当地的 5 家合资渔业公司开始使用延绳钓渔船进行金枪鱼的捕捞作业。当年捕获金枪鱼 825 吨。翌年，又投产延绳钓渔船 30 余艘，捕获金枪鱼 5540 吨。

尽管所罗门群岛政府积极扶持本国渔业企业开发其丰富的金枪鱼资源，但是外国远洋渔船队一直在这个领域占据主导地位。自 1962 年起，日本金枪鱼延绳钓渔船就开始在所罗门群岛附近海域进行金枪鱼捕捞作业，渔获量在 1978 年曾经达到 9500 吨。

目前金枪鱼渔业已成为所罗门群岛最主要的渔业，可分为在领海水域作业的本国渔船和在专属经济区水域作业的外国渔船。本国有三大金枪鱼渔业公司，即国家渔业开发公司（由国际三海集团持有）、所罗门群岛大洋有限公司和所格林公司（Solqreen Ltd.）。其中所格林公司是一家金枪鱼延绳钓渔业公司，出口生鲜、冷藏生鱼片级金枪鱼，但 2004 年底因财政困难停止经营。

来自日本、韩国、中国台湾省、新西兰和密克罗尼西亚联邦的外国渔船则根据与所罗门群岛签订的双边入渔协定在所罗门群岛水域作业，而美国围网渔船则根据与南太平洋岛国签订的多边围网渔业协定进入所罗门群岛水域作业。所罗门群岛向在其专属经济区捕鱼的外国渔船收取的执照费在国家税收中占有重要地位。

渔业与海洋资源部的资料显示，2004年，在所罗门群岛水域作业的本国、租赁和外国金枪鱼渔船共有297艘。围网渔船最多，共148艘，延绳钓渔船43艘，竿钓船28艘。本国和外国渔船的金枪鱼捕获量从2000年的12240吨快速增至94953吨。2000～2002年金枪鱼捕获量受到种族冲突事件的严重影响。

水产品加工业主要是生产速冻鱼产品，在图拉吉和诺鲁都有速冻厂，年速冻量4万吨左右。金枪鱼类大部分速冻出口，速冻温度为-55℃，出口到日本加工生鱼片。其余加工成罐头食品。图拉吉有小型罐头厂，诺鲁有一家与日本大洋公司合作的大型罐头厂。在图拉吉和奥基还加工熏干鱼产品。此外，渔民自己还加工海参、鱼翅、生鱼片等。

在1998年底未发生种族冲突事件之前，所罗门群岛的渔业产量呈上升趋势，从1994年的59071吨增至1998年的139159吨。然而，在种族冲突事件之后，该国经济几乎处于崩溃状态，渔业也未能幸免。许多外国大型捕鱼公司在1999年纷纷撤出所罗门群岛水域。直到澳大利亚和新西兰等国进行调停冲突后，所罗门群岛形势才趋于稳定，渔业也得到强劲复苏。渔业产量在2003年和2004年持续增长，分别达到63268吨和94953吨（见表4-1）。水产品出口额由2001年的2.48亿所元增至2004年的7.24亿所元。

表 4-1 所罗门群岛渔业产量

单位：吨

年份	2000	2001	2002	2003	2004
金枪鱼渔业					
本国船队	7520	14619	17475	27427	24150
外国船队	4720	11441	6231	35567	70803
小计	12240	26060	23706	62994	94953
沿岸渔业					
小规模船队	93	191	139	277	未详
总计	12333	26251	23845	63271	94953

资料来源：所罗门群岛渔业与海洋资源部。

（二）对海洋渔业的管理

渔业与海洋资源部、海关和国内货物税局、卫生部三个单位负责核发所罗门群岛进出口水产品的执照和证书。其中，渔业与海洋资源部发照、监督和执法局（LSE）负责颁发水产品加工厂、出口商/贸易商执照，还负责发放供出口水产品寄售的出口许可证。水产品加工厂、贸易商的执照有效期最多为一年，每年可以更换。

出口许可证是针对每批出口货物而发放的，每批商业许可证收取 100 所元，但是对个人消费品或赠品则收取 50 所元。至于出口到澳大利亚的水产品，发照、监督和执法局应澳大利亚检疫检验处（AQIS）的要求，有权发放检疫证书。该局还负责向在本国领海和专属经济区作业的本国和外国渔船颁发证件。就发放外国渔船执照而言，该局须先经外国投资局拟订的安排同意后才能颁发执照。同时这些渔船还须在区域登记处登记，由太平洋论坛渔业局保存。

卫生部是负责执行 HACCP 规定和颁发水产品出口检疫证书的主管机构，而海关和国内货物税局是负责提示（交付）单证和决

定水产品进出口关税税率的单位。

目前冷冻、生鲜水产品的出口关税税率为 5%，干制品和观赏鱼的出口税率为 10%，鱼罐头和海藻产品则可免税出口；进口关税则为到岸价格的平均值的 20%。

为了协助渔民在当地市场销售其生产的水产品，所罗门群岛政府在全国各地共建有 9 座批发性质的水产品中心及 15 座分中心。渔民可将其鱼货以市场价格售给私人买主或水产品中心。然而，向政府贷款的渔民必须将其鱼货售给水产品中心，以确保政府贷款的回收。渔民的鱼货有 50% 是通过水产品中心出售的。

为增进与邻国的贸易发展，所罗门群岛签有以下几个协定。

（1）《美拉尼西亚先锋集团协定》[Melanesian Spearhead Group（MSG）Agreement]：该区域性贸易协定成员国有所罗门群岛、瓦努阿图、斐济、巴布亚新几内亚和新喀里多尼亚（法）。以准许进口商品列名方式，允许 240 项产品包括金枪鱼在内，均可免税出口至该协定的成员国。

（2）区域性解决办法（Regional Approach）：为了促进区域内更广泛的经济合作，所罗门群岛还参加区域性集团诸如南太平洋委员会和南太平洋论坛。南太平洋委员会（SPC）于 1948 年 7 月 29 日成立，其宗旨是为成员国提供一个能够表达自己立场的共同场所，帮助这些岛国开发其海洋资源，提供科学管理信息和人才培养服务。南太平洋论坛（SPF）成立于 1971 年 8 月，其主要目的是加强南太平洋各独立岛国的团结，以形成步调一致的共同呼声，每年举行一次由政府首脑参加的成员国例会。会议更曾做出过对南太平洋地区产生深远影响的若干重大决定，如 1979 年决定建立 200 海里专属经济区，1983 年 9 月正式实行地区性注册制度，借以控制和管理外国渔船在成员国专属经济区内的捕鱼活动。而 2005 年生效的区域性贸易协定则采取不准进口商品清单（negative listing）方式，凡未列入该清单的产品均可免税出口至该协定成员国。截至2015 年，除新西兰、澳大利亚和法属波利尼西亚外，其他南太平洋国家均为该协定成员国。

（3）非互惠贸易协定（Non‑reciprocal Trade Agreements）：所罗门群岛与新西兰、澳大利亚签有非互惠贸易协定，所罗门群岛产品可免税出口至上述两国，但这两国产品则无法免税出口至所罗门群岛。

（4）《科托努协定》（Cotonou Agreement）：根据该协定，非洲、加勒比和太平洋集团（ACP）国家的产品如金枪鱼、金枪鱼罐头，进入欧盟市场时可享受优惠的零关税待遇。该协定于 2007 年届满。

除上述协定外，所罗门群岛水产品根据美国和日本的普遍优惠制享受输往美、日的优惠关税待遇。

（三）对外渔业合作和国际渔业援助

所罗门群岛与南太平洋岛国的渔业合作十分密切，允许这些国家进入所罗门群岛水域捕捞，并参加了与区域渔业管理有关的一些条约与协定。此外，所罗门群岛还与日本、韩国、中国台湾省和欧盟有渔业合作。

2004 年 2 月 4 日，欧盟与所罗门群岛签订了一个为期三年的双边入渔协定。该协定于 2005 年 1 月 1 日生效，欧盟渔船可进入所罗门群岛水域捕捞金枪鱼，每年金枪鱼可捕量为 6000 吨。欧盟每年支付 40 万欧元（如果所罗门群岛同意从第二年起增加渔船，则每增加一张执照，增加 6.5 万欧元），其中，30% 将用

于执行双方同意强化所罗门群岛水域内责任制捕鱼行动计划。该国水域内渔业资源状况将以科学意见为基础，由双方共同监测。

在执行该协定的第一年，有4艘欧盟（主要为西班牙和法国）围网渔船和10艘延绳钓渔船被授权捕捞金枪鱼。每捕获一吨金枪鱼船主需支付35欧元，而且他们的船上必须至少有一名当地船员。

2005年9月，日本与所罗门群岛在斐济苏瓦举行渔业合作谈判，双方同意检查与视察在所罗门群岛水域内日本与其他国家的鲣鱼和金枪鱼渔船作业情况，针对在所罗门群岛水域内日本及其他国家鲣鱼和金枪鱼渔船的作业活动交换情报；所罗门群岛要求把现行的入渔费从渔获金额的5%提高到6%，且要求提高登记费，日方未接受所罗门群岛的条件而中断了合作谈判。日本认为所罗门群岛水域是日本渔船的候补水域，但是所罗门群岛认为所罗门群岛水域是国际性的重要渔场，双方的认识有出入。

所罗门群岛渔业所有开发项目基本上是在外国政府、非政府组织和本国政府的资助和扶持下发展起来的，严重依赖外国的经济和技术援助。其中，双边援助主要来自澳大利亚、新西兰、英国和日本，多边援助主要来自联合国粮农组织、联合国开发计划署、欧盟、亚洲开发银行、日本海外合作基金会。此外，太平洋地区的国际组织也提供了援助，如南太平洋论坛渔业局、太平洋共同体、南太平洋区域环境规划署、太平洋岛国论坛秘书处和南太平洋应用地球科学委员会等。

在种族冲突后，所罗门群岛面临的主要挑战是改善治安和建立有益于商业的环境，以鼓励国内和海外公司投资渔业。

高燃料费也严重影响到延绳钓渔业。由于生产成本比亚洲的竞争对手高，而且群岛之间的交通费和空运费均昂贵，加之近年来燃油价格暴涨，所罗门群岛唯一出口生鲜/冷藏金枪鱼的 Solgreen 公司因财务状况欠佳而结束营业。

为使所罗门群岛渔业更具健康成长的发展空间，政府把发展重心由捕捞金枪鱼逐渐转向水产养殖业。政府选定罗非鱼、鳗鱼和淡水虾类作为淡水养殖的发展品种，把海藻、斑节对虾和海参作为海洋养殖的发展品种，并制订长期发展计划确保渔业的可持续发展。金枪鱼虽保留为主要经济商品，但水产养殖可望有强劲的增长。

（四）在国民经济中的地位

除自食和满足国内市场外，所罗门群岛的渔获物还供出口。随着金枪鱼产量的增加，水产品出口也大幅增长。水产品出口总额从 2000 年的 3.51 亿所元，增至 2004 年的 7.24 亿所元。就出口量而言，从 2000 年的 4680 吨猛增至 2004 年的 27496 吨（见表 4 - 2、表 4 - 3）。其中并不包括外国渔船捕获的金枪鱼，因为其捕获的金枪鱼直接出口至国外市场。

表 4 - 2　1997 ~ 2004 年所罗门群岛金枪鱼出口产品种类

单位：吨

年份	冷冻	罐制	熏制	鱼粉	冷藏	条块肉	共计
1997	25910	7524	945	70	2760		37209
1998	37292	1446	149	118	2153		41158
1999	6600	6440	940	1400	1486		16866
2000	670	2349	504	353	804		4680
2001	13523	71.6	563	50.4	816		15024
2002	7750	71.6	1480	596	1386		11283.6
2003	20592.2	89.7	1145	184.6	882		22893.5
2004	23331	215	574	225	1116	2035	27496

资料来源：所罗门群岛渔业与海洋资源部。

表 4 - 3   1999 ~ 2004 年所罗门群岛水产品出口情况

单位：吨，万所元

水产品	1999 年	2000 年	2001 年	2002 年	2003 年	2004 年
金枪鱼	16865	4680	15024	11283	22894	27496
其他	698	287	155	215	114	44
共计	17563	4967	15179	11498	23008	27540
金额*	60736.7	35130.2	24868.5	39000.8	55701.3	72412.7

＊2004 年所罗门群岛中央银行年报。1 美元 = 7.48 所元（1994 年）。

资料来源：所罗门群岛渔业与海洋资源部。

作为金枪鱼罐头原料鱼的冷冻鲣鱼和黄鳍金枪鱼占金枪鱼出口的最大宗，2004 年其出口量占金枪鱼产品出口总量的 85%。其他金枪鱼出口产品有金枪鱼条块肉 2035 吨，生鲜和冷藏金枪鱼 1116吨，熏制金枪鱼或鲣节 574 吨，金枪鱼罐头 215 吨。

所罗门群岛大洋有限公司是该国唯一的金枪鱼罐头公司，2000 年因动乱而停止营业，2005 年恢复经营，该公司现由当地人经营。除生产金枪鱼罐头外，该公司也生产欧洲所需的金枪鱼条块肉及供应日本市场的鲣节。所罗门群岛国家渔业发展公司也在早些时候签有谅解备忘录，同意提供所罗门群岛大洋有限公司所需的制罐原料。

同时，日本政府也通过振兴所罗门群岛金枪鱼渔业计划，捐赠 2 艘渔船给所罗门群岛大洋有限公司以增加金枪鱼渔获量。2005 年该公司共捕获金枪鱼 4875 吨。

其他水产品如珊瑚礁鱼类、马蹄螺、海参等因资源衰退而出口量有所减少。海参渔获量及出口量自 1992 年起持续下滑，但是渔民所捕获的海参品种从 1994 年的 22 种增至 2005 年的 32 种，其半数海参品种市场价格低廉。海参出口收入是该国的重要收入来源之一，特别是对农村居民而言更是如此。在 2005 年第四季度针对所罗门群岛海参渔业进行调查后，世界渔业中心（World Fish Center）建议所罗门群岛政府禁止所有品种海参出口。这是因为该国海参资源正面临枯竭。为了保护海参资源，所罗门群岛政府决定自 2005 年 12 月 1 日起禁止海参的采捕及贸易。

捕鱼业除了能够为所罗门群岛带来直接的经济收益之外，与渔业相关的税费也为所罗门群岛带来了丰厚的收入。在所罗门群岛的财政收入中，外国渔船为在所罗门群岛专属经济区捕鱼而缴纳的执照费占重要地位。

此外，与渔业相关的其他税收还有出口管理登记费、出口许可费和进港费等。

二 水产养殖业

所罗门群岛进行水产养殖始于 20 世纪 60 年代后期。当时，为了收集高价值珍珠，澳大利亚投资者在舒瓦瑟尔省的沃贺纳岛上兴建了一家珠母贝养殖场，养殖当地特有的奥克兰珠母贝和白蝶珠母贝。该养殖场用袋状网具在野外收集白蝶珠母贝，在海底网箱养殖。由于当时珍珠价格低，这家养殖场在 70 年代中期关闭。

在 20 世纪 80 年代早期，所罗门群岛的水产养殖业成为重要产业。1983 年，澳大利亚投资者在距离霍尼亚拉约 25 千米的瓜达尔卡纳尔岛西海岸兴建了一家养殖场，养殖从澳大利亚进口的对虾幼苗。取得成功后，又在霍尼亚拉西部的罗纽兴建了第二家养虾场。随后，当地华人开始介入这一产业。

1984 年，国际水生生物资源管理中心①在霍尼亚拉以西的阿鲁里格（Aruligo）建立了沿海水产养殖中心，推动了所罗门群岛水产养殖业的发展。

在 20 世纪 80 年代，沿海水产养殖中心的研究成果推动了所罗门群岛巨蛤养殖的发展。巨蛤养殖场每年孵育出数以千计的幼蛤，巨蛤通过霍尼亚拉的中间商被出口至欧洲、美国、中国和日本。同时，还有少量的蛤壳及其手工艺品远销海内外。在 1997～2000 年间，出口了大约 5.1 万个蛤壳，出口额达 455606 所元。由于世界渔业中心的育苗场在 1999 年的种族冲突期间被毁坏，巨蛤养殖场被关闭。

尽管水产养殖业不是所罗门群岛的传统产业，而且养殖场主要由外国投资者兴建和经营，但是所罗门群岛政府已经注意到水产养殖业的重要性。为了推动水产养殖业的发展，所罗门群岛政府制定了水产养殖政策，即鼓励水产养殖，并推动当地居民参与；调查潜在的适合水产养殖的区域。1999 年，在欧盟的资助下，所罗门群岛开始实施新的海藻养殖计划。为了贯彻落实水产养殖政策，所罗门群岛政府在 2001 年成立了水产养殖局。水产养殖局的职能是，促进所罗门群岛水产养殖业的发展，推动本地居民参与水产养殖项目，向私营部门提供必要支持和确保水产养殖业可持续发展。

---

① 国际水生生物资源管理中心（ICLARM）是一家总部设在菲律宾的非营利组织。其主要宗旨是：（1）在渔业生产、管理、养护、销售等方面直接进行并协助他人进行研究，以帮助世界人民合理开发水产资源，满足营养和经济需求。（2）通过协调研究、教育和培训，开发和推广项目，提高水产养殖业和捕鱼业的效率。（3）通过改进农村小型自给型和市场化渔业，改善世界不发达地区人民的社会、经济和营养状况。（4）致力于发展劳动密集型产业以促进就业和发展能源低消耗产业。如今，国际水生生物资源管理中心已改名为世界渔业中心，其全球总部迁至马来西亚的槟榔屿。

为了推动水产养殖业的发展，水产养殖局采取了一系列措施。2002 年，在拉鲁马纳成立了海藻养殖者协会。同年，水产养殖局与政府渔业法律顾问合作起草了《2002 年水产养殖条例（草案）》。为了提高水产养殖业的生产能力，水产养殖局与国际组织加强了技术合作。水产养殖局与太平洋共同体秘书处、南太平洋大学和世界渔业中心建立了合作关系。世界渔业中心同渔业与海洋资源部已签署协议，继续以所罗门群岛为基地进行近岸资源研究。根据开发项目对环境友好、易于管理和资本要求低的标准，水产养殖局已经挑选并确定了优先发展的产品。

由于过度捕捞，海参、巨蛤和上层贝类等近海资源濒临枯竭。尽管水产养殖业不是所罗门群岛的传统产业，但是为了给沿海地区岛民寻找新的收入来源，自 2001 年成立以来，水产养殖局开始致力于推广海藻养殖项目。在水产养殖局的推动下，海藻养殖业得到迅速发展。2003 年，干海藻出口约 20 吨；2004 年，增至 250 吨；2005 年，增至 500 吨。

2005 年 7 月，在欧盟的资助下，所罗门群岛政府启动了为期三年的"所罗门群岛海藻养殖商业化计划"。同年 12 月，所罗门群岛政府开始严禁采捕和交易海参，这使得沿海岛民转而养殖海藻。海藻养殖业获得更大发展。

目前，海藻养殖场主要分布于拉鲁马纳、沃哈纳和马莱塔岛等地区。海藻养殖已使一些社区获益，增加了沿海地区岛民的收入，改善了他们的生活条件。海藻养殖成为所罗门群岛经济的新增长点。

所罗门群岛水产养殖业发展也存在许多问题。一是缺乏资金。由于所罗门群岛在 1998 年爆发民族冲突，许多养殖场被迫关闭，

养殖设施也被毁坏，因此大多数援助国不愿支持水产养殖业发展，甚至纷纷撤资。二是缺乏养殖技术人才。要想发展水产养殖业，引进养殖技术人才是亟须解决的问题；另外，也需要对水产养殖局的管理人员进行培训，加强该部门的能力建设。三是存在土地纠纷。土地纠纷严重制约了所罗门群岛的发展。在所罗门群岛，土地和礁盘大多根据习俗被确定所有权，政府也承认这种制度。因此，所罗门群岛的土地可以被分为按当地习俗拥有的土地和登记拥有的土地两类。约87%的土地属于前者，这些土地归部落、氏族或家族所拥有。

第五节　工业

一　电力工业

2010年，所罗门群岛电力装机容量为3.6万千瓦，列世界第197位；发电量为820万千瓦时，列世界第203位；耗电量为762.6万千瓦时，列世界第202位。所罗门群岛完全使用矿物燃料发电。

2013年，所罗门群岛电力局（SIEA）共发电81083兆瓦时，比2012年增长了8%；总销售额也显著增长，达11%。其中，家庭用电量猛增了71%，达到14161兆瓦时；政府用电量增长了19%，达到8761兆瓦时。但是，商业及其他用户的用电量有所下降，分别下跌了2%和5%，降至37727兆瓦时和814兆瓦时。这是因为一些用电大户有权自己发电。

2013年，为了提高发电能力和向霍尼亚拉提供可靠而高效的电力供应，所罗门群岛电力局为霍尼亚拉发电站安装了一台 1.5 兆瓦的新发电机，还在拉纳迪（Ranadi）和朗加（Lungga）之间架设了一条 33 千伏的新电缆。

为了进一步推动公共事业部门的发展，所罗门群岛政府制定了一套体制改革方案。根据上述方案，所罗门群岛电力局在 2013 年上调了电价。到 2013 年年底，家庭用电价格平均上涨了 2%，每千瓦时电从 5.96 所元涨至 6.10 所元，同时，商业和工业类用电价格也分别从 6.40 所元和 6.14 所元涨至 6.56 所元和 6.39 所元。与太平洋地区其他岛国相比，所罗门群岛的电价最高。因此，使用替代能源有助于降低电费开支。

矿产、能源和农村电气化部（Ministry of Mines, Energy and Rural Electrification）证实，2013 年底，蒂娜水电项目的筹备阶段，包括可行性研究、环境影响评价和传统土地确权已经完成。在 2014 年上半年，发布国际招标意向书。该项目预计将在 2017 年初完工。

二 采矿业

（一）地质调查

人们对所罗门群岛地质情况的关注可追溯到 1568 年。在那年，门达纳率领一支西班牙探险队来到此地。博物学家亨利·B. 格皮（Henry B. Guppy）在 19 世纪 80 年代就珊瑚礁的地质情况和所罗门群岛岛民的生活发表了多篇文章，并于 1887 年出版了一本内容翔实的著作。在 1890 年，查尔斯·M. 伍德福德（Charles M. Woodford）出版了一部介绍所罗门群岛的著作，其中就包括地质情况。1896 年，英国皇家地理学会会长福隆·冯·努尔贝克男爵率领一支奥地利地质考察团曾试图考察瓜达尔卡纳尔岛，但是由于遇到袭击，几乎全军覆没。

1927年，为了调查伦内尔岛的磷酸盐沉积物，悉尼大学的D. A. V. 斯坦利（D. A. V. Stanley）曾率领一支考察团对该岛进行过两次地质调查。20世纪30年代，瓜达尔卡纳尔岛金岭地区发现了数量可观的沙金。因此，从1931年起，人们在金岭地区开始小规模开采沙金。保护领政府将瓜达尔卡纳尔岛猎人角附近峭壁里的煤炭矿床，作为紧急备用储备。

1950年，保护领政府决定成立由J. C. 格罗弗任局长的地质调查局，负责保护领的地质填图工作。由于该局在1954～1955年获得了一笔额外资金，其编制得到扩充，人员包括3名地质学家、1名绘图员、1名秘书、3名所罗门群岛岛民助理和24名劳工。1961年，地理学家增至6人。1964年，对保护领地质和矿产资源的一级评估基本完成。勘测地质填图始于20世纪50年代，最终该局人员绘制了一份区域地质图，并撰写了多份相关报告。在20世纪50年代，为了寻找可供开采的硫化物和其他矿藏，地质调查局还利用联合国特别基金进行了一次航空地球物理调查。这次矿产调查完成于1968年。经过勘探，该局在伦内尔岛发现铝土矿，已探明铝土矿储量5800万吨；在贝洛纳岛发现磷酸盐矿，已探明磷酸盐储量1000万吨；在瓜达尔卡纳尔岛发现铜矿；在圣伊莎贝尔岛探明有镍和钴的矿床。私营矿业公司继续进行了详细勘探。地质调查局在20世纪70年代重新详细绘制了系统的地质填图，并坚持记录了地震活动情况。

舒瓦瑟尔镍矿是所罗门群岛北部舒瓦瑟尔省的一个大型矿，是所罗门群岛镍储量最大的矿之一。据估计，蕴藏有6350万吨矿石，品位达0.7%；可提炼44万吨镍金属。

目前，圣伊莎贝尔岛、恩格拉群岛和马基拉岛上的锰矿，伦内尔岛和瓦格赫纳岛（Vaghena）上的铝土矿，贝洛纳岛上的磷酸盐矿和圣豪尔赫岛（San Jorge）的镍矿已被开发。

（二）黄金开采业

所罗门群岛发现黄金的历史可以追溯到1568年。当年，门达纳探险队在瓜达尔卡纳尔岛马特波诺河口发现了沙金。1896年和20世纪20年代在瓜达尔卡纳尔岛所采集的矿物样品表明该岛蕴藏有大量的金和铜，这刺激了进一步的勘探活动。在1930～1931年间，昆士兰大学的植物学家S. F. 卡耶夫斯基（S. F. Kajewski）发现了宜于开采的金矿。

所罗门群岛对黄金的开采始于1930年。不过，直到1938年，才开始有开采记录。二战期间，开采工作被迫停止。在20世纪30年代末，西太平洋高级专员公署试图鼓励昆士兰矿业巨头和政治家E. T. 西奥多在瓜达尔卡纳尔岛投资，但没有成功。但是，西奥多在1941年创建了所罗门群岛金矿勘探公司，并获得在瓜达尔卡纳尔岛进行勘探的授权。由于日军入侵，该公司的勘探工作被迫暂停。1946年，该公司撤离了所罗门群岛，并将金矿留给了淘金者。根据1938～1980年的不完全记载，所罗门群岛在此期间共生产黄金295.8千克。开采活动主要在戈尔德里奇及其周边地区。

1960年，澳大利亚的石油勘探股份有限公司（Oil Search Ltd.）对瓜达尔卡纳尔岛平原进行了调查；但是，没有进行进一步勘探。不过，此次调查扩展了已知的采金区。1974年，英属所罗门群岛保护领政府将金岭的勘探权租给了CRA勘探股份有限公司。

在20世纪八九十年代，先后有多家公司接手开发金岭金矿。从1998年起，澳大利亚的罗斯矿业公司开始露天开采金岭金矿。

据估计，金岭金矿蕴藏有 130 万吨金矿石，预计可开采 13 年，年产黄金 10 万盎司。但是，2000 年，该公司在金岭的设备被洗劫一空，矿山被迫关闭。

2003 年，金岭金矿被澳大利亚所罗门黄金公司收购。2010 年，又被联合黄金公司收购。随后，联合黄金公司对金岭金矿进行了重建，并于 2011 年 3 月恢复了生产。2012 年 8 月底，澳大利亚圣芭芭拉股份有限公司收购了联合黄金公司。金岭金矿是所罗门群岛唯一投入生产的矿，该矿的产值约占所罗门群岛国内生产总值的 20%。2014 年 4 月，由于洪水泛滥，圣芭芭拉股份有限公司关闭了金岭的矿井。

2013 年，所罗门群岛出产黄金 58690 盎司，比 2012 年下降了 13%。产量之所以下降是因为第一季度天气恶劣和年初对金矿的整修。此外，还与土地纠纷有关。

黄金的平均国际价格在 2013 年继续下跌，降至每盎司 1412 美元，与 2012 年同期相比，下跌了 15%。尤其是在第四季度，价格跌至 2010 年第三季度以来的最低点，为每盎司 1272 美元。同样，白银的平均国际价格也连续两年走低，在 2013 年降至每盎司 24 美元。黄金和白银价格的下跌，影响了金岭矿业有限公司的营利能力，并迫使该公司为维持经营而削减成本。

在就业方面，金岭矿业有限公司在 2013 年裁员 8%，员工数量从 2012 年的 910 名降至 840 名。尽管员工人数下降，金岭矿业有限公司仍然是该国第三大企业，仅次于瓜达尔卡纳尔岛平原棕榈油有限公司和索尔金枪鱼有限公司。

矿务局迄今已颁发了三份采矿许可证。除了金岭矿业有限公司之外，其他两家公司尚未开始运作，而且许可证已经过期。在 2013 年，不仅勘探许可证申请出现下降，而且主要勘探公司也收缩了其业务。为了推动该国采矿业的发展，所罗门群岛政府对《矿业和能源法案》进行了审查。

采矿业的发展仍面临着许多挑战，如矿区非法淘金活动，不断发生的土地纠纷，高税率和高开采成本。由于缺乏充足的资金和人力资源，矿务局无法有效地开展工作。

三 制造业

由于国内需求持续保持旺盛，制造业指数在 2013 年上涨了 6%，升至 207 点。所有工业产品都呈现增长态势，尤其是食品、饮料、酒和烟草等。出口商品制造业产值增长了 2 倍多，供国内销售的工业产品增长了 11%。2013 年，所罗门群岛政府批准了四项与制造业有关的外国直接投资申请。其中，两项涉及食品制造业，另外两项涉及纺织工业。

四 建筑业

由于得到政府和捐助国投资项目以及私营部门的支持，建筑业在 2013 年继续保持了增长势头。政府将建筑工程外包给私营部门，从而推动了建筑业的发展。2013 年政府批准了 14 个外资建设项目，进一步推动了建筑业的发展。

霍尼亚拉市议会 2013 年所颁布的各种许可证增加了 13%，达到 128 份。其中，住宅许可证最多，占 52%。以价值计算，2013 年许可证总值下降 9%，为 1.17 亿所元；而 2012 年为 1.28 亿所元。这主要受到商用许可证和其他许可证价值下跌的影响。另一方面，住宅许可证的价值显著增长 80%，达到 5500 万美元。

在政府项目方面，2013 年开始施工的重要公共基础设施项目

包括公路、机场和综合性基础设施的建造和改造，这些项目促进了建筑业的发展。

第六节　商业与服务业

一　交通运输业

截至 2011 年，所罗门群岛有 1390 千米公路；其中，柏油路 34 千米，未铺柏油路 1356 千米。

截至 2013 年，所罗门群岛有 36 座飞机场。其中，铺砌跑道机场 1 座；未铺砌跑道机场 35 座。在未铺砌跑道机场中，具有 1524～2437 米跑道的机场 1 座，具有 914～1523 米跑道的机场 10 座，具有 914 米以下跑道的机场 24 座。有 3 座直升机机场。国际航班运营商主要有巴布亚新几内亚航空公司和瑙鲁航空公司，澳大利亚航空公司与所罗门群岛航空公司也有联营的国际航班。

主要海港有霍尼亚拉港、马洛哥湾港、维鲁港、图拉吉港。与澳大利亚、日本、新加坡和其他太平洋岛国及中国台湾和香港等地区有海运联系。有定期的海上运输货轮通往澳大利亚、新西兰、巴布亚新几内亚、日本、中国香港和欧洲。

在 2013 年，交通运输业获得快速发展。航空客运量在 2013 年增长了 7%，从 2012 年的 118929 人次增至 126916 人次。航空业的发展，一方面得益于航空服务的改善，另一方面与该国在 2013 年主办的一系列项目、活动和商务会议密不可分。由于在 2013 年交易活动极其活跃，所罗门群岛港务局（Solomon Islands Ports Authority）所处理的总货运量增长了 5%，达到 730127 吨。

在多边捐助机构的支持下，所罗门群岛政府利用国家运输基金（National Transport Fund）的可利用资源，完成了对全国各地的基础设施项目的维护和建设工作。到2013年年底，西部省、中部省、马莱塔省、瓜达尔卡纳尔省和舒瓦瑟尔省的五个码头完工。这些码头，连同国家运输基金资助修建的桥梁和道路，极大地推动了运输业的发展，并对其他经济部门产生积极的溢出效应。

在国内航运业方面，2013年共有196艘船只登记，并向诸岛提供服务。其中，有8艘船只在特许经营运输计划的支持下，负责经营该国非营利偏远航线。特许经营计划得到亚洲开发银行的资助。

二　通信业

所罗门群岛的互联网国家代码为".sb"。在2012年，有联网主机4370台，列世界第148位。在2009年，有互联网用户1万户，列世界第201位。

电信行业在2011~2012年间获得了飞速发展。2012年，所罗门群岛拥有电话运营主线8060条，列世界第203位；拥有移动电话302100部，列世界第175位；每百人拥有50部移动电话。在2011年，有卫星地面接收站1座。2013年，电信业发展势头趋缓。截至2013年底，移动用户在2012年剧增93%之后仅增加了7%，达到323105户。2012年出现剧增是因为基数相对比较低。

通信业之所以取得如此巨大的进展，是与运营商为提高联通度和网络覆盖率积极推动多年发展计划分不开的。各运营商都计划在全国修建更多的信号塔。

其他相关行业已经利用手机技术提升了服务。银行在手机银行和营业网点银行业务中使用了手机技术。气象局和海事局通过短信

向公众发布天气和船舶情况报告。

海底电缆工程仍在进行中。同时，所罗门海洋电缆公司（Solomon Oceanic Cable Company），连同中央政府和捐助伙伴，都对在 2014 年达成的协议充满信心。该项目有助于降低通信费用，增强该国通信服务的速度和可靠性。

三　旅游业

旅游业是所罗门群岛经济最具发展潜力的行业之一。1999 年，由于所罗门群岛国内爆发民族冲突，旅游业严重衰退。在 20 世纪 90 年代，国际访问者数量年均约 1.2 万人次。但是，在 21 世纪的头五年里，国际访问者数量锐减，除 2003 年外，每年不到 6000 人次（见图 4 - 7），而且大多数不是游客，而是商人、国际救援人员和驻所罗门群岛区域援助团的职员。从 2005 年开始，访问者或游

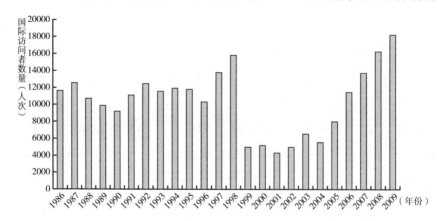

图 4 - 7　1986 ~ 2009 年前往所罗门群岛的国际访问者数量

资料来源：《所罗门群岛统计年鉴》、所罗门群岛中央银行年度报告和所罗门群岛观光局。其中，1999 年、2001 年、2002 年和 2005 年的数据为估计数字。参见 Solomon Islands National Statistical Office, *Report on Economic Activity and Labour Force*, 2009, p. 12。

客的数量开始平稳增长，并恢复到早期水平。这是所罗门群岛观光局不断推广的结果，也与抵达霍尼亚拉的航班数量增加以及酒店业的发展密不可分。从事酒店业的人中，大多数集中于霍尼亚拉和西部省。

2013 年，乘飞机抵达所罗门群岛的旅客数量下跌 1%，降至24124 人。但是乘轮船到所罗门群岛旅游的旅客比 2012 年有所增加，增至 2774 人。由于资本投资和运营多元化，各种居住设施，包括旅馆、度假村和疗养院，进一步增加并得到完善。旅游业出现欣欣向荣的局面。

据《国际游客调查报告》（*International Visitors Survey*），在前往所罗门群岛的游客中，来自澳大利亚的游客约占一半（46.3%）；其次是来自亚洲的游客，占 11%；来自巴布亚新几内亚和其他太平洋岛国的游客各占 8%；其余的为来自其他国家的游客。在所有到访的游客中，有 41% 的游客是被所罗门群岛的传统文化吸引，有 36% 的游客是被当地人的友好吸引。就休闲活动而言，有 38% 的游客是为了游泳和潜水；有 30% 的游客是为了观光和文化旅游。有 50% 以上的游客，尤其是前往所罗门群岛度假和进行商业活动的游客，选择入住旅馆和度假村；有16% 的游客，主要是到所罗门群岛拜访家人和亲戚，选择住在私人住所；有 12% 的游客选择入住招待所和提供"住宿加早餐"的简易旅馆。游客平均停留时间为 15 天，每天平均开支 1410 所元。

在捐助伙伴的支持下，所罗门群岛政府承诺，为了促进旅游业的中长期发展，将建设一批重要的基础设施项目。这些重点项目包括升级蒙达机场，在全国各地修建公路、桥梁和码头。

第七节　财政与金融

一　政府财政

尽管 2013 年年初进行重大政策调整而面临巨大的预算外支出压力，但是由于削减了大量开支，所罗门群岛政府在 2013 年仍出现 1.33 亿所元的财政盈余。国债连续七年下降，在 2013 年，从 2012 年的 10.23 亿所元降至 9.49 亿所元。在 2012 年年底，债务占其国内生产总值的 17%，在 2013 年年底为 15%。债务数额逐渐减少，表明政府有能力偿还债务本息。

（一）收入

在 2013 年，由于预算支持和发展资助出现赤字，总收入比预算减少了 10%，为 31.93 亿所元。然而，占总收入 86% 的国内收入比预算增加了 3%，为 27.59 亿所元。与 2012 年相比，总收入增长了 8%，这是因为在 2013 年第四季度税收显著增长。这得益于国内税收和非税收入超出预期，超过了关税和货物税收入所产生的赤字。

2013 年，赠款占总收入的 14%，较上年同期增长了 7%，为 4.34 亿所元。尽管如此，赠款收入仅完成了预算的 50%。这是因为经常性资助和发展资助出现下降，经常性资助比预算减少了 53%，发展资助减少了 41%。

2013 年，经常性资助来自澳大利亚、新西兰、亚洲开发银行、联合国国际儿童教育基金会、联合国开发计划署和世界卫生组织。其中，澳大利亚计 2.03 亿所元；新西兰计 6300 万所元；亚洲开发银行计 3600 万所元；联合国国际儿童教育基金会、联合国开发计划署和世界卫生组织，计 700 万所元。卫生部从澳大利亚的经常性资助中获得了 52%，计 1.05 亿所元；教育部获得 26%，计 5300万所元；财政部获得 21%，计 4300 万所元；警察与国家安全部获得 1%，计 200 万所元。教育部获得了新西兰的全部经常性资助。财政部获得了亚洲开发银行的全部经常性资助。

2013 年，发展资助来自巴布亚新几内亚、澳大利亚和中国台湾。其中，巴布亚新几内亚占 51%，计 6300 万所元；中国台湾占42%，计 5300 万所元；澳大利亚占 7%，计 800 万所元。从巴布亚新几内亚提供的发展资助中，发展计划与援助协调部和基础设施发展部各获得 2000 万所元，卫生部和教育部各获得 1000 万所元，乡村发展部获得 300 万所元。财政部获得了澳大利亚的全部发展资助。在中国台湾提供的发展资助中，乡村发展部获得了 4300 万所元，作为农村选区发展基金；教育部获得了 1000 万所元。

（二）支出

2013 年，由于开发支出激增和经常性支出增加 12%，政府支出比 2012 年上升 16%，共计 29.77 亿所元。其中，资本支出 7.24亿所元，经常性支出为 22.53 亿所元。

二　金融业

所罗门群岛政府一直非常重视金融业在促进经济社会发展中的作用，不断通过采取立法、提供资本等措施积极推动金融业的发展。所罗门群岛的金融体系分为四级。第一级为所罗门群岛中央银行（The Central Bank of Solomon Islands，CBSI），负责制定货币政策。第二级为商业银行。第三级包括非银行实体的所罗门群岛国家公积金（Solomon Islands National Provident Fund，SINPF）、所罗门群岛开发银行（Development Bank of Solomon Islands，DBSI）、家庭金融公司（Home Finance Corporation，HFC）和信用社。第四级包括所罗门群岛投资公司（The Investment Corporation of Solomon Islands，ICSI）、工会和保险公司，以及资金转移机构和特许货币兑换局。

（一）所罗门群岛中央银行

所罗门群岛中央银行的前身系成立于 1976 年的所罗门群岛货币银行。根据《中央银行法》（The Central Bank Act），所罗门群岛成立了所罗门群岛中央银行。该法规定，所罗门群岛中央银行独立于政府，负责制定所罗门群岛的货币政策和汇率政策，以确保国民经济各部门的平衡发展和促进金融稳定。同时，所罗门群岛中央银行在国民经济管理中也发挥了重大作用。根据 1998 年通过的《金融机构法》（The Financial Institutions Act），所罗门群岛中央银行获得了监督管理权，这使它能够监督特许金融机构和众多的非银行实体。根据 2002 年 8 月发布的《强制治理令》 （The Necessary Government Orders），其对非银行实体的监管进一步加强。这使得所罗门群岛国家公积金、所罗门群岛开发银行也处于其监督之下。

（二）商业银行

在所罗门群岛独立之初，其金融体系只包括商业银行。它们主要是澳大利亚联邦银行（The Commonwealth Bank of Australia）和香港（上海）汇丰银行有限公司（The Hongkong and Shanghai Banking Company）等的分支机构。后来建立了澳新银行（The ANZ Bank）、西太平洋银行（Westpac Bank）和南太平洋银行（Bank of South Pacific）。后者被唯一在本地注册的银行所罗门群岛国家银行

（The National Bank of Solomon Islands） 接管。商业银行主要在首都霍尼亚拉地区开展业务，但是它们也在一些省设立了分支机构。

（三） 所罗门群岛开发银行

所罗门群岛开发银行在农村发挥了重要作用。它的业务一直主要集中于农业领域，促进了所罗门群岛农业的发展。在所罗门群岛农民、商人和妇女中发挥了重要作用，因为他们没有担保物而无法向商业银行贷款。

1994 年，所罗门群岛中央银行控制了所罗门群岛开发银行的运营。由于管理不善，所罗门群岛开发银行资不抵债，无力偿还其债务。为了确保存款人的利益得到保障和维持金融体系的稳定，所罗门群岛中央银行接管了该银行。组建开发银行的主要目的是向农业部门提供贴息贷款以促进农业发展。这是为了改善农民的生活境况，政府进行的典型干预。

（四） 家庭金融公司

1990 年，为了向购买中低价住宅的居民提供贷款，政府组建了家庭金融公司。所罗门群岛国家公积金和亚洲开发银行，以及因销售新建成房地产而获得的资金，提供了额外的资金。由于缺乏资金，家庭金融公司停止了贷款业务，在 2007 年，政府同意将其卖给所罗门群岛国家公积金。在许多太平洋岛国，住房常常是重要的社会福利问题，这类贷款机构也常常是提供廉价房屋的媒介。

（五） 所罗门群岛国家公积金

在所罗门群岛国家公积金成立之前，许多工人在返回故乡时几乎身无分文，或者在其职业生涯结束时只有少量积蓄。结果，其家庭大部分陷入绝望，没有保障。在认识到工人们所面临的上述困难后，政府认为有必要对此给予重视。在经过慎重考虑和评估后，管理委员会在 1970 年 11 月 27 日通过了一项决议，采纳了管理委员会委员安东尼·萨鲁提出的一项储蓄计划。

在此基础上，议会又于 1976 年 4 月通过了《1976 年所罗门群岛国家公积金法》。同年 10 月，所罗门群岛公积金开始实际运行。所罗门群岛公积金是根据《1976 年所罗门群岛国家公积金法》制订的一项社会保障计划。《1976 年所罗门群岛国家公积金法》规定，所有受雇者或工人必须通过其雇主向所罗门群岛公积金缴费。所罗门群岛公积金归属财政部管理，由董事会负责制定政策和决策。董事会成员由财政部部长任命，任期三年。总经理由董事会任命，负责该基金日常事务的管理和决策。

目前，所罗门群岛国家公积金是所罗门群岛最大的接受监管的金融机构，占全国金融体系金融资产的 37%。由于所罗门群岛国家公积金地位至关重要，所罗门群岛中央银行对其监管极其审慎。2013 年，所罗门群岛国家公积金的总资产增长了 56%，达到 24.67 亿所元。其收益创纪录地暴涨 509%，达到 8.4 亿所元。

（六）所罗门群岛投资公司

所罗门群岛投资公司一开始被称为政府资产管理局（The Government Shareholding Agency），组建于 1977 年，帮助政府投资重大商业企业。在 1988 年，该公司更名为所罗门群岛投资公司，但是仍保留了其主要的功能。

通过所罗门群岛投资公司，政府拥有诸如所罗门航空公司（Solomon Airlines）和萨萨普·玛日那有限公司（Sasape Marina Ltd.）等企业百分之百的股份；它还保留有所罗门群岛种植园有限公司（Solomon Islands Plantations Ltd.）、国家航运服务公司（National Shipping Services）、所罗门电信公司（Solomon Telekom）、科罗帮格拉森林产品有限公司（Kolobangara Forest Products Ltd.）和索泰渔业公司（Soltai Fishing）的股份。上述公司大多数长期亏损，但是，所罗门电信公司、科罗帮格拉森林产品有限公司和索泰渔业公司一直在提高其自身的赢利能力。所罗门群岛投资公司的资金来自其存款和所罗门群岛中央出售的股份。

三 保险业

2013 年，保险业总资产为 1.244 亿所元，比 2012 年增加 690 万所元。总负债增长了 10%，达到 4930 万所元。由于留存收益增长，资本增加 13%，达到 7510 万所元。

2013 年，保险机构共收保费 6890 万所元，比 2012 年增长 41%。由于保费总额显著增长，保险业税后净利润增至 1830 万所元（见表 4-4）。

表 4-4　2010~2013 年所罗门群岛保险业损益情况

单位：万所元

	2010 年	2011 年	2012 年	2013 年
保费总额	6060	6000	4870	6890
再保险金额	1600	1440	900	1580
保费准备金	160	-30	380	200
净赚保费	4300	4590	3590	5110
保费支出总额(包括理赔额)	1250	1530	1080	1500
承保收入	3040	3060	2510	3610
管理费用	580	660	620	830
非承保收入	200	130	-6	30
税前净利润	2660	2530	1890	2810
税后净利润	1680	1600	1230	1830

资料来源：《2013 年年度报告》，所罗门群岛中央银行。

第八节　国际收支

一　国际收支概况

由于外汇储备总额增长再创 2009 年以来的历史新高，所罗门群岛 2013 年国际收支状况得到改善。由于出现 4.31 亿所元净交易流入，所元兑美元和澳元坚挺促使汇率损失减少，外汇储备总额比 2012 年增长 7%，达到 39.09 亿所元（见表 4–5）。这使得所罗门群岛能够支付 11.2 个月的商品和服务进口。

尽管在 2012 年出现 7.17 亿所元净盈余，但是受货物贸易、服务贸易和主要收入出现赤字的拖累，第一季度和第三季度分别出现了 1.64 亿所元和 7800 万所元的净赤字，2013 年经常账户和资本账户出现 6400 万所元净赤字。然而，净赤字被外国直接投资弥补，没有损耗外汇储备总额。这反映在国际收支账户的抵消账户上，尤其是金融账户。金融账户显示，尽管在 2012 年有 5.06 亿所元的贷款净额，但在 2013 年仍有 2000 万所元的借款净额。

2013 年，尽管第二收入出现 7.5 亿所元盈余，但是主要收入、服务贸易和货物贸易出现 14.18 亿所元赤字，因此，经常账户出现 6.68 亿所元赤字，相当于所罗门群岛国内生产总值的 9%。不过，经常账户赤字被外国直接投资和捐赠国资本流入填补。经常账户赤字意味着国民投资上升，而国民储蓄相应下降。这主要是因为，私营部门加大了国内投资的力度，促使其国内储蓄相应减少。两者间的差额约占国内生产总值的 11%。为此，私营部门的国外母公司通过再投资收益、资本投资和公司间债务提供补充资金。在公共部门方面，其投资力度下降，储蓄上涨，因为捐赠国在一般预算支持和资本投资项目上发挥了关键作用。2013 年政府预算盈余约占国内生产总值的 2%。

表 4 - 5　2011 ~ 2013 年所罗门群岛国际收支概况

单位：百万所元

	2011 年	2012 年	2013 年
经常账户与资本账户净额	76	717	- 64
金融账户净额	- 203	506	- 20
净误差与遗漏	- 279	- 211	44
期末官方储备	3034	3668	3909

资料来源：《2013 年年度报告》，所罗门群岛中央银行。

二　进出口概况

2013 年，货物贸易与 2012 年相比大幅下降，出现 1.68 亿所元逆差。出口额同比下降 11%，降至 32.12 亿所元，进口额增长 3%，达到 33.80 亿所元（见表 4 - 6）。

表 4 - 6　2011 ~ 2013 年所罗门群岛货物贸易情况

单位：百万所元，%

	2011 年	2012 年	2013 年
货物贸易余额	- 46	347	- 168
出口总额（离岸价格）	3174	3628	3212
进口总额（离岸价格）	3220	3281	3380
贸易总额	6394	6909	6592
贸易总额占名义国内生产总值比	103	103	90

资料来源：《2013 年年度报告》，所罗门群岛中央银行。

（一）出口

出口部门表现疲软主要是因为出口量下降，尤其是在 2013 年的前三个季度，以及 2013 年国际市场商品价格下跌。但是，受原木和鱼类产品出口增长强劲的影响，第四季度出口出现反弹，增至 8.91 亿所元，进口为 8.56 亿所元，2013 年货物贸易出现 3500 万所元顺差。

与 2012 年相比，原木出口收入下降 4%，降至 15.52 亿所元。这主要是因为 2013 年中国大陆的需求下降，导致国际市场原木价格下跌和原木出口量下降。总的来说，原木仍是所罗门群岛最重要的出口货物，占 2013 年出口总额的 48%。90% 以上的原木被出口到了中国大陆。锯材出口下降了 14%，降至 8100 万所元，扭转了近年的上升趋势。这一时期，锯材价格平均下跌 2%，降至每立方米 853 美元。木材收入占 2013 年总出口额的 3%。

矿产出口收入在 2013 年下降 27%，跌至 6.24 亿所元。这是因为国际市场需求放缓导致黄金价格下跌。2013 年黄金产量下降使得黄金出口量下降 13%，降至 58690 盎司。这源自矿业公司所面临的生产率问题、设备更新和天气状况恶劣等因素。矿产仍是第二大出口商品，占 2013 年出口总额的 20%。主要出口到澳大利亚。

与 2012 年相比，鱼类出口收入在 2013 年增长 7%，增至 4.53 亿所元。这主要是因为金枪鱼腰肉出口增长 82%，达到 2.99 亿所元，占 2013 年鱼类出口总额的 66%。这是因为大型鱼类加工企业索尔金枪鱼股份有限公司在 2013 年下半年提高了生产能力。由于其他太平洋岛国需求增长，金枪鱼罐头出口收入增长了 16%，达到 4100 万所元。同时，冷冻金枪鱼出口下降了 49%，降至 1.13 亿所元，这是因为鱼类价格下跌和出口量下降，一半以上的渔获物是在国内进行加工的。总的来说，鱼类出口在 2013 年占出口总额的 14%。腰肉主要被出口至欧盟，冷冻金枪鱼被出口至泰国，罐装金枪鱼被出口至斐济、瓦努阿图等太平洋岛国。

由于受国际市场商品价格疲软的影响，出口合同价格下跌，棕榈油和棕榈仁油出口额在 2013 年下降 19%，降至 2.25 亿所元。棕榈油出口总量增长 1%，达到 34822 吨；其中，天然棕榈油占 90%，棕榈仁油占 10%。总的来说，棕榈油和棕榈仁油出口收入占 2013 年出口总额的 7%。大约 42% 的棕榈油和棕榈仁油出口至荷兰，28% 出口至英国，24% 出口至西班牙。

由于椰肉干合同价格下跌和椰肉干产量下降，椰肉干和椰子油出口收入在 2013 年下降了 48%，降至 6600 万所元。其中，椰肉干出口收入约占 65%；由于下游加工能力提升，椰子油的出口收入比 2012 年增长 7%，增至 35%。此外，由于产量下降和将椰肉干转化成高附加值椰子油的能力提升，椰肉干出口量下跌了 47%，降至 14355 吨。与此同时，尽管椰子油价格下跌，由于出口量增加，椰子油出口收入在 2013 年翻了一番多，从 2012 年的 900 万所元增至 2300 万所元。椰肉干和椰子油约 62% 出口至菲律宾，14% 出口至澳大利亚。

由于可可合同价格上扬和出口量增加，2013 年可可出口收入比 2012 年增长 5%，达到 6900 万所元。约 70% 的可可出口至马来西亚，29% 出口至印度尼西亚。可可出口收入占总出口收入的 2%。

其他出口收入增长了 50%，达到 6400 万所元。这主要是因为在第二季度和第三季度一次性出口了海参产品。再出口降至 3800 万所元，这是由于 2012 年曾一次性向国外转让二手机械设备。再出口还包括废金属和被再出口至其他太平洋小岛国的商品。

（二）进口

由于一直依赖进口和国内对进口需求强劲，几乎所有进口类别都呈现上升趋势，因此，进口总额（离岸价）比 2012 年增长 3%，达到 35 亿所元。所罗门群岛的大部分进口来自澳大利亚、新加坡和中国大陆。

由于汽车制造业、采矿业、伐木业和电业所需一般工业机械，通信业所需设备进口增加，2013 年机械和运输设备类进口额比2012 年上升 7%，增至 9.78 亿所元。机械和运输设备类进口所占份额最大，达到进口额的 26%。

矿物燃料和润滑油类进口增长 7%，达到 9 亿所元，占 2013 年进口额的 24%。其中，燃料占 90%，润滑油和其他石油产品占10%。为满足当地居民生活与国内经济和工业活动日益增长的需求，燃料进口增加。随着全球原油价格下跌，再加上所元兑美元升值，进口商得以进口更多燃料。所罗门群岛进口的燃料来自新加坡，而润滑油和天然气来自澳大利亚和马来西亚。

由于国内需求强劲，2013 年粮食进口增加了 6%，达到 7.25 亿所元，占总进口额的 19%。初级产品进口比 2012 年增长 3%，达到5.22 亿所元，占进口总额的 14%。化学药品增长了 2%，达到 2.77亿所元。饮料和烟草类进口从 2012 年的 5500 万所元微增至 5600 万所元；原材料进口从 3700 万所元微增至 4800 万所元；动物与植物油脂进口从 1600 万所元微增至 1800 万所元。同时，杂类进口从 2.51亿所元降至 2.16 亿所元，未分类商品进口从 4200 万所元降至 500 万所元。

第五章

社会与文化

　　与大多数国家一样，所罗门群岛政府也负责提供国家层次上的社会服务。然而，与发达国家相比，在所罗门群岛广大的乡村地区，社会福利的提供仍然保留了传统的社会制度。自成为英国殖民地以后，历届政府一直负责提供医疗卫生和教育等公共服务，此外，教会也提供上述公共服务。教会的参与虽然很重要，但是由于缺乏能力和资金，因此非常有限。虽然在20世纪六七十年代，社会服务中最主要的两项公共产品是教育和医疗卫生，但是在独立后，其他领域也成为政府关注的焦点。在20世纪六七十年代，政府在社会领域提供的服务受到诸如国家地理环境和缺乏资金与技术工人等因素的限制。由于政府不断强调社会领域的改革，在20世纪八九十年代和进入21世纪之后，形势得到改善。

第一节　国民生活

一　贫困问题

　　20世纪90年代初进行的家庭收支调查的结果显示，所罗门群岛家庭收入不均衡。这在城市中心更加明显。在城市中心，1%的家庭拥有总收入的50%。进入21世纪后，收入不平等没有明显改善。

衡量收入和支出集中度的基尼系数显示了所罗门群岛收入不平等的广泛性。如果收入分配平等，基尼系数等于0；如果所有收入归于一个人，其他所有人都没有收入，基尼系数等于1。2006年所罗门群岛的基尼系数是0.361，城市的基尼系数为0.286，乡村的基尼系数为0.316（见表5-1）。这表明，所罗门群岛存在广泛的收入不平等问题，农村地区的不平等比城市更严重。尽管进行家庭收入调查是为了衡量收入不平等，但是，这很难做到，因为大多数人无法通过他们的活动赚到现金，而且很多人依靠半自给性的生产维持生计，这很难确定其货币价值。因此，人类贫困指数（HPI）是成熟的，它包括了各种其他赤贫标准。

表5-1 2006年所罗门群岛全国及城市和乡村地区年度总支出的基尼系数

所罗门群岛	城市	乡村
0.361	0.286	0.316

资料来源：所罗门群岛政府，2006。

根据联合国开发计划署1999年发表的《太平洋地区人类发展报告》，与大多数太平洋岛国相比，所罗门群岛的人类贫困指数值表现不佳。所罗门群岛的人类贫困指数值为49.1，是该地区表现最差的国家之一，另外两个是其美拉尼西亚人邻居——瓦努阿图和巴布亚新几内亚，这两个国家的评分分别为46.6和52.2。与诸如纽埃、汤加和库克群岛等太平洋岛国相比，所罗门群岛的人类贫困指数值是差的，这些国家的人类贫困指数分别为 4.8、5.9 和 6.1。所罗门群岛的人类贫困指数值表明在其国内贫困具有普遍性。在某些方面，该国的贫困问题非常严重。

自所罗门群岛承诺实现千年发展目标以来，这些目标提供了衡量其进展的指标体系。千年发展目标承诺消除极端贫困和饥饿，其首要目标是在 1990～2015 年间实现每天收入低于 1 美元的人口减少一半。

虽然在种族冲突之后，所罗门群岛经济有所增长，但是联合国开发计划署的《2008 年贫困分析》显示，所罗门群岛 8.7% 的人口处于食物贫困线（FPL）以下，同时，所罗门群岛 22.7% 的人口处于基本需求贫困线（BNPL）以下。然而，实际贫困水平可能会比联合国开发计划署的数字要低。上述分析还表明，有许多家庭的开支刚好超过贫困线，因此，这些家庭容易受到粮食价格上涨和收入下降的冲击。所罗门群岛政府对贫困状况所做的分析认为，打破贫穷的恶性循环需要在城市和农村地区增加就业和赚钱机会，改善基础教育。

二 就业问题

所罗门群岛的就业人数一直受到人口增长率的影响。在 1970 年，其人口为 160998 人；到 1999 年，增至 409042 人。1970～1986 年间，人口增长率为 3.5%；1986～1999 年间，人口增长率为 2.8%。人口增长也影响了人口的年龄结构。对于计划制定者而言，14 岁以上人口是一个非常重要的类别，因为其是该国劳动力的主要来源。

在 20 世纪 60 年代，由于该国经济处于发展初期，基础工业部门作为经济活动的中心，成为主要的就业岗位来源。由于越来越多的投资者投资于其他经济部门，在所罗门群岛独立前后，就业机会总的来说一直在增加。

自 1960 年以来，除了 1968 年、1987 年、1995 年和 1997 年之外，就业人数逐年攀升。尽管得不到 1999～2006 年间的数据，但是鉴于种族冲突导致许多大公司停业，因此 1999～2002 年间的就业人数会有所减少。

第一产业，包括农业、林业和渔业，一直是该国劳动力的主要就业部门。在 1960 年，第一产业创造的就业机会占总就业机会的半数以上，尽管此后第一产业提供的就业机会不断缩减，但与其他行业相比，仍然很大，在 1998 年，占了就业机会的 21%。公共部门对就业总人数的贡献一直非常可观，大部分就业机会是由私营部门创造的。在 1960～1970 年间存在的一些就业机会反映了其经济发展水平。例如，在此期间，家政工人占劳动人口相当大的比例。这表明，在其他部门，就业机会很少，而且受教育率依然很低。

在 1976 年、1986 年和 1999 年人口普查时，劳动年龄人口总数分别为 100891 人、156327 人和 249168 人。积极参与经济活动的人口，在 1976 年为 21454 人，在 1986 年为 133498 人，在 1999 年为 218695 人。不过，在上述三次人口普查时，正式被雇用的人分别只有 13690 人、24026 人和 39761 人，因此，那些在正规部门就业的人只占了积极参与经济活动的人的一小部分。这也表明，在上述三年中，受雇于正规部门的人分别只占劳动总人口的 14%、15% 和 16%，大部分劳动人口没有被充分利用。根据 1976 年、1986 年和 1999 年人口普查公布的数据，大部分人在从事没有报酬的工作。1970年人口普查的数据表明，只有约28%的人没有有薪工作；1999年人口普查的数据表明，大约有40%的人在从事有薪工作。

在20世纪90年代末和21世纪初，经济停滞导致了严重的失业，男性失业率超过40%。2007年，劳动人口为307800人。其中，只有57472人（18.7%）是在正规部门就业，250328人（81.3%）就业不足或失业。国家青年政策（NYP）估计，青年失业人数高达约60000人（15%）。年轻人的高失业率转化为严重的社会问题，如犯罪。此外，由于农村就业机会的减少，导致城市化速度加快，这在城市地区造成了新的社会问题。

2013年，由于经济增速放缓，劳动力市场在2012年强劲增长之后增速趋于缓和。各种指标也表明2013年就业增长放缓。所罗门群岛国家公积金的各种就业指标显示，2013年，如期和延期主动缴纳公积金人数温和增长3%，达到47785人。

公积金缴纳人数增长放缓显著的行业有建筑业、伐木业、教育业、酒店业、餐饮业和零售业等。公积金缴纳人数在2013年年底与上年持平的行业有农业、采矿业、制造业、渔业和交通通信服务业等。然而，在公共管理等社会服务部门，公积金缴纳人数也呈现出增长放缓的趋势。

由于劳动力市场表现稳健，所罗门群岛中央银行2014年年度行业讨论会认为，私营企业就业人数在2013年上涨了1%。公共服务部也报告说，公共部门的职工总数从2012年的15011人增至2013年年底的16603人。

所罗门群岛中央银行调查显示，2013年，岗位空缺增加了12%，达到1747个。其中，上述增长主要源自教育部门，其次是公共部门和捐赠国的岗位空缺，其他社会服务和交通通信部门也有一定数量的岗位空缺。

季节工项目在 2013 年也为所罗门群岛岛民提供了就业机会。外交和通商部所提供的统计数据显示，2013 年前往澳大利亚和新西兰工作的工人数量达到 458 人，而 2012 年为 450 人。其中，澳大利亚的季节工项目提供了 42 个就业岗位，新西兰的季节工项目提供了 416 个岗位。

与其他太平洋岛国相比，在社会政策制定和向社区提供适当福利计划方面，所罗门群岛所取得的进展是缓慢的。所罗门群岛社会发展缓慢有如下几个原因。

首先，所罗门群岛的经济发展水平起点非常低。尽管所罗门群岛在独立的最初十年里曾努力致力于建设社会基础设施，如学校、医疗卫生设施、道路、供水系统、电力和通信设施，但是经济发展水平依然非常低。经济增长率不仅低，而且还无法跟上人口的迅速增长。国家经济高速增长是发展中国家能够有效地制定社会政策的一个重要途径。

在所罗门群岛，提高传统农业部门生产力水平的主要制约因素是土地所有权的不确定性，它无法促进商业性农业的发展。粮食安全是影响所罗门群岛社会政策的一个重要问题。

其次，由于管理不善和未能制定适当的提供基本社会服务的制度，很多发展工作半途而废。例如，在所罗门群岛，由于没有合理而公平地分配资源，爆发了大规模的种族冲突，影响了经济发展。对所罗门群岛各种利益的融合步履维艰，而且对于历届政府而言，分配一直是一个棘手的问题。为了更好地、和谐地提供社会服务，增强社会凝聚力是非常重要的，但是对于所罗门群岛而言，这一直是一个问题。此外，所罗门群岛对其自然资源，尤其是林业，长期管理不善。

再次，社会政策发展之所以一直薄弱是因为各利益集团对其要求不强烈。如今，所罗门群岛有各种各样的非政府组织，它们一直积极呼吁政府采取措施改善社会服务，取得了相当大的成效。不过，在所罗门群岛独立之时，工会刚刚开始发展，主要关注公共部门的从业人员。该国的大多数人口生活在乡村地区，而且大约70%的人口仍生活在农村的部落里。因此，他们没有影响公共政策的能力。

最后，所罗门群岛政治长期不稳定对经济发展产生了直接影响。所罗门群岛的政局动荡影响了投资和经济增长。

对于所罗门群岛而言，要融入国际主流经济体系，还有很长的路要走，这不仅考验着执政者的智慧，更期待着国民个人的积极作为。

三 国内安全

所罗门群岛的犯罪率持续上升。在20世纪90年代，犯罪已成为严重的社会问题。根据警方记录，在1981年，所罗门群岛共发生2981起案件。进入90年代后，犯罪案件居高不下，1990年达到4773起，1991年为4571起，1992年为4711起。在内乱爆发之后，目无法纪的状况更加严重，尤其是在城市地区。

警察由中央政府集中管理，统一指挥，履行警察、国家安全和监狱管理三种职能；具体负责维护法律、维持社会秩序、移民管理、防火、交通管理及确保重大节日期间社会安全等职责。所罗门群岛警察归司法部的警察总部管辖，由警长实施具体领导，总部设在新乔治亚群岛的吉佐岛。全国设有 4 个警区，即西部警区、东部警区、中部警区和马莱塔警区。根据地理和人口等情况进行警区警力配置。警区由一名巡视官负责。在 2007 年，所罗门群岛总警力大约有 1130 人，装备有武器和巡逻艇。警员来自全国各地，其征募和训练由国家警察总部统一管理。所有警察的训练由位于首都的警察学校负责。

监狱长负责管理全国 4 所监狱。其中，中央监狱最大，通常关押重犯。另外 3 所为区级监狱。

第二节　医疗卫生

一　概况

医疗卫生事业对于一个国家而言是非常重要的。对于所罗门群岛这样的国家，医疗卫生部门一直存在着致命的弱点，医疗卫生服务还没有得到充分发展。这是由于缺乏资金和训练有素的人力资源，资金匮乏导致整个国家医疗卫生设施短缺。

从 20 世纪 60 年代到 70 年代，所罗门群岛政府一直致力于发展预防医学，着力于消灭诸如疟疾和肺结核等传染病。此外，政府还集中精力为农村地区提供医疗服务，这是因为该国大部分人口居住在农村。然而，恶劣的交通条件、缺乏受过训练的医务人员和其他经济部门对资源的竞争阻碍了政府为全民提供医疗卫生服务。

在 20 世纪 70 年代初，全国所需医生数量为 370 多人，但在岗医生仅有 211 人，医生与全国人口的比例为 1∶6000，情况十分严峻。在 1971~1973 年间，所罗门群岛政府将发展计划的重点放在了经济创收部门，没有大规模扩大其医疗卫生服务部门。

在 20 世纪 80 年代，政府的工作重点发生了变化，力图扩大农村地区的基本医疗卫生服务的覆盖面。医疗卫生部门的职责为开展医疗服务，在城市地区尤其是在霍尼亚拉，可以通过转诊医院、省级医院、心理健康医院和专科医生门诊开展医疗服务。在农村地区，基本卫生保健服务由保健站、诊所和救护站负责提供。城市地区的医疗机构配备了医生和护士，但是农村的医疗机构只配备了护士和护理人员。

2014 年，在世界卫生组织医疗卫生服务排名中，所罗门群岛在 190 个国家中排第 80 位。医院和药店主要位于人口密集地区和宗教场所。自 2005 年以来，澳大利亚政府和新西兰政府一直在向所罗门群岛的医疗卫生和教育部门提供预算支持。

多年来，所罗门群岛人口预期寿命稍微有所提高。1986 年人口普查结果显示，在 1980~1984 年间，平均预期寿命为 60.1 岁，1999 年提高至 61.1 岁。妇女的预期寿命高于男性。在 1980~1984 年间，妇女的预期寿命从 59.9 岁提高到 61.4 岁。1999 年，妇女预期寿命提高至 61.6 岁，而同期的男性预期寿命为 60.6 岁。总之，预期寿命在 20 世纪八九十年代有所提高。

婴儿死亡率是根据年龄在 15~50 岁的妇女生育孩子的数量和有多少孩子在一岁前死亡情况进行确定的。四次人口普查所公布的儿童死亡比例被表示为每 1000 名安全出生的婴儿的死亡数（如表 5-2 所示）。在所罗门群岛，最近 30 年各年龄段妇女所生婴儿的死亡率呈下降趋势。在 1970~1999 年间，婴儿死亡率几乎下降了 75%。统计数据显示，20~24 岁妇女所生婴儿的死亡率（IMR）

从 1970 年的 87‰下降到 1986 年的 40‰, 1999 年进一步下降到 28‰。

表 5 - 2　所罗门群岛各年龄段妇女所生育的每千名
安全出生的婴儿的死亡数量

年龄段	1970[a]	1976[b]	1986	1999[c]
15～19 岁	69	57	33	22
20～24 岁	87	62	40	28
25～29 岁	115	80	44	31
30～34 岁	145	109	52	35
35～39 岁	173	142	65	42
40～44 岁	213	167	90	46
45～49 岁	241	221	124	56

说明：a 只包括美拉尼西亚人和波利尼西亚人；b 只包括美拉尼西亚人、波利尼西亚人和华人；c 为总人口。

资料来源：所罗门群岛, 1999。

据联合国秘书处人口事务部统计, 在 2000～2005 年间, 所罗门群岛的婴儿死亡率为 21‰, 这完全不亚于大洋洲 24‰和世界其他地区 55‰的数字。这表明所罗门群岛的婴儿死亡率从 1989 年的 96‰下降到 2005 年的 21‰。这一下降意义重大, 这可能是由于医疗卫生服务的改善和对基本卫生保健的关注, 大部分所罗门群岛岛民, 尤其是育龄妇女, 受此影响。

2008 年, 联合国儿童基金会的一份报告显示, 所罗门群岛在降低儿童死亡率方面不太可能实现千年发展目标。2006 年, 所罗门群岛是太平洋地区婴儿死亡率最高的国家, 达到 55‰, 五岁以下儿童死亡率达到 73‰。上述情况至今仍没有得到改善。

二 医疗卫生政策

所罗门群岛公共医疗卫生事业所需资金主要来源于中央政府的财政拨款。此外，国际援助也提供了资金支持。政府对医疗卫生部门的财政拨款一直非常慷慨，这是因为政府深知医疗卫生部门对公民的福祉和发展经济的重要性。

但是，国家资源配置极不平衡。大部分医疗卫生预算被投入到霍尼亚拉，且主要集中于医院。尽管所罗门群岛的大部分人口生活在各省的农村地区，却只获得了医疗卫生预算的一小部分。

三 医疗卫生设施

与其他太平洋岛国的情况一样，所罗门群岛的医疗卫生设施分为三个层次：救护站、诊所和国家医院。救护站是其保健制度的起始点，只负责提供基本医疗服务。

在 1997~2007 年，该国的医疗卫生设施无论在数量上还是在规模上都没有发生变化。在 2007 年，所罗门群岛拥有 8 家医院、146 所诊所和 158 个救护站。2008 年，瓜达尔卡纳尔省新建了撒玛利亚人慈善医院（The Good Samaritan Hospital）。医院数量增加至9 家。

国家转诊医院提供了更加专业的服务，其所提供的医疗服务水平非常高，配备了专科医生、全科医生、护士和护理人员。在所提供的医疗卫生服务方面，仅次于国家转诊医院的是吉佐和吉鲁乌斐这两所省级医院，还有较少提供专科医生坐诊的布阿拉、基拉基拉和拉塔医院。

虽然省级医疗卫生基础设施无法提供专科服务，但是，它们的

确为很多农村人口提供了基本卫生保健服务。据估计，该国 30%
左右的人口完全依赖于基本卫生保健服务。事实上，政府如今已经
意识到这一点，卫生领域 56% 的预算资金被拨给了省级医疗卫生
机构，同时，44% 的预算资金被用于维持和加强支持省级医疗卫生
机构的国民医疗服务制度的功能。

随着所罗门群岛人口的增长，医疗卫生服务的供给并没有扩
大，因而建设新的医疗卫生机构十分必要。

第三节　教育

一　概况

在殖民地时代之前，所罗门群岛岛民世世代代都是通过生产、
战斗和社会生活中的实例来教育子女的。正是通过上述方式，孩子
们学会了耕作、捕鱼、打仗，以及纷繁晦涩的行为、习俗、敬奉祖
先和男女有别。

随着殖民者的到来，西方文明开始在所罗门群岛传播，所
罗门群岛岛民也开始学习西方文化，并开始接受西式教育。最
初，所罗门群岛岛民是在海外开始具备读写能力的。为了传播
基督教教义，各教派在澳大利亚的昆士兰和斐济建立了一些教
会学校，所罗门群岛的一些岛民曾就学于此。数以千计的归乡
劳工也在海外掌握了最低限度的读写能力；甚至，他们中的一
些人曾在政府办的小学中就读过。1867 年，美拉尼西亚教会在
诺福克岛创办了圣巴纳巴斯学校。在殖民地时代早期，绝大多
数初步接受过西式教育的所罗门群岛岛民都曾就学于此。该校

学制 6 年，开设阅读、写作、算术、唱歌、耕作、木艺以及基督教教义等课程。

在所罗门群岛，基督教各教派以《圣经》为基础教育所罗门群岛岛民，并传授实践技能。圣公会、卫理公会和基督复临安息日会管理着早期教会教育体制。圣公会美拉尼西亚教会的办学历史最长。该教会奉行的是克西玛拉玛模式，即学生们在校园内学习和劳作。1896 年，美拉尼西亚教会在恩格拉群岛斯奥塔开办了一所学校，但是因 1897 年暴发的一场痢疾疫情而于 1900 年关闭。1910 年，美拉尼西亚教会在恩格拉群岛的邦加纳岛又创办了一所新学校。1911 年，该教会在马基拉岛创办了圣迈克尔学校。这是一所寄宿制男校，最终成为英属所罗门群岛保护领最有名的学校。1916 年，美拉尼西亚教会在瓜达尔卡纳尔岛创办了圣玛丽神学院，后于 1922 年将其改造为一所初级小学。1917 年，美拉尼西亚教会在恩格拉群岛波罗莫勒岛创办了第一所寄宿制女校，该校于 1918 年迁至斯奥塔，又于 1920 年迁至邦加纳。1922 年，该教会在乌吉岛创办了万圣学校，这是一所高级小学。1933 年，该教会在马莱塔岛的纳卡建立了一所培训辅祭的学院，该学院于 1939 年迁往恩格拉群岛的塔罗亚尼亚拉。美拉尼西亚教会还开办了许多乡村学校，由教师或传教士负责管理。1902 年，卫理公会开始在所罗门群岛西部传教。该教派遵循的是工业教育模式，即学生们在种植园及其附属的传授专门工艺技能和基督教教义的机构中学习。卫理公会信徒参与造艇和种植园等工作。到 1930 年，卫理公会开办了 105 所小学，共招收学生 2642 人。主要集中在维拉拉维拉岛上的比路亚，马洛沃潟湖赛格赫附近的帕图提瓦和罗维亚纳潟湖的科克夸洛。在该教派总部所在地科克夸洛，还有一所拥有 211 名在校生的走读学校和一所拥有 33 名在校生的中专。这所中专提供技术教育和培训牧师和教师，并获得相当大的成功。乡村教师上课时间一天很少超过两个小时，与其他的当地日常生活相适应。

在 20 世纪 20 年代之前，所罗门群岛的教育事业完全由基督教的各教会兴办和管理，但是从 1926 年起，保护领政府开始资助教会的教育项目，尤其是技术教育。1927 年马莱塔岛威廉·贝尔被杀事件使保护领政府意识到，没有现代教育就没有进步。保护领政府希望所罗门群岛岛民能够参与基层公共部门和商业公司的管理和运作，为此需要提高所罗门群岛岛民的教育水平。当在 20 世纪 20 年代初开始征收人头税时，为了促进教育发展，保护领政府免除了到欧洲教师管理的学校上学的学生和管理学校日常事务的当地牧师的人头税。上述特权在 1930 年被废止，但是，保护领政府打算向兴办世俗教育的教会提供补贴。上述举措遭到各教会的强烈反对，最终迫使保护领政府提供 100 英镑补贴给每个重要教会的培训学校。在 1930 ~ 1931 年间，有 8555 名注册学生，其中，基督复临安息日会学校 1020 人，天主教学校 792 人，南海福音教会学校 116 人，美拉尼西亚教会学校 3904 人，卫理公会学校 2723 人。1934 年，常驻专员召集了一次教会代表会议，决心将补贴教会事宜呈报给殖民地部。这促使保护领在 1939 年举行了大规模的教育调查。此次调查由威廉·C. 格罗夫斯主持，受到澳大利亚政府的支持。1940 年，报告最终完成，但是，没有资金落实其建议。在 1940 年，由于受经济萧条的影响，所罗门群岛仅有 4748 名在校生，其中，基督复临安息日会学校有 910 人，天主教学校有 777 人，南海福音教会寄宿制学校有 280 人，美拉尼西亚教会学校有 539 人，卫理公会学校有 2238 人。在 1922～1939 年间，女生占了约 60%。

在教育领域，中央政府在提供资金和人力资源上发挥了重大作用。教会组织在提供小学和中学教育方面也发挥了关键作用。例如，在 1969 年，殖民地新注册了 393 家小学，其中 17 家由政府和地方行政当局负责管理，其余的小学由教会负责管理。

尽管所罗门群岛殖民地政府在 20 世纪 60 年代向教育领域投入了大量资源，但是在所罗门群岛独立之前，其入学率一直比较低。鉴于此，所罗门群岛在独立后，政府将基础教育确定为其优先发展的目标。所罗门群岛政府一直致力于提高基础教育的教学质量，并计划在 2015 年之前使所有儿童能够接受基础教育。所罗门群岛致力于实现的目标与"达喀尔全民教育行动框架"的目标是一致的。

所罗门群岛教育因 1998～2003 年的内乱和 2007 年海啸而陷入混乱。尽管进行了大规模的学校重建，仍未满足该国青年的教育需求。尽管小学尚未实施义务教育，但是小学教育是免费的，因此，小学入学率呈现出积极趋势。由于收费偏高，限制了中学和大学的入学率。小学到中学的升学率是 70%。所罗门群岛识字率很低，约 77% 的成年人口识字。

二　教育制度

所罗门群岛的教育包括如下阶段：幼儿教育（3～5 岁）、小学教育（6～12 岁）、中学教育（12～19 岁）、高等教育（19 岁以上）。尽管得到澳大利亚、新西兰等主要大洋洲国家的援助，但是，所罗门群岛没有实施义务教育制度。

所罗门群岛的小学教育学制为 6 年，入学年龄为 6 岁。在所罗门群岛，儿童入学率不到 60%；即使入学，也只有 72% 的学生能完成基础教育。在 2012 年，有 5869 名小学生失学，其中，女生为 2824 名，小学教育儿童失学率为 10.68‰；每千人拥有教师 9.27 人，师生比为 1:23.83%。

在所罗门群岛，中学教育始于 1958 年。1958 年 1 月，乔治六世国王学校开始提供中学教育。中学入学考试在每年的 9 月举行，10 月出榜。目前，所罗门群岛中学学制为 7 年。其中，初中学制 3 年，入学年龄为 12 岁；高中学制 4 年，入学年龄为 15 岁。中学毛入学率男孩为 32%，女孩为 27%。2012 年，中学师生比为 1:25.92。2010 年，初中师生比为 1:32.87；高中师生比为 1:22.15。

所罗门群岛有三所高等教育学校，即所罗门群岛师范学院（Solomon Islands Teachers College）、霍尼亚拉技术学院（Honiara Technical Institute）和南太平洋大学（University of the South Pacific）分校。这三所高校都位于首都霍尼亚拉。

三　教育政策

从政府开支来看，教育一直是历届政府优先考虑的领域。在 1975～1981 年，政府的教育开支年均 260 万所元，占同期政府总支出的 15.3%。在 1991～2001 年，政府教育支出年均约 6260 万所元，占同期政府总支出的 18%。尽管政府的教育支出急剧增长，从年均 260 万所元增加到 6260 万所元，不过占政府总支出的比例，只增加到 18%。1975～2004 年所罗门群岛政府的教育支出情况见表 5－3。

表 5 - 3　1975 ~ 2004 年所罗门群岛政府的教育支出*

年份	教育预算 （百万所元）	占政府总支出 的百分比（%）	占国内生产总值 的百分比（%）
1975	1.081	11.6	1.8
1976	1.922	18.0	3.0
1977	2.393	17.0	3.7
1978	2.658	15.5	3.4
1979	3.205	14.4	3.1
1980	3.846	14.1	3.0
1981	3.053	14.3	2.4
1988	24.2	20.5	6.2
1989	22.8	16.8	4.9
1990	30.3	20.0	6.4
1991	34.2	15.1	6.6
1992	35.6	17.6	5.3
1994	46.9	18.3	4.8
1997	63.5	15.4	6.5
1998	64.3	17.2	4.5
1999	77.7	16.8	4.9
2000	70.0	23.3	4.8
2001	66.4	20.1	4.6
2002	55.6	22.2	3.6
2004	108.0	—	5.4

注：（1）包括经常性开支和基本建设费用；（2）以所元核算的名义国内生产总值。

资料来源：1975 ~ 1978 年，所罗门群岛统计局；1988 ~ 1990 年，世界银行；1991 ~ 2001 年，所罗门群岛政府；2002 ~ 2004 年，所罗门群岛政府。

　　虽然政府的教育支出反映了预算分配的慷慨，但是也显示出，它偏向高中及以上教育。1999 年，在教育部门的经常性预算中，其中 20% 的运行费用被分配给了小学教育，20% 分配给了中学教

育，60% 分配给了高等教育。

2004 年，教育总支出的分配情况发生了巨大变化，更加强调基础教育（见表 5 - 4）。2005 年，教育支出占政府总支出的比例显著增长，提高到 25.97%。

表 5 - 4　2004 年所罗门群岛教育部门支出情况
（占教育总预算的百分比）

单位：%

部　　门	2004 年
幼儿教育	2.8
小学教育	48.0
中学教育	32.2
高等教育	16.6
电视网络教育	0.3
其　　他	0.1

资料来源：所罗门群岛政府，2005。

四　教育现状

（一）识字率

在与欧洲人交往和殖民政府建立之前，所罗门群岛岛民不用学习读书写字，只需要从他们的先人那里获得能够维持他们自己和他们家庭生存的知识即可。随着西方文明和新的管理、贸易方式的传入，读写增强了人们获取资源和与他们的社会文化和经济环境相互作用的能力，提高了他们的生活质量。

在 1970 年人口普查时，约 4.7% 的所罗门群岛岛民，总共 7581 人接受过小学教育，但这次人口普查仅限于美拉尼西亚人和波利尼西亚人。虽然这是对该国识字率的粗略估计，但是它表明所罗门群岛文盲率极高。1976 年的人口普查没有统计识字率，但可以根据入学率进行推断。该年入学率约为 5.5%，这可以被视为识字率。这表明，在 1970 年人口普查后的五年里，识字率的提高是可以忽略不计的。

20 世纪 80 年代识字率没有得到明显改善，特别是在人口增长速度非常快的情况下。根据 1986 年的人口普查结果，有 9627 名年龄在 10 岁及以上的人接受过小学水平以上的教育。这相当于全国有 3.4% 的人能够读写。虽然这个数字没有完全准确地反映该国的识字率，但它的确在一定程度上反映了识字率。在 1986 年进行人口普查时，飓风娜姆登陆所罗门群岛，由于教育设施遭到破坏和资金缺乏，大量学生辍学。

直到 20 世纪 90 年代，识字率才得到系统的计算。关于 20 世纪 90 年代该国识字水平的资料来自 1991 年的识字和语言调查以及联合国开发计划署 1999 年发布的《太平洋地区人类发展报告》。在 1999 年《太平洋地区人类发展报告》中，所罗门群岛 30.3% 的识字率被认为是非常低的，因为它只超过了巴布亚新几内亚（巴布亚新几内亚的识字率是这个地区最低的，只有 28.2%）。这个数字远远低于许多识字率接近 100% 的太平洋岛国，例如，纽埃的识字率为 97%，汤加的识字率为 99%。所罗门群岛的识字率在 2004 年提高到 43.8%。不过，这个数字是建立在完成小学教育的学生基础之上的，而不是基于整个成年人口。

识字率一直偏低的主要原因之一是，教育设施和学校数量没有满足人口的增长和适龄儿童数量的增加。根据纳什 2009 年的研究，所罗门群岛在今后几年里对小学学额的需求将面临 15% 的潜在增

长。所罗门群岛将需要为中学适龄学生提供额外的 21% 的学额。因此，如果要为每名适龄儿童提供学额，该国将需要新增 412 名小学教师和 366 名中学教师。除了需要更多的教师外，该国还需要新建 41 所小学和 23 所中学。

亚洲南太平洋成人教育署（ASPBAE）和所罗门群岛教育联盟（COESI）最近对所罗门群岛进行了关于教育经历和素养的调查，结果显示了所罗门群岛识字方面的最新情况。上述活动在两个不同的地点调查了 2301 人，只有 17% 的受访者识字，42.7% 的受访者是半文盲，40.2% 的受访者不识字。与此前的识字率指标相比，这是一个巨大的下降。

（二）入学率和就读率

与大多数发展中国家一样，所罗门群岛优先需要提高儿童的入学率。所罗门群岛承诺，将依据《达喀尔全民教育行动框架和千年发展目标》，到 2015 年普及小学教育，但是，经过认真研究，这是一个难以实现的目标。20 世纪六七十年代的入学率偏低，导致缺少学校和缺乏合格的教师。

1986 年的人口普查数据显示，有 34837 名 24 岁以下的学生接受过小学教育，其中儿童和青少年总共有 208425 人。实际数字可能会略低，因为这包括 25 ~ 29 岁的年轻人，但也不会相差太多。在这个年龄组中，只有 16.7% 的人接受过小学教育。

尽管关注 5 ~ 19 岁年龄组是较为适宜的，因为这个年龄组处于学龄前到中学毕业之间，但是，1999 年的人口普查提供了 5 ~ 29 岁的人口的入学率的最新数据。人口普查报告显示，该年龄组 55% 的人接受过学校教育，43% 的人没有入过学，其余 2% 的人没有表明是否入过学。与 1986 年的人口普查数据相比，这是一个进步。之所以取得上述进步，是因为政府将学前教育纳入了教育体系之中，同时，增加了小学和中学的数量。由于在 1986 年不存在学前教育，在 1999 年，学前班学生的总数达到 11041 人。入学率的提高也可能得益于新建的社区高中。在 1986 年，没有社区高中，但是，到 2003 年时，所罗门群岛已拥有 237 所社区高中。入学率的整体提高也反映在入学学生性别比的缩小上。

2003～2005 年所罗门群岛各类学校数量见表 5－5。

表 5－5　2003～2005 年所罗门群岛各类学校的数量

学校类型	2003 年	2004 年	2005 年	2005 年比 2004 年的增长率（%）
幼儿园	237	289	316	9.3
小学	582	547	537	-1.9
社区高中（CHS）	102	105	111	5.7
省立中学（PSS）	16	15	15	0.0
国立中学（NSS）	10	10	10	0.0
总数	947	966	989	1.02

在 21 世纪，各级学校在校生人数也出现整体增长。小学在校生人数从 1970 年的 21086 人增至 2005 年的 94345 人。中学在校生人数从 1976 年的 1701 人增至 2005 年的 11225 人。在学前教育兴起之后，其在校生人数从 1999 年的 11041 人略增至 2005 年的 11225 人。这表明，2005 年，在 40639 名学前儿童中，大约 28% 的 3～5 岁儿童接受了学前教育。

毛入学率（GER）指的是某级教育在校生数占相应学龄人口

总数的比例，不考虑学生年龄大小。净入学率（NER）指的是某级教育适龄在校生数占相应学龄人口总数的比例。所罗门群岛一直致力于实现《达喀尔全民教育行动框架和千年发展目标》在教育领域的要求。净入学率从 1986 年的 39% 提升到 1999 年的 56%，《2005 年教育统计年鉴》显示，2005 年净入学率已升至 80.7%。尽管普及初等教育仍然难以实现，但是入学统计数字表明，该国正朝着这个目标前进。

根据毛入学率进行估算，中学入学率一直不能令人满意，其中中学毛入学率从 2003 年的 31% 下降到 2004 年的 30%，中学净入学率同期也从 20% 下降到 19%。这意味着，中学年龄组的多数学生没有接受中学教育，因为没有足够的学额提供给小学毕业生。

（三）不入学率

尽管事实上政府对教育相当重视，但是所罗门群岛没有能够实现教育普及，这反映在诸如儿童不入学率等指标上。尽管儿童不上学的原因是多方面的，但是主要是受财政和文化的限制。

在独立前，由于岛民无法支付学费及相关费用，再加上当地传统不重视上学，相当多的所罗门群岛岛民没有接受过教育。在独立后，这种状况没有发生多少变化。虽然越来越多的人有机会进入公共部门就业，家长们日益认识到受教育的重要性，但是，他们中的许多人没有送他们的孩子上学的途径。

人口普查数据真实反映了当时的教育状况。10 岁以上的儿童和青少年的数量从 1976 年的 105687 人增加到 1999 年的 221968 人（见表 5-6），增幅巨大。

表 5 – 6　所罗门群岛 10 岁以上人口受教育状况

单位：人，%

	1976		1986		1999		增长（%）	
	人数	占比（%）	人数	占比（%）	人数	占比（%）	1976~1986	1986~1999
总人数*	105687	100	157888	100	221968	100	49.4	40.6
未接受过正规教育的人数	53640	50.8	62761	39.8	60330	27.2	17.0	23.9
接受过初等教育	47589	45.0	78991	50.0	122607	55.2	66.0	55.2
接受过中学 1~3 年级** 教育	2289	2.2	10788	6.8	21449	9.7	371.3	98.8
接受过中学 4~6 年级** 教育	1413	1.3	3554	2.3	6931	3.1	151.5	95.0
接受过职业教育	268	0.3	599	0.4	2127	1.0	123.5	255.1
接受过高等教育***	488	0.5	1195	0.8	8524	3.8	144.9	613.3

注：* 包括 1999 年的学前教育；** 1976 年人口普查分别为 1~2 年级和 3~6 年级；*** 在 1976 年和 1986 年只包括综合性大学。

资料来源：所罗门群岛政府，2002。因四舍五入后个别数据会有出入，此处仍维持原统计数据不作改动。

人口普查数据表明，接受诸如中学教育、职业教育和高等教育的学生人数较少。此外，人口普查结果显示了两次人口普查之间的教育水平的巨大变化。在 1976 年人口普查时，10 岁以上的多数人口（占 50.8%）没有接受过正规教育。上述人群从 1986 年人口普查时的 39.8% 下降至 1999 年人口普查时的 27.2%。鉴于教育系统在上述 20 多年里的扩张，教育水平有所提高，今后没有受过教育的人数会有所下降。

第四节 体育

一 概 况

在成为英国的保护领之前，所罗门群岛岛民就已开展体育活动，尽管它们未被视为娱乐性体育活动，而且还通常与日常活动有关。为了熟练掌握军事技能，男子从少年时代就开始学习投掷矛枪和使用弓箭等武器，并进行白刃战训练。据说，在英国殖民者到来之前，摔跤在美拉尼西亚群岛也非常流行。如今，在伦内尔岛、贝洛纳岛及提卡岛，摔跤依然盛行；在蒂科皮亚岛和阿努塔群岛，投掷矛枪比赛没有中断过。妇女也开展与她们的传统活动相关的体育活动。澳大利亚的自由泳就起源于所罗门群岛西部的罗维亚纳潟湖，威克姆兄弟（Wickham brothers）令自由泳在澳大利亚家喻户晓。

所罗门群岛岛民参与西方体育活动始于 19 世纪澳大利亚的昆士兰州和斐济的种植园及 20 世纪初英属所罗门群岛保护领的种植园、教堂和政府驻地。1894 年，所罗门群岛岛民在诺福克岛玩板球。第二年，一支诺福克岛板球队访问了新西兰。美拉尼西亚教会学校的学生们将板球运动引入所罗门群岛，并在沙滩上和种植园的椰林中玩板球。当时的板球是用布丝带或棉线绑在木球上制成的，球拍和球柱是用木头削成的。最早的标准板球场位于嘎乌图（Gavutu）和马卡姆波（Makambo）。里夫斯与伯恩斯·菲尔普公司的雇员经常到那里打板球，而且还与来访的军舰上的船员进行过多场友谊赛。根据塞西尔·威尔逊主教（Bishop Cecil Wilson）记载，在 1897 年，所罗门群岛岛民与皇家海军舰艇皮拉德斯号（HMS Pylades）的船员，举行了一场板球比赛，这是他们首次与欧洲球队进行比赛。1902 年，在马莱塔岛劳潟湖中的恩格尔夫（Ngorefou）圣公会教堂，也进行过板球比赛。

由于受英国传统的影响，所罗门群岛早期的体育活动是足球、橄榄球、板球和网球，而且体育活动主要在政府和教会驻地进行。例如，在 20 世纪初，打板球和网球是在奥基的政府驻地，尽管网球场仅对欧洲人开放。到 1937 年，情况有所变化，奥基的当地人与皇家海军舰艇利思号船员举行了一场板球比赛，并取得了胜利。来自各区的年度报告显示，在 20 世纪 30 年代末，警察定期与当地的板球队和足球队比赛。那时，图拉吉拥有了最好的网球场和八洞高尔夫球场。

所罗门群岛的体育事业由青年、运动和妇女部（Ministry of Youth，Sports and Women）下属的国家体育委员会（National Sports Council）负责管理。其目标是将所罗门群岛建设成为一个体育之国。

所罗门群岛国家奥林匹克委员会（National Olympic Committee of Solomon Islands）成立于 1983 年。同年，被国际奥林匹克委员会承认。现任所罗门群岛奥林匹克委员会执委会主席为安德鲁·诺里。

1984 年，所罗门群岛首次派体育代表团参加奥运会。至今，所罗门群岛已参加了 8 届夏季奥运会，但是从未参加过冬季奥运会。2012 年，所罗门群岛首次派运动员参加了在伦敦举办的夏季残疾人奥运会。在夏季奥运会上，所罗门群岛运动员经常参加田径和举重比赛，不过，至今未获得过奖牌。

二 足球运动

(一) 概况

足球运动是所罗门群岛的第一大运动项目。足球运动是由传教士和殖民地管理人员引入所罗门群岛的。在所罗门群岛独立后，由于某种原因，足球运动获得了继续发展，并没有像板球等其他运动那样受到冷落。

霍尼亚拉足球协会（Honiara Football Association）被公认为最早正式成立的足球管理机构之一。霍尼亚拉足协成立于1956年，比所罗门群岛足协早成立了整整23年。今天，霍尼亚拉足协仍是所罗门群岛足联中实力最强的省级足球协会。

1999年，所罗门群岛足联首次收到国际足联资金援助计划（FIFA Financial Assistance Program）基金的拨款。

2000年，所罗门群岛足联申请并收到了国际足联进球计划委员会（FIFA Goal Project）一期计划提供的资金，利用上述资金升级改造了劳森·塔马体育场。该项目于2001年完工。前英格兰国脚和曼联主席博比·查尔顿（Bobby Charlton）爵士参加了改造后的劳森·塔马体育场重新启用仪式。所罗门群岛国家队与霍尼亚拉全明星队在该体育场进行了其改造后的首场比赛。

2005年，大洋洲足球联盟足球学院（Oceania Football Confederation Football Academy）、所罗门群岛足联为所罗门群岛足球学院（SIFF Academy）建设艾伦·博索综合楼（Alan Boso Complex）。2005年底，该项目竣工并投入使用。其资金来自国际足联进球计划委员会二期计划。所罗门群岛足联不再因没有场地而无法培训教练和裁判。

2010 年 5 月 24 日，所罗门群岛启动了一个名为"赶快踢球"（Just Play）的发展计划。在霍尼亚拉，"赶快踢球"试点项目涵盖了 6 所学校和 1 个社区。这 6 所学校为：埃帕勒主教小学（Bishop Epalle Primary School）、圣约翰小学（St. John Primary School）、中华小学（Chung Wah Primary School）、科罗内欣小学（Coronation Primary School）、佩克小学（Perch Primary School）和朗加小学（Lungga Primary School）。所涉社区为渔村社区（Fishing Village Community）。该社区是 3 个足球俱乐部的所在地。

如今，所罗门群岛足联仍继续致力于足球运动的发展。新引入的足球规则也已经确立，并在所罗门群岛岛民中得到普及。1998 年，所罗门群岛开始开展室内五人制足球运动。1999 年，开始开展女子足球运动。2006 年，开始开展沙滩足球运动，并首次参加了大洋洲足联沙滩足球预选赛。同年，这支传奇团队获得了参加在巴西举办的国际足联沙滩足球世界杯比赛的资格，巩固了该运动在所罗门群岛的地位。

所罗门群岛有许多足球运动员在澳大利亚联赛中踢球。国内有 36 个足球俱乐部，分甲、乙、丙三个级别，各 12 个。所罗门群岛全国俱乐部锦标赛（Solomon Islands National Club Championship, Telekom National Club Championship）是所罗门群岛足联组织的国内最高等级足球联赛。所罗门群岛国家足球队（Solomon Islands National Football Team）是所罗门群岛的男子足球代表队，由所罗门群岛足联负责管理。所罗门群岛于 1994 年首次参加世界杯预选赛，1998 年、2002 年又两次参加世界杯预选赛，均未能进入决赛。此外，所罗门群岛国家队还参加过许多场国际、洲际足球比赛。

（二）所罗门群岛足球联合会

所罗门群岛足球联合会①（Solomon Islands Football Federation, SIFF）（简称所罗门群岛足联）成立于 1979 年。最初，该组织名为所罗门群岛足球协会（Solomon Islands Football Association），后来改为现名。自 1979 年以来，所罗门群岛足联一直致力于将其建设成一个促进所罗门群岛足球发展和管理足球比赛的专业机构。所罗门群岛足联希望通过鼓励和促进所罗门群岛社会各界人士参与足球运动，不断提高所罗门群岛足球运动的水平；通过确保足球活动体现出建设更好社区的社会责任，同时致力于使所罗门群岛成为一个在国际上有竞争力的和成功的足球国家，为所罗门群岛确立希望、团结和良好的公众形象。因此，所罗门群岛足联抓住参与各种足球运动的最佳机会，专业地管理、指导和发展全国的足球运动。

所罗门群岛足联代表大会（SIFF Congress）是所罗门群岛足联的最高权力机构，负责制订长期发展计划，修改足联章程和选举足联执委会。代表大会每年召开一次会议，10 家省级足协各有两名代表参会。所罗门群岛足联执委会（SIFF Executive Committee）负责监督所罗门群岛足联对代表大会所制定和提出的各项政策、计划和要求的日常管理。执委会委员任期四年。所罗门群岛足联秘书处（SIFF Secretariat）是足联的执行部门，负责执行所罗门群岛足联代表大会制定的各项政策和计划。所罗门群岛足联秘书处由秘书长领导。此外，所罗门群岛足联还下设一个由国际足联监管的标准化

---

① 所罗门群岛足联徽标由一个"S"字母和一个足球组成。徽标最重要的部分是足球右侧的十颗星。这十颗星代表 10 个省级足协。徽标由蓝、黄和绿三色构成，它们是所罗门群岛的国家代表色。

委员会（SIFF Normalising Committee）。

1989 年，所罗门群岛足联加入国际足球联合会（Federation International of Football Associations）。这是所罗门群岛足球史上最重要的时刻之一。只有加入国际足联，所罗门群岛才被允许主办和参加国际足联认可的比赛。1991 年，该国主办了首场国际足联比赛。

1999 年，在借用其他组织办公场所多年之后，所罗门群岛足联搬进了其拥有的首个办公场所。

（三）沙滩足球

所罗门群岛国家沙滩足球队被认为是将所罗门群岛带到世界足坛的功臣。2006 年，该队参加了在巴西里约热内卢举办的国际足联沙滩足球世界杯赛。这是该国首个有资格参加世界杯赛的球队。

该队的名称来自一种名叫比利基基的海鸟，由于这种海鸟走路姿势非常特别，该队还用比利基基鸟舞庆祝他们的胜利。

自 2006 年以来，比利基基队一直参与国际足联沙滩足球世界杯赛，到目前为止，已经参加了四届世界杯赛。作为大洋洲的一支劲旅，它一直鲜有败绩。

在首次参加世界杯赛时，比利基基队以 5∶2 的比分击败非洲冠军喀麦隆队。不过，他们最值得纪念的胜利是在 2009 年迪拜世界杯赛上以 7∶6 的比分战胜曾进入决赛的乌拉圭队。在这场比赛中，刚满 18 周岁的罗伯特·拉瓦（Robert Laua）尽管初次参加世界杯赛，但为所罗门群岛连进三球。

目前，该队的明星球员是詹姆斯·纳卡（James Naka）。他在 2006 年世界杯赛上列最佳球员第五名，他的球技给人留下深刻的印象。纳卡还是该队主要的射门得分球员和大洋洲最令人畏惧的球

员。

所罗门群岛足联致力于培养新球员。2010年4月，所罗门群岛举办了首届全国沙滩足球锦标赛，因此，从各省选拔了非常多的天才选手。在2011年全国沙滩足球锦标赛上，更多的选手脱颖而出。

自2006年以来，该队参加的国际比赛和获得的名次如下：2006年大洋洲足联国际足联沙滩足球世界杯预选赛冠军、2007年大洋洲足联国际足联沙滩足球世界杯预选赛冠军、2009年大洋洲足联国际足联沙滩足球世界杯预选赛冠军、2011年大洋洲足联国际足联沙滩足球世界杯预选赛并列亚军、2013年大洋洲足联国际足联沙滩足球世界杯预选赛冠军。

（四）室内五人制足球

所罗门群岛国家室内五人制足球队是所罗门群岛最受喜爱的国家足球队之一。该队球员主要是青少年，他们获得了当地和国际观众和球员的钦佩和尊重。它是太平洋岛国首支参加国际足联室内五人制足球世界杯赛的球队。

他们作为太平洋岛国地区预选赛冠军，参加了2008年在巴西举办的国际足联室内五人制足球世界杯赛。他们的成就使室内五人制足球成为除了传统的11人制足球之外所罗门群岛的顶级运动。

艾略特·拉格莫（Elliot Ragomo）、杰克·维特尼（Jack Wetney）和迈卡·莱亚阿法（Micah Lea'alafa）是该队的核心球员。该队近年来有一些新球员脱颖而出。2010年，出现的新面孔包括科尔曼·玛卡乌（Coleman Makau）、乔治·史蒂文森（George Stevenson）、戴维·拉法伊（David Lafai）和杰弗里·布莱（Jeffery Bule）。

自 2005 年以来，该队在国际比赛中所获得的成绩如下：2005 年大洋洲足联室内五人制足球锦标赛第五名，2008 年大洋洲足联国际足联室内五人制足球世界杯预选赛冠军，2009 年大洋洲足联室内五人制足球锦标赛冠军，2009 年阿尔法特洲际室内五人制足球锦标赛第五名，2010 年大洋洲足联室内五人制足球锦标赛冠军，2011 年大洋洲足联室内五人制足球锦标赛冠军。

（五）国际足联对所罗门群岛足球运动的援助

国际足联进球计划是所罗门群岛最重要的体育设施发展计划。目前已经实施了三期。其历史可以追溯到 20 世纪 90 年代后期。当时，为了升级改造霍尼亚拉的劳森·塔马体育场，所罗门群岛足联领导层向国际足联申请了资助。自国际足联第一期进球计划资助劳森·塔马体育场升级改造以来，所罗门群岛足球运动取得了很大进展。如今，国际足联进球计划将其资助范围扩大到了所罗门群岛各省。

在国际足联第一期进球计划的资助下，所罗门群岛在 2001 年建成了该国首个达到世界标准的足球比赛场。所罗门群岛是国际足联进球计划的 11 个受援国之一。劳森·塔马体育场不仅被修葺一新，还配齐了附属设备，包括一个高技术的草皮灌溉系统。即使在 1999~2003 年所罗门群岛内乱期间，劳森·塔马体育场的基建工程也没有停止，仍正常施工。它是那一时期所罗门群岛唯一一项重大发展计划。建设该项目的承包商是新西兰乌科斯齐和波里奇股份有限公司（New Zealand Based Vuksich and Borich Ltd.）。劳森·塔马体育场完工于 2001 年。8 月 21 日，博比·查尔顿爵士参加了开幕仪式。这标志着所罗门群岛的足球运动进入了一个

新的时期。

在国际足联第二期进球计划的资助下，所罗门群岛足联修建了艾伦·博索①综合楼。拥有自己的足球学院是大洋洲人民的梦想之一。当大洋洲足联足球学院在新西兰的奥克兰建成后，下一步是在大洋洲各国修建类似的设施。所罗门群岛是首批获益国之一。艾伦·博索综合楼不到一年就建成了。它将所罗门群岛的足球运动提高到了一个全新水平。从此之后，所罗门群岛足联不仅有能力对教练和裁判进行培训，还使地方队和国家队参加国际比赛有了免费的招待所。艾伦·博索综合楼包括行政区、教育中心、厨房和餐饮设施以及宿舍区。宿舍区还有浴室和洗衣房。

在成功实施了头两期国际足联进球计划之后，国际足联第三期进球计划将足球运动设施建设从霍尼亚拉扩展到两个省。国际足联第三期进球计划资助了两个省级足球场的升级改造，一个位于马莱塔省的阿里格格沃（Aligegeo），另一个位于西部省的吉佐。阿里格格沃体育场项目已完工，并已经被用来举行主场比赛。2010 年 6 月，在阿里格格沃体育场举行了所罗门群岛运动会的足球比赛。在西部省，改造约翰·F. 肯尼迪体育场的工作正在进行中。该项目动工于 2010 年 6 月 18 日。阿里格格沃体育场和约翰·F. 肯尼迪体育场可以举办国际性比赛。

2008 年，为促进本地区足球运动的发展，大洋洲足联提出了一个名为"赢在大洋洲"（Win in Oceania）的发展计划，并为其制订了一个长期发展规划。同年 6 月，为了推动该计划，大洋洲

---

① 艾伦·博索（Allan Boso）是所罗门群岛足联前主席。

足联在努美阿召开了一次临时代表会议。国际足联主席约瑟夫·S. 布拉特（Joseph S. Blatter）和国际足联秘书长杰罗姆·华基（Jerome Valcke）参加了此次会议。布拉特对该计划给予了高度评价，并认为该项目为大洋洲足联发展本地区足球运动提供了一个重要机遇。2009 年 1 月，"赢在大洋洲"发展计划在大洋洲启动。该计划旨在增加国家级赛事，改善基础设施，加强行政管理，提高所有会员协会与新闻媒体沟通的能力，鼓励参与室内五人制足球和基层项目，提高大洋洲足联及其会员在本地区和世界上的形象。为此，大洋洲足联在国际足联的资助下向该计划投入资金 800 万美元。

第五节 新闻出版

一 概况

基督教各教派创办了最早专门关注所罗门群岛的期刊和报纸，其中圣公会美拉尼西亚主教教区创办的报刊最多。《南十字星座日志》（*Southern Cross Log*）是圣公会创办的第一份期刊。该刊物创办于 1895 年 5 月。它有两个版本，一个是奥克兰/悉尼版，1972 年 4 月停刊；另一个是伦敦版，1973 年冬季停刊。这两个版本虽然共享原稿，但是分别编辑；奥克兰/悉尼版报道的太平洋地区新闻多一些，伦敦版报道有关英国神职人员的新闻多一些。美拉尼西亚教会还发行过《奥·萨拉·尤苏苏》（*O Sala Ususu*）（1922 ~ 1957）、《美拉尼西亚信使：奥·萨拉·尤苏苏的子孙》（*The Melanesian Messenger：The Child of O Sala Ususu*）（1958 ~ 1973）、

《美拉尼西亚教会报》（*The Melanesian Mission Broadsheet*）（1962～1972）和《美拉尼西亚通讯》（*The Melanesian Newsletter*）（1977年至今）。

1955年，保护领政府新闻处创办了《英属所罗门群岛保护领新闻册》（*British Solomon Islands Protectorate News Sheet*）（以下简称《新闻册》），这是官方发行的首份报刊。《新闻册》主要报道与英属所罗门群岛保护领有关的新闻，发行对象主要是保护领的各教派和普通公民，以及海外的新闻机构。由于保护领没有本地报刊，因此创办《新闻册》旨在明确传达政府的目标和政策，提供普通的外宣报道，以及向所罗门群岛岛民介绍一些海外新闻。《新闻册》也有跨页版面，而且主题广泛，如脊髓灰质炎的疗法或所罗门群岛的旅游潜力。由于是用油印机印刷，稿件一直尽可能的简单，但附有照片。1974年，开始刊登广告。《新闻册》在1955年和1956年为双月刊，在1957年改为月刊，在1962年改为双周刊。1966年，发行量为350份；1967年，飙升至1000份；1969年，增长到3500份；1970年，达到4000份。1974年10月25日，英属所罗门群岛保护领政府新闻处开始试发行一份名为《所罗门新闻消息报》（*Solomons News Drum*）的周报，并于1975年以其代替了《新闻册》。据估计，到1975年7月，该报拥有1.5万名读者。1982年，五位所罗门群岛岛民收购了《所罗门新闻消息报》，并将其改名为《所罗门星报》（*Solomons Star*）。

《卡卡姆拉通讯员》（*Kakamora Reporter*）创刊于1970年3月。它是一份月刊，偶尔双月发行。它为所罗门群岛受过教育的精英提供了一个表达时事观点的平台。其内容大多为写给编辑的信。话题非常广泛，从黑人权利到所罗门群岛民族主义都有涉及。这是所罗门群岛岛民第一次公开发表自己的观点。第一期刊印了 50 份，到 1971 年 9 月，发行量已增加到 600 份，而且该报还在海外发行。亨利·拉拉卡·古贺是出版商，同时他和艾拉·布格图担任编辑。《卡卡姆拉通讯员》于 1975 年停刊。

二　管理体制

新闻处（Information Service）是保护领政府中一个历史悠久的部门。它负责为政府向国内外提供新闻服务和向所罗门群岛广播电台（Solomon Islands Broadcasting Service）提供新闻报道。它还在 1955 ~ 1974 年负责《英属所罗门群岛保护领新闻册》的编辑和发行工作。此外，新闻处还向政府提供拍摄照片和影像服务，以及有限的商业摄影服务。

1972 年 1 月，新闻处与所罗门群岛广播电台、所罗门群岛图书馆和所罗门群岛博物馆合并为新闻、广播、博物馆和图书馆事务局（Department of Information, Broadcasting, Museum and Library Services）。该举措旨在促进国家认同的形成和增进保护领各社区的相互依赖，有助于公众更加便利地获知保护领内外所发生的事件和了解政府的政策，以及支持教育普及活动。由于尚未创办广播等私人媒体，政府认为它有义务兴办国有媒体和图书馆设施。

在文化层面上，政府支持所罗门群岛的音乐、舞蹈、口述史料收集和大众文化活动，确保物质文化的陈列和保存。这个新部门保护了所罗门群岛广播电台、所罗门群岛博物馆和所罗门群岛图书馆，协调了它们与政府新闻处的工作。

三　报刊

《所罗门星报》（*Solomons Star*）创办于 1982 年，其前身为《所罗门新闻消息报》。1955 年，英属所罗门群岛保护领政府新闻部门发行了一本双月刊的小册子，名为《英属所罗门群岛保护领新闻册》。这本小册子在 1957 年被改为月刊，在 1962 年改为双周刊。1974 年 10 月 25 日，英属所罗门群岛保护领政府新闻处开始试发行一份名为《所罗门新闻消息报》的周报，并于 1975 年以其代替了《英属所罗门群岛保护领新闻册》。在 1982 年年中，五位所罗门群岛岛民收购了《所罗门新闻消息报》，并将其改名为《所罗门星报》。从那时起，它成为日报，并作为一份私有报纸经营至今。

四　广播与电视

1956 年，英属所罗门群岛开办了短波广播电台。1976 年，所罗门群岛广播公司成立，并取代了所罗门群岛广播局。所罗门群岛广播公司宣称，其宗旨是推动教育事业发展，推广当地现代音乐和促进国家团结。

所罗门群岛广播公司运营着欢乐群岛电台（Radio Happy Isles）和乡亲调频广播台（Wantok FM）两家国家广播电台与西部省的欢乐潟湖电台（Radio Happy Lagoon）和泰莫图省的泰莫图电台（Radio Temotu）两家地方电台。目前，所罗门群岛还通过调幅中的两个频率进行广播，一个是中频 1035 kHz，一个是高频 5020 kHz。通过卫星馈送，可以收听澳大利亚广播电台（Radio Australia）的节目。

1992 年，所罗门群岛开办了第一家电视台。在所罗门群岛，可观看多个频道的付费电视节目。

五 互联网

所罗门人民第一网（Solomon People First Network）由技术顾问戴维·利明（David Leeming）等于 2001 年 1 月创建，是农村发展志愿者协会①的一个项目。人民第一网是一个建立在稳定、成熟和可持续技术基础之上的电子邮件系统。它使所罗门群岛偏远地区的人民能够通过一台普通电脑、高频无线电和太阳能调制解调器接收和发送电子邮件。创办人民第一网旨在使所罗门群岛诸社会集团更好地分享信息和形成共识，推动和促进农村的公正和可持续发展与和平建设。联合国开发计划署、新西兰国际开发署、英国和日本政府、澳大利亚国际开发署和欧盟，以及中国台湾对其给予了资金和技术支持。人民第一网在其网站上发布了大量信息和新闻，为2000 年陷入内乱的所罗门群岛的和平建设做出了积极贡献。该网站的建立还促进了农村地区的发展。在澳大利亚国际开发署的资助下，人民第一网与传统菜园协会（Kastom Gaden Association）合作，开办了一个社区电子邮件站，该站点成为面向农民的技术和销售咨询中心。2003 年，在人民第一网和联合国开发计划署的共同推动下，所罗门群岛制定了一项国家信息通信技术战略。

远程教育中心计划（Distance Learning Centre Project，DLCP）是农村发展志愿者协会实施的教育部门投资和改革项目

---

① 农村发展志愿者协会（Rural Development Volunteers Association）是省政府与农村发展部（Ministry of Provincial Government and Rural Development）创建的一个非营利性组织。

（Education Sector Investment and Reform Programme） 的一部分。从 2003 年 4 月起，农村发展志愿者协会所属的人民第一网与南太平洋大学霍尼亚拉中心携手合作进行了多次远程教育试验。2004 年 8 月，在欧盟和新西兰国际开发署的资助下，上述试验发展成远程教育中心计划。该计划由教育与人力资源发展部的职业技术教育处负责管理。该计划创办了所罗门群岛学校网①，并在所罗门群岛的 9 个省分别成立了试验性的远程教育中心。这些中心都隶属于乡村社区中学。每个中心都有一名专职管理人员和一个拥有 6 台机器的小型微机室，当地学生可以接受远程教育。远程教育中心计划所提供的课程属于职业技术教育类的短期课程。

　　尽管向人民第一网及其相关项目投入了大量精力，2004 年，该网络还被列为国际交流发展计划与联合国教科文组织联合颁发的 2003 年度农村通信奖 （IPDC – UNESCO Rural Communication Prize） 五个入围项目之一，但是国家信息通信技术战略从未被贯彻落实，远程教育中心计划似乎已经不了了之。2010 年，所罗门群岛政府撤回了对人民第一网的资金支持。

---

① 所罗门群岛学校网 （Solomon Islands SchoolNet），网址：http：//rurallink. com. sb/SchoolNet。

第六章

外　交

所罗门群岛在独立后一直坚持和平、友好、相互尊重和维护人类尊严的原则，奉行不与任何大国结盟的政策。截至 2014 年，所罗门群岛已同 34 个国家建立外交关系，在澳大利亚、巴布亚新几内亚、纽约联合国总部派有外交使团。驻联合国大使兼任驻美国大使和驻加拿大高级专员，驻布鲁塞尔的欧洲使团大使也兼任驻英国高级专员。美国、英国、澳大利亚、新西兰、日本和巴布亚新几内亚在所罗门群岛设有大使馆。加拿大、法国、德国、瑞典、韩国和马来西亚在霍尼亚拉设有领事馆。所罗门群岛是南太平洋论坛、太平洋共同体成员，积极参与地区事务，支持设立南太无核区，反对美、日在太平洋小岛储存核废料。

第一节　概况

一　外交政策

独立之初，所罗门群岛对外政策的出发点是"捍卫本国的民族福利，促进本国的和平与稳定"。重点保持与原宗主国英国以及澳大利亚、新西兰和巴布亚新几内亚等国的传统关系，谋求加入联

合国及其所属机构。参加英联邦和南太平洋地区组织的活动，并在相互尊重和信任的基础上与其他国家发展关系。

1981年9月，所罗门·马马洛尼政府希望开辟新的外交领域、寻求外援的多国化，以减少对英国、澳大利亚、新西兰的依赖，提出外交政策以"选择性和客观性为基础"，表示要接受包括苏联东欧集团在内的援助。后因澳大利亚等国的反对，仍基本上承袭了上届政府的亲西方政策。

冷战结束以来，在保持与英国、澳大利亚、新西兰等国关系的同时，加强了同巴布亚新几内亚等其他岛国的合作，并逐渐注重同东亚和东南亚国家发展关系。由于与巴布亚新几内亚、瓦努阿图同属美拉尼西亚人种，关系比较密切。所罗门群岛政府将其外交政策概括为"向北看"政策（look north policy），其目标是加强与亚洲国家的外交和经济关系。

二　外交事务与对外贸易部

（一）概况

所罗门群岛外交事务与对外贸易部（Ministry of Foreign Affairs and External Trade，简称"外交部"）负责通过其在霍尼亚拉的总部和其在世界各地的大使馆、高级专员和领事馆，维护和促进与外国的外交关系、国际合作和对外贸易。其主要任务是，通过维护和扩大与各国、国际和地区性组织的友好关系，尤其是那些与其有着正式外交关系的国家和其作为成员方的组织，促进、维护本国利益和在海外的良好形象。其业务范围涵盖了外交事务、双边和多边外交关系、领事关系和领事事宜、外交礼仪、海外外交使团、条约和协定、贸易问题。

该部所追求的政策目标是：（1）在相互尊重国家主权的基础上处理其外交关系；（2）在处理双边和多边关系时，促进所罗门群岛的利益和维护所罗门群岛的主权；（3）在贯彻外来援助政策时，坚持选择援助合理的发展援助和符合本国愿望地利用外来援助；（4）维系、支持和评估所罗门群岛与南太平洋地区国家、联合国和英联邦的合作；（5）评估在亚洲地区派驻所罗门群岛常驻代表的必要性和范围；（6）为了确保该部的管理和运行高效、专业，不断对员工进行培训。

在追求其目标时，该部贯彻如下策略：（1）与发展伙伴建立信任；（2）加强与太平洋周边国家的贸易关系和有助于整体发展的合作；（3）为了提高成本效益和效率，对所罗门群岛的海外代表进行审核；（4）评估所罗门群岛与他国以及国际和地区性组织的成员国的关系，以便判断从上述关系和联系中所获利益的程度；（5）确保所罗门群岛海外外交使团和领事机构的成本效益和效率；（6）扩大和加强所罗门群岛与太平洋岛国论坛和美拉尼西亚先锋集团成员国的关系。

（二）历任外交部部长

所罗门群岛历任外交部部长姓名及任期见表 6-1。

表 6-1 所罗门群岛历任外交部部长一览

序号	姓名	任期
1	彼得·凯尼洛雷亚（Peter Kenilorea）	1978~1981 年
2	伊泽基尔·阿莱布亚（Ezekiel Alebua）	1981~1982 年
3	迈克尔·伊沃（Michael Evo,代理）	1982 年
4	丹尼斯·卢雷（Dennis Lulei）	1982~1984 年
5	乔治·塔拉沙沙（George Tanisasa）	1984~1985 年

续表

序号	姓名	任期
6	保尔·托伏亚(Paul Tovua)	1985~1988 年
7	彼得·凯尼洛雷亚(Peter Kenilorea)	1988~1989 年
8	巴德利·德维西(Baddley Devesi)	1989~1990 年
9	彼得·凯尼洛雷亚(Peter Kenilorea)	1990~1993 年
10	乔布·杜德利·陶辛加(Job Dudly Tausinga)	1993~1994 年
11	弗朗西斯·萨马拉(Francis Saemala)	1994~1995 年
12	丹尼·菲利普(Danny Philip)	1995~1996 年
13	戴维·斯泰(David Sitai)	1996~1997 年
14	帕特森·奥蒂(Patterson Oti)	1997~2000 年
15	丹尼·菲利普(Danny Philip)	2000~2001 年
16	戴维·斯泰(David Sitai)	2001 年
17	亚历克斯·巴特利特(Alex Bartlett)	2001~2002 年
18	诺伦·莱尼(Nollen Leni)	2002 年
19	劳里·陈(Laurie Chan)	2002~2006 年
20	帕特森·奥蒂(Patteson Oti)	2006~2007 年
21	威廉·豪梅(William Haomae)	2007~2010 年
22	彼得·尚内尔·阿格瓦卡(Peter Shannel Agovaka)	2010~2012 年
23	克莱·福拉武·所亚拉沃伊(Clay Forau Soalaoi)	2012~2014 年
24	米尔纳·托扎卡(Milner Tozaka)	2014 年至今

（三）现任外交部部长

米尔纳·托扎卡（Milner Tozaka，1951.10.21－），西部省维拉拉维拉岛罗帕拉多村（Ropalado Village，Vella Lavella）人，所罗门群岛外交家和政治家。1968~1969 年，就学于巴布亚新几内亚马兰古纳工学院（Malanguna Technical College）附属高级中学；1970~1971 年，在巴布亚新几内亚大学接受高等教育；

1992 年，获得南太平洋大学（斐济苏瓦校区）文科学士学位；1993 年，获得南太平洋大学（斐济苏瓦校区）管理与社会学研究生文凭。

20 世纪 80 年代，米尔纳·托扎卡进入政府部门工作。1984～1985 年，任国家灾难委员会（National Disaster Council）主席。1988 年，任公共服务改革计划（Public Service Reform Program）顾问；1995 年，转任省政府部（Ministry of Provincial Government）顾问；1999 年，被任命为省政府复核委员会（Provincial Government Review Committee）主席。2000～2005 年，任所罗门群岛驻澳大利亚高级专员。

在卸任所罗门群岛驻澳大利亚高级专员后，米尔纳·托扎卡进入政界。在 2006 年大选中，他作为无党派人士参加了国民议会议员选举，当选为维拉拉维拉北部选区国民议会议员。2006 年 4 月，在斯奈德·里尼政府中任公共服务部部长。在里尼政府于 2006 年 5 月垮台后，任国民议会宪法审查委员会主席。2007 年 12 月，在德里克·西库阿总理上台执政后，他被任命为公共服务部部长，并担任上述职务直到 2010 年 4 月。在 2010 年大选中，他作为人民联盟党候选人参加了国民议会议员选举，并再次当选为维拉拉维拉北部选区国民议会议员。2010 年 9 月至 2014 年 9 月，任宪法审查委员会和议案与立法委员会委员，以及外交关系委员会主席；其间，在 2011 年 11 月，当总理丹尼·菲利普因失去国民议会多数支持而辞职后，托扎卡作为反对党候选人曾竞选过总理一职，但败于戈登·达西·利洛。2012 年 1 月至 2014 年 9 月，任国民议会公共开支委员会委员。2014 年 12 月至今，在玛拿西·索加瓦尔政府中任外交部部长。

第二节　与大洋洲国家的关系

一　与澳大利亚的关系

所罗门群岛与澳大利亚的关系一直比较紧密。在第二次世界大战期间，澳大利亚参与了将所罗门群岛从日本占领下解放出来的斗争。战后，两国间的人员和经贸往来不断增长，旅居所罗门群岛的澳大利亚人大多居住在首都霍尼亚拉。在独立之初，所罗门群岛就表示要与澳大利亚建立特殊关系，双方高层领导人往来频繁。所罗门群岛前总理、前副总理等要员先后访问澳大利亚，在澳大利亚的布里斯班设有总领事馆。1990 年 1 月所罗门群岛总督利平对澳大利亚进行了私人访问。2008 年，澳大利亚总理陆克文访问了所罗门群岛。澳大利亚是所罗门群岛的第二大援助来源国，每年援助所罗门群岛 550 万澳元。在 2009 ~ 2010 年，澳大利亚向所罗门群岛提供了 2.46 亿澳元的援助。澳大利亚也是所罗门群岛最主要的进口来源国。澳大利亚还在所罗门群岛投资银行、航运和木材加工等行业。

（一）1992 年外交风波

1992 年 7 月 9 日，南太平洋论坛在所罗门群岛首都霍尼亚拉举行第二十四届首脑会议的开幕式，南太平洋两个最大的国家的总理——澳大利亚总理基廷和新西兰总理博尔格却未能按时到会，引起外交风波。

由于澳大利亚执政党对反对党利用新西兰经济改革成功攻击工党政府的经济政策甚为不满，基廷总理认为，有必要与新西兰总理举行私人会谈，以缓和澳大利亚和新西兰之间的矛盾。因此，澳大利亚和新西兰两国的总理在首脑会议前举行了会谈，但双方在会谈中因发生争执而未能按时抵达会场，此时，所罗门群岛总督乔治早已到达会场并已走向讲台。因澳大利亚和新西兰两国总理未能按时到会，开幕式推迟10分钟举行。

南太平洋各岛国代表团代表对澳大利亚和新西兰此举极为愤慨。他们纷纷发表谈话，认为这是对南太平洋各岛国的公开蔑视。瓦努阿图代表团认为基廷的行为对南太平洋岛国是一种无端的侮辱。所罗门群岛外交部部长则认为两国总理的行为令与会各国震惊。事件发生后，所罗门·马马洛尼总理对两位总理陈述的迟到理由表示不满。澳大利亚总理和新西兰总理的行为不仅引起南太平洋岛国的普遍不快，也加剧了这些国家对澳大利亚和新西兰的离心倾向。最终，博尔格总理写信给所罗门·马马洛尼总理，公开致歉，基廷总理则立即向所罗门·马马洛尼总理表示了歉意。

（二）澳大利亚与所罗门群岛的种族冲突

2003年7月下旬，为了恢复所罗门群岛的法律和社会秩序，澳大利亚正式派出维和人员赴所罗门群岛执行维和任务。这是澳大利亚制定新的防务战略后做出的一个重大举动，表明澳大利亚已改变对周边岛国的"不干预政策"，也反映了澳防务重点由本土防御转向海外防御，因而引起国际社会的广泛关注。7月21日，澳大利亚皇家海军"马努拉"号军舰载着维和部队和警察的第一支分遣队离开西北部港口城市汤斯维尔，前往所罗门群岛首都霍尼亚拉，为在那里执行维和、恢复法律和社会秩序任务做先期准备。

"马努拉"号军舰上设有医院和指挥中心，是本次维和行动的指挥舰。24 日，由澳大利亚率领的 2225 人的维和部队全部进入所罗门群岛，并开始实施代号为"帮助朋友"的军事行动。这支国际维和部队由澳大利亚、新西兰、斐济、巴布亚新几内亚、萨摩亚和汤加的警察、军队和后勤人员组成，其中有澳大利亚军队 1500 人、警察 300 人。澳大利亚政府在组织这次行动时十分谨慎。首先，召开了太平洋岛国论坛 16 国外长会议，行动计划获得一致通过，并成功地争取了新西兰、巴布亚新几内亚、斐济、萨摩亚和汤加等国参加，使干预行动成为地区的集体行动。其次，澳大利亚一直等到所罗门群岛议会正式通过了邀请国际干预的法案后才采取行动，使得这次行动具有法律根据。为了应付所罗门群岛的复杂局势和叛乱分子的重型武器，澳大利亚部队和警察于 6 月在汤斯维尔进行了针对性集训。尽管如此，澳大利亚政府还是充满担忧。澳国防部部长罗伯特·希尔说，由于所罗门群岛叛乱分子拥有重型武器，并躲藏在茂密的丛林里，以澳为首的国际维和部队面临很大的危险，其中最大的危险是游击战和丛林伏击战。

在殖民地时代之前，所罗门群岛的岛民一直处于原始公社制阶段，社会的基本单位是部落。在殖民地时代，它沦为西方列强的"保护领地"。西方文化，包括西方的政治制度和宗教信仰，开始渗入。但这种移植并不成功，社会处于动荡之中，部落间的矛盾和冲突愈演愈烈。所罗门群岛在 1978 年独立后，该国的两大派"马莱塔之鹰武装"和"伊萨塔布自由运动"势不两立，两派之间的矛盾十分尖锐。"伊萨塔布自由运动"甚至迫使来自相邻的马莱塔岛的 2 万人放弃自己的家园、职业和财产，离开该运动占据的瓜达

尔卡纳尔岛。1998年两派爆发武装冲突。2000年6月5日，"马莱
塔之鹰武装"武装分子伙同警察发动了一场武装政变，将巴塞洛
缪·乌卢法阿卢总理扣为人质，并迅速控制了首都霍尼亚拉的战略
要地。6月14日，巴塞洛缪·乌卢法阿卢总理在政变分子的逼迫
下宣布辞职。8月，"马莱塔之鹰武装"和"伊萨塔布自由运动"
在国内外力量的推动下实现停火。10月，政变后在议会选举中上
任的梅纳西·索格瓦雷政府、马莱塔省、瓜达尔卡纳尔省、"马莱
塔之鹰武装"和"伊萨塔布自由运动"五方在澳大利亚汤斯维尔
市举行和谈，达成结束种族冲突、实现民族和解的汤斯维尔和平协
议。此后，两派之间虽然没有兵戎相见，但矛盾不断激化，导致所
罗门群岛法治失控，社会动乱，贪污腐败成风，经济濒临崩溃。在
这种情况下，各种不法势力盛行，走私、贩毒、洗钱猖獗，枪支泛
滥，岛内局势危如累卵，严重危及四邻。到2003年6月，所罗门
群岛政府已无法控制首都以外的局势，不得不要求有关国家派遣维
和部队帮助其恢复法律和社会秩序。

澳大利亚出兵所罗门群岛的举动，表明其改变了对周边岛国的
"不干预政策"。澳对周边不发达岛国一直采取不干预政策，认为
"他们的房子应该由他们自己打扫"。早在2000年初，所罗门群岛
政府就急切地要求澳大利亚派兵援助，但遭到拒绝，几个月后所罗
门群岛发生政变并陷入了内乱。随着国际反恐斗争的深入，澳大利
亚开始改变地区政策。澳总理霍华德说，在澳大利亚的家门口不能
有"不及格"的国家，它们可能成为国际恐怖分子的天堂，并导
致买卖护照、贩毒、走私、洗钱等活动猖獗。这危及了澳大利亚的
国家安全，如果不加干预，将不仅受到本国人民的谴责，而且将受
到世界其他国家的谴责。因此，霍华德决定向所罗门群岛派出维和

部队。

澳大利亚出兵所罗门群岛的举动，还反映了澳新防务重点从传统的本土防御转向海外防御。自"9·11"事件以后，特别是2002年11月印尼巴厘岛爆炸以来，澳大利亚开始反思自己的安全战略。根据2003年2月澳大利亚政府公布的《澳大利亚国家安全：2003年防务更新》，澳没有面临直接外来的军事威胁，最大的安全危险来自国际恐怖主义和大规模杀伤性武器，所以防务重点要从传统的本土防御转向海外防御。从报告公布以来的情况看，澳大利亚正在积极落实这一战略思想。其中，一个重大的举动就是出兵所罗门群岛。所罗门群岛治安失控、秩序混乱，为澳大利亚政府实施新的安全战略提供了绝好的机会。新的战略要求澳大利亚军队要兼顾反恐、打击跨国犯罪等任务。于是，出兵所罗门群岛顺理成章地成为其实施"海外防御""先发制人"战略的契机和样板。

然而，外国舆论认为，有关国家要帮助所罗门群岛恢复秩序比较容易，要从根本上解决问题却很难。部落间的矛盾与冲突破坏了当地经济，经济困难反过来又加剧了矛盾和冲突。要发展经济，不是仅靠维持治安就可以奏效的，它牵涉到深层次的文化问题。要改变传统的文化，主要是部落文化以及部落内部"公有化"的所有制观念，不是几千名外国军人可以做到的。

（三）玛拿西·索加瓦尔执政时期的所澳关系

在玛拿西·索加瓦尔执政时期，所罗门群岛与澳大利亚的关系一直比较紧张。因为玛拿西·索加瓦尔总理谴责澳大利亚严重干涉所罗门群岛内政，驱逐了澳大利亚驻所罗门群岛高级专员帕特里克·科尔。在一次全国性电视讲话中，玛拿西·索加瓦尔声称，澳大利亚所领导的驻所罗门群岛安全部队一直未能正确处理该国的许多隐性问题。他说："我们担心堪培拉的政策旨在通过利用发展援助和颇具优势的政治影响力控制澳大利亚领导的干涉活动，将该地区人民排除在解决涉及社会稳定的重大问题之外和控制他们，而不是与他们一起共同致力于解决这些只能通过对话才能解决的重大问题。"玛拿西·索加瓦尔还声称，澳大利亚在该地区的干预活动"可能正在驱使该国走向另一场比2006年4月的骚乱更加严重的冲突"。

2011年12月，一件与所罗门群岛前总检察长朱利安·莫蒂有关的旷日持久的法律诉讼再次出现逆转，澳大利亚高等法院驳回了对他的猥亵儿童的定罪。莫蒂是一位澳大利亚公民，2006年9月在巴布亚新几内亚被逮捕，原因是他被指控与1997年发生在新喀里多尼亚（法）和瓦努阿图的多起事件有关。后来，他逃脱了警方的拘押，偷乘属于巴布亚新几内亚军方的飞机回到所罗门群岛。当时的所罗门群岛总理玛拿西·索加瓦尔接着采取了委任莫蒂为该国总检察长并驳回了来自澳大利亚的引渡请求的对抗性措施。这一举动影响了两国之间的外交关系。当玛拿西·索加瓦尔在2007年被德里克·西库阿从总理宝座上撵下台后，莫蒂的职务也被终止，并被驱逐到澳大利亚。澳大利亚高等法院在2011年12月驳回了昆士兰州最高法院的判决，并裁定2007年将他引渡到澳大利亚是非法的，因为他没有被给予必要的7天上诉期。此后，莫蒂一直威胁要起诉澳大利亚政府。

2007年12月，玛拿西·索加瓦尔的继任者德里克·西库阿总理在上台执政后立即表示将加强与澳大利亚的关系。澳大利亚外长史密斯对西库阿当选总理表示欢迎和祝贺，并期待澳大

利亚和所罗门群岛的关系有所改善。2008 年 3 月，澳大利亚总理陆克文访问了所罗门群岛。澳大利亚承诺将继续支持所罗门群岛的发展，2008 年，向所罗门群岛提供了 2.03 亿所元的援助。

（四）德里克·西库阿执政时期的所澳关系

所罗门群岛和澳大利亚的关系在西库阿执政时期得到了改善。

2009 年 1 月，澳大利亚总理陆克文和所罗门群岛总理西库阿签署了《澳大利亚所罗门群岛伙伴关系发展框架协议》。该协议规定了澳大利亚的双边援助计划，实际推动的原则在于相互尊重和责任。在2012～2013 年，澳大利亚国际开发署向所罗门群岛提供约7030 万美元的双边援助。驻所罗门群岛区域援助团、澳大利亚国际开发署的地区和全球项目以及澳大利亚提供的其他发展援助，总共约2394 万美元。

澳大利亚与所罗门群岛维持了紧密的经济关系。所罗门群岛和澳大利亚有直接的航运和空运航线，澳新银行和西太平洋银行在所罗门群岛设有分支机构。许多澳大利亚的法律和会计事务所直接或与当地公司合作开展业务。

2011 年 12 月，澳大利亚和所罗门群岛签署了《关于太平洋季节工实验计划的谅解备忘录》。2012 年 7 月，上述协议被《长期季节工计划》代替。根据该计划，为了满足其季节性收获需要，澳大利亚的园艺企业可以招聘来自太平洋岛国的季节性园艺工人。

二 与新西兰的关系

1800 年，英国美拉尼西亚教会派遣塞尔温主教前往所罗门群岛传教，从而开启了所罗门群岛与新西兰之间的交往大门。在二战期间，新西兰军人曾驻防所罗门群岛并参加所罗门群岛战役。

1978 年 7 月 7 日，所罗门群岛甫一独立，就与新西兰建立了外交关系。从此，两国关系日益紧密，并且交往领域极其广泛，包括政治对话、发展援助和民间往来。多年来，所罗门群岛的许多岛民，包括总理和高级政府官员都曾在新西兰接受过中学教育或大学教育。尤其是自 2003 年以来，新西兰警察、国防军和非军事人员参加了驻所罗门群岛区域援助团，并提供了大量资金援助，如在 2003 年 10 月向所罗门群岛政府提供了4000 万所元预算援助，从而为所罗门群岛的社会稳定和发展做出了贡献。

新西兰是所罗门群岛的第五大援助来源国，所罗门群岛是新西兰最大的援助对象国。为了加强两国在交通基础设施、渔业、教育、国家收入管理、治安、法律和司法等领域的合作和促进所罗门群岛上述领域的发展，所罗门群岛与新西兰在 2011 年签署了具有指导意义的《发展共同承诺》（Joint Commitment for Development）。所罗门群岛还参与了新西兰的"认可季节性雇主计划"（Recognised Seasonal Employers Scheme）。2014 年，在新西兰有 594名所罗门群岛季节性劳工。

新西兰驻所罗门群岛高级专员是新西兰在所罗门群岛最重要的外交代表，主管新西兰在所罗门群岛的外交使团。自 1978 年以来，新西兰一直向所罗门群岛派驻常驻高级专员。作为英联邦正式成员，新西兰与所罗门群岛间的外交关系一直处于政府层面。因此，两国间相互派驻的是高级专员，而非大使。

三 与巴布亚新几内亚的关系

所罗门群岛独立后,与巴布亚新几内亚的关系一度十分友好。1988年3月,所罗门群岛、巴布亚新几内亚和瓦努阿图三国总理在维拉港签署了成立美拉尼西亚先锋集团的声明,并定期举行领导人会晤,协调对外立场。但是,自20世纪80年代末开始,尤其是在20世纪90年代初,所罗门群岛与巴布亚新几内亚的关系一直起伏不定。

(一) 1987年的海上边界冲突

由于20世纪80年代末两国发生海上边界冲突,因此,所罗门群岛与邻国巴布亚新几内亚的关系一度十分紧张。在1987年初,所罗门群岛与巴布亚新几内亚发生渔业纠纷。所罗门群岛的设德兰岛和乔叟岛岛民与在上述两岛附近水域捕鱼的巴布亚新几内亚渔民发生械斗,并造成人员伤亡。所罗门群岛岛民指责巴布亚新几内亚渔民侵犯了他们的水域。为此,两国政府出面进行干预。1987年6月,在经过谈判后,两国政府正式签署了一项协议,划定了两国海上边界,两国渔民之间的冲突宣告平息,双边关系有所缓和。

(二) 布干维尔第二次危机对两国关系的冲击

1988~1992年,巴布亚新几内亚爆发了布干维尔第二次危机。这次危机是巴布亚新几内亚独立以来持续时间最长、规模最大的一次危机。巴布亚新几内亚布干维尔岛上拥有丰富的铜矿资源,此地的铜矿资源每年为巴布亚新几内亚创造的收益占其全部出口收入的20%。布干维尔岛居民为了获得更大的利益分成,于1988年底发动了武装暴动,并成立了自己的武装——"布干维尔革命军"。巴新政府虽试图和平解决冲突，但是没能成功。1989 年 3 月，巴新政府派军队进驻布干维尔岛，导致武装冲突升级，"布干维尔革命军"态度进一步强硬并要求脱离巴新独立。由于冲突加剧，政府于 1989 年 5 月宣布关闭布干维尔岛上的铜矿，并随后提出了一揽子经济计划，包括增加对该岛基础设施的投资，但遭到"布干维尔革命军"的拒绝。但是，当年 10 月，政府还是与当地的一部分土地所有者签署了协议，准备执行新经济计划。然而协议墨迹未干，一部分矿区经营者于 12 月宣布封存铜矿，不久，政府下令驻扎在该岛的保安部队继续向"布干维尔革命军"发动进攻，以彻底打垮该武装，但是军事进攻很快减弱。1990 年 2 月，政府同意将全部军队撤出布干维尔岛，条件是"布干维尔革命军"放下武器。巴新保安部队在"布干维尔革命军"尚未解除武装的情况下依照政府命令，撤出了布干维尔岛，保安部队对政府的决策极为不满。警察总监凯恩遂于 1990 年 3 月在首都莫尔兹比港发动政变，但没有成功。两个月后，由于巴新政府未得到"布干维尔革命军"的任何让步，遂宣布封锁布干维尔岛，并禁止任何物资出入该岛。为了与之针锋相对，"布干维尔革命军"于 5 月 17 日宣布独立，建立"布干维尔共和国"。尽管巴新军方要求武力解决布干维尔岛问题，但是，巴新政府仍主张继续谈判和平解决布干维尔岛冲突。1990 年 7 月 29 日，巴新政府与"布干维尔革命军"在新西兰军舰奋斗号上举行了第一轮谈判，双方同意暂时搁置主权争端，首先恢复秩序并达成"奋斗协议"。但是该项协议未受到尊重，巴新军方重新控制了布干维尔岛北端的布卡岛。

在布干维尔第二次危机之初，所罗门群岛参与了危机调停并为谈判双方提供谈判场所。1991 年 1 月，巴新外长索马雷与布干维

尔岛反政府力量的代表、前布干维尔省省长卡布在所罗门群岛首都霍尼亚拉进行了第二轮谈判,并签署了《霍尼亚拉宣言》。为了监督停火和收缴"布干维尔革命军"的武器以及接收战俘,所罗门群岛参加了宣言规定成立的国际维持和平部队。但是,由于巴布亚新几内亚在1992年指责所罗门群岛支持"布干维尔革命军"而使得长期存在的紧张关系变得突出。

1992年2月,巴新总理纳马柳致函所罗门群岛总理所罗门·马马洛尼,强烈抗议所罗门群岛政府为"布干维尔革命军"从事分裂巴新活动提供场所。尽管1992年7月巴新新总理温蒂上台执政后两国关系有所缓和,实现了两国总理的首次会晤。但此后,所政府继续支持"布干维尔革命军"的分裂活动,并支持巴新各省省长反对巴新政府取消省府的行动。1993年6月,所罗门群岛新政府上台后,两国高层领导人在布干维尔省问题上达成了共识。自此,两国的紧张关系开始缓和。

同时,由于始于1988年的巴布亚新几内亚与"布干维尔革命军"间的冲突,约3000名布干维尔岛岛民作为难民生活在所罗门群岛,这一直是所罗门群岛和巴布亚新几内亚关系紧张的另一个原因。1994年10月,两国政府同意签署遣返条约,所罗门群岛关闭了布干维尔省在所罗门群岛首都霍尼亚拉的办事处。但是,难民遣返工作进展一直很缓慢,遣返期限悬而未决。

巴布亚新几内亚军队为了打击"布干维尔革命军",不断穿越所罗门群岛的海上边界,一度进驻肖特兰群岛,在随后的冲突中两名所罗门群岛岛民被打死。1997年,所罗门·马马洛尼威胁要诉诸国际法院,但是在1997年6月至7月,双方经过多次会谈,达成"基本边界协定",解决了边界问题,并于次年1月同意正式执行该协议，推动两国关系逐渐正常化。2001 年，两国就边界问题进一步谈判并取得了一定进展。

（三）关系正常化后的双边关系

所罗门群岛爆发种族冲突之后，巴布亚新几内亚政府积极推动所罗门群岛种族冲突的和平解决，帮助所罗门群岛在种族冲突解决后开展重建工作。2000 年 6 月，巴布亚新几内亚外长卡普廷率领南太平洋岛国外长团访问所罗门群岛，推动所罗门群岛冲突各方和平解决部族冲突。2002 年 5 月，为了减少与美拉尼西亚先锋集团成员国之间的贸易逆差，所罗门群岛政府正式向美拉尼西亚先锋集团提出援助请求，并分别照会巴布亚新几内亚、斐济和瓦努阿图政府，要求暂停履行该集团贸易协定的义务。6 月，巴布亚新几内亚参加太平洋岛国论坛代表团访问所罗门群岛，寻求帮助所罗门群岛走出困境的办法。

2003 年 2 月，巴布亚新几内亚向所罗门群岛飓风灾区捐款 5 万基那。

2003 年 5 月，艾伦·凯马凯扎总理顺访巴布亚新几内亚，同巴新代总理马拉特及卫生部部长佩普就双边关系和巴新向所援助等问题交换意见。6 月，所总督拉普利和议长分别表示支持南太各国对所进行联合干涉。7 月，所议会一致通过决议，要求多国部队对所进行"干预"。

2004 年 3 月，所外长劳里·陈访问巴新。同月，巴布亚新几内亚东新①不列颠棕榈油公司决定投资 2.7 亿所元开发瓜达尔卡纳尔省棕榈油业。7 月，总理艾伦·凯马凯扎率外长、总检察长以及

---

① 新不列颠岛东部。

民族团结、和解与和平部部长等官员访问巴新。其间，两国共同签署了《边界安排基础协议》和《指导两国关系框架协定》，巴新向所提供 460 万所元赠款，用于修建所驻巴新高级专员署。

2005 年 5 月，艾伦·凯马凯扎访问巴布亚新几内亚，两国签署《发展合作协定》。

四　与斐济的关系

所罗门群岛与斐济的交往由来已久。在 19 世纪，许多所罗门群岛岛民被招募到斐济，充当欧洲人种植园的劳工。二战期间，斐济军人曾在英军指挥下参加了在所罗门群岛的对日作战。1978 年 7 月 28 日，在所罗门群岛独立后不久，两国建立了正式外交关系。

两国建交后一直保持着友好关系。2003 年，驻所罗门群岛区域援助团进驻所罗门群岛，斐济也参与了援助团的行动。2008 年 8 月，所罗门群岛宣布向斐济派驻特派使团。同年 12 月，斐济宣布，已正式批准所罗门群岛在斐济建立常驻特派使团；而且，斐济驻巴布亚新几内亚特派使团将被委任为驻所罗门群岛特派使团。

2012 年 3 月，所罗门群岛前外交部部长帕特森·奥蒂被任命为驻斐济高级专员。

第三节　与欧洲国家及欧盟的关系

一　与英国的关系

作为英联邦成员国，所罗门群岛十分重视与英国保持良好关系，与英国的关系一直非常牢固。1978 年独立后，所罗门群岛政府一直聘请英国人担任顾问。2002 年 8 月，在出席太平洋岛国论坛会议期间，艾伦·凯马凯扎总理与英国外交和移民事务部大臣艾弗·卡普林（Ivor Caplin）举行了双边会谈，英国同意向所罗门群岛派遣警察总监。2003 年 1 月，所罗门群岛新任警察总监英国人威廉·莫雷尔宣誓就职。2006 年 4 月，为了庆祝女王 80 岁生日，所罗门群岛总督纳撒尼尔·维纳访问了英国。2011 年 4 月，所罗门群岛总督卡布伊夫妇赴英国出席威廉王子婚礼。

自所罗门群岛独立以来，英国已向其提供了数百万美元的援助。在 2004 年，随着英国的地区援助项目逐步完成，英国在所罗门群岛的双边援助项目结束。不过，英国还通过欧盟对所提供资助，因此对所罗门群岛的大规模多边援助将继续。英国贡献了欧盟给予所罗门群岛的发展预算的近 15%。英国外交部对所罗门群岛的援助主要集中于安全部门改革、良好治理、可持续发展和扶贫，包括有关艾滋病的教育、建立乡村诊所、发展集体农业和促进妇女就业。

英国驻所罗门群岛高级专员是其在所罗门群岛最重要的外交代表，负责管理其在所罗门群岛的外交特派使团。英国驻所罗门群岛高级专员还兼任驻瓦努阿图共和国高级专员和驻瑙鲁共和国高级专员。

历任英国驻所罗门群岛高级专员见表 6 - 2。

表 6 - 2　历任英国驻所罗门群岛高级专员

高级专员	任期
戈登·斯莱特（Gordon Slater）	1978 ~ 1982
乔治·史坦斯费尔德（George Stansfield）	1982 ~ 1986
约翰·诺斯（John Noss）	1986 ~ 1988

高级专员	任期
朱诺・扬（Junor Young）	1988～1990
雷蒙德・琼斯（Raymond Jones）	1990～1995
布莱恩・康纳利（Brian Connelly）	1996～1998
艾伦・沃特斯（Alan Waters）	1998～2001
布莱恩・鲍德温（Brian Baldwin）	2001～2004
理查德・莱恩（Richard Lyne）	2004～2008
蒂莫西・斯马特（Timothy Smart）	2008～2011
多米尼克・米克尔约翰（Dominic Meiklejohn）	2012～

二　与欧盟的关系

2003 年 2 月，欧盟援助所罗门群岛 2100 万所元，用于支付所罗门群岛政府拖欠南太平洋大学等海外学校的费用。

2004 年 2 月，欧盟发展与人道援助专员保尔・尼尔森（Poul Nielson）访问所罗门群岛，宣布欧盟将向所罗门群岛发放 8500 万所元援助款，主要用于发展教育事业。2005 年 11 月，欧盟决定在此后 3～4 年里，向所罗门群岛提供 3 亿所元项目援助。

第四节　与美国及其他美洲国家的关系

一　与美国的关系

美国与所罗门群岛的关系始于 19 世纪晚期。在那时，美国船只开始在所罗门群岛停泊。二战期间，美军与日军曾在所罗门群岛尤其是在瓜达尔卡纳尔岛进行过激战。所罗门群岛人民对美军及其盟军给予了许多支持和帮助。但是，直到所罗门群岛在 1978 年独立后两国才建立正式外交关系。

1978 年 7 月 7 日，所罗门群岛甫一独立，就获得了美国的正式承认。当日，参议员约翰·H. 格伦作为总统私人代表向彼得·凯尼洛雷亚总理呈递了吉米·卡特总统表示承认所罗门群岛的信件。1978 年 10 月 9 日，玛丽·S. 奥姆斯特德呈递了其作为驻所罗门群岛大使的国书，这标志着两国建立了正式外交关系。自建交以来，所美两国一直共同致力于促进地区稳定，推进民主和人权事业发展，应对气候变化，增加贸易往来，推动经济可持续发展。

1984 年 6 月，一艘美国渔船因非法进入所罗门群岛附近水域捕鱼而被所罗门群岛政府扣押。为此，美国政府宣布禁止从所罗门群岛进口鲜活海产品。1985 年 2 月，在美国船主缴纳 77 万美元罚金后，所罗门群岛政府释放了该渔船。在所罗门群岛政府释放美国渔船后，美国随即解除了从所罗门群岛进口鲜活海产品的禁令，同时还决定与其就美国金枪鱼船队进入所罗门群岛水域捕鱼进行谈判。1986 年 10 月，美国与所罗门群岛等太平洋岛国签署了一项为期五年的渔业协定，即《美国与太平洋岛国多边金枪鱼渔业条约》（Multilateral U. S. – Pacific Islands Tuna Fisheries Treaty）。该条约特许美国金枪鱼船队在所罗门群岛政府划定的专属捕鱼区内作业，美国每年给予太平洋岛国 1800 万美元资金。2003 年 3 月，所罗门群岛与美国第三次续签了捕鱼协议。根据该协议，所罗门群岛向美国围网渔船开放了其专属经济区。

1991 年，鉴于二战期间所罗门群岛人民对美国的支持，美国国会拨款 500 万美元为所罗门群岛修建了国民议会大厦。1993 年

11月29日，国民议会大厦落成。该建筑由美国海军设计和建造，体现了所罗门群岛的文化风格。圆形结构的国民议会会议厅，可以容纳60名议员和600名听众。

美国军队，包括美国海岸警卫队，一直为所罗门群岛培训边防人员和国家安全人员。美国政府还实施了一项与瓜达尔卡纳尔岛未爆炸武器有关的项目。1997年，美国向所罗门群岛出售了一批武器，但是，由于一些文件丢失，导致出现争议。经确认，所罗门群岛所罗门·马马洛尼政府多付给美国350万美元。这导致所罗门群岛国内政局动荡。

2000年，种族冲突导致所罗门群岛国内局势动荡，美国和平队暂停了其在所罗门群岛的项目，并撤离了70余名志愿者。他们曾在所罗门群岛各地从事与农村发展、教育、环境管理和青年有关的工作。

对所罗门群岛等太平洋岛国为应对全球气候变化所采取的举措，美国国际开发署给予了支持。美国国际开发署为珊瑚三角倡议（CTI）提供了支持。珊瑚三角倡议致力于保护珊瑚礁、渔业和食品安全。所罗门群岛是珊瑚三角倡议的六个成员国之一。

对所罗门群岛等太平洋岛国的赈灾和减灾工作，美国国际开发署也给予了支持。2007年4月2日，所罗门群岛遭遇了地震和海啸。为此，美国向其提供了25万美元的人道主义援助，并命令美国海军舰艇斯托克姆号用直升机支援受灾地区。2009年2月，所罗门群岛的瓜达尔卡纳尔岛和马莱塔岛遭遇严重的洪水灾害。为此，美国提供了5万美元的人道主义援助。2013年，所罗门群岛暴发登革热疫情，美国提供了5万美元的人道主义援助。2011年10月5日，美国国际开发署在巴布亚新几内亚莫尔兹比港的大使馆内成立了太平洋岛国办事处，其业务范围涉及 12 个国家，其中包括所罗门群岛。

所罗门群岛与美国的贸易极不平衡。2001 年，所罗门群岛对美国的出口总额微不足道，然而，美国对所罗门群岛的出口占了其出口总额的近 5%。在 2013 年，所罗门群岛向美国出口了价值 880 万美元的商品，从美国进口额为 890 万美元（见表 6 - 3）。

表 6 - 3　2009 ~ 2013 年所美商品贸易情况

年份	出口额(万美元)	增长率(%)	进口额(万美元)	增长率(%)
2013	880	450	890	21. 92
2012	160	23. 08	730	19. 67
2011	130	30	610	22
2010	100	25	500	- 16. 67
2009	80	- 33. 33	600	15. 38

资料来源：http：//www. census. gov/foreign - trade/balance/c6223. html#2013。

截至 2007 年，有 95 名美国公民在所罗门群岛永久定居。

目前，所罗门群岛在美国没有设立大使馆。但是，所罗门群岛在联合国有一名常驻联合国代表，由他兼任所罗门群岛驻美国大使。

目前，美国在所罗门群岛没有设立大使馆。1988 年 7 月 4 日，美国在霍尼亚拉的领事馆被升级为大使馆，由威廉·沃伦任临时代办；但是，在 1993 年 7 月 30 日，美国在霍尼亚拉的大使馆被关闭，其业务由美国驻巴布亚新几内亚大使负责处理。美国在霍尼亚拉设有领事馆。美国历任驻所罗门群岛大使见表 6 - 4。

表 6 – 4　美国历任驻所罗门群岛大使

大使	任期
玛丽·S. 奥姆斯特德（Mary S. Olmsted）	1976. 1 ~ 1979. 7
哈维·J. 费尔德曼（Harvey J. Feldman）	1979. 9 ~ 1981. 5
弗吉尼亚·谢弗（M. Virginia Schafer）	1981. 11 ~ 1984. 5
保罗·费舍尔·加德纳（Paul Fisher Gardner）	1984. 9 ~ 1986. 10
埃弗雷特·E. 比尔曼（Everett E. Bierman）	1986. 11 ~ 1989. 10
罗伯特·威廉·法兰德（Robert William Farrand）	1990. 5 ~ 1993. 9
理查德·W. 迪尔（Richard W. Teare）	1993. 11 ~ 1996. 7
阿尔玛·简·卡拉（Arma Jane Karaer）	1997. 4 ~ 2000. 5
苏珊·S. 雅各布斯（Susan S. Jacobs）	2000. 11 ~ 2003. 8
罗伯特·W. 费茨（Robert W. Fitts）	2003. 9 ~ 2006. 9
莱斯利·V. 罗（Leslie V. Rowe）	2006. 9 ~ 2009. 9
泰迪·B. 泰勒（Teddy B. Taylor）	2009. 9 ~ 2012. 11
沃尔特·诺斯（Walter North）	2012 年 11 月至今

沃尔特·诺斯，美国外交官，2012 年 11 月宣誓就任驻巴布亚新几内亚、瓦努阿图和所罗门群岛大使。曾就读于劳伦斯大学，在乔治·华盛顿大学获得法学学士学位，在哈佛大学获得公共管理硕士学位。长期在美国国际开发署工作。曾任非洲局行政助理、亚洲和近东局高级副行政助理、政策和项目协调局高级副行政助理，还在东亚事务处和东非事务处工作过。曾在印度、印度尼西亚、赞米比亚和埃及任办事处主任（Mission Director），也曾在埃塞俄比亚和孟加拉国工作过。

二　与古巴的关系

所罗门群岛与古巴共和国建立外交关系的时间不长。尽管早在20 世纪末，所罗门群岛和古巴就开始加强双边关系，但是直到

2003 年两国才建立正式外交关系。2007 年 9 月，所罗门群岛驻联合国高级专员科林·贝克宣誓就任驻古巴大使。两国关系涉及外交、经济和文化等领域，尤其是医疗援助领域。

2007 年 9 月，古巴宣布向所罗门群岛派遣 40 名医生，并向 50 名所罗门群岛岛民提供奖学金，资助他们在古巴学习医学。对此，所罗门群岛卫生部发言人表示，由于医生奇缺，因此所罗门群岛非常感激古巴所提供的援助。截至 2013 年，有 98 名所罗门群岛岛民在古巴学习医学。而且，古巴政府在 2014 年向所罗门群岛医学学生提供 104 份奖学金。

2008 年 9 月，古巴在哈瓦那举办了第一届古巴—太平洋岛国部长级会议。所罗门群岛外交部部长威廉·豪梅参加了此次会议。在此次会议期间，与会者就加强双方在卫生、体育和教育领域的合作进行了热烈讨论。古巴政府宣称，非常理解太平洋诸岛国在应对气候变化方面所做的艰苦工作，通过此次会议他们进一步坚定了尽其所能地提供援助的信心。这次会议进一步密切了古巴与太平洋岛国的关系。

2011 年 4 月，所罗门群岛宣布将在古巴建立大使馆。2013 年 3 月，所罗门群岛驻古巴大使西米恩·布洛成为太平洋岛国驻古巴的首个常驻大使。布洛向古巴保证，所罗门群岛将在联合国支持古巴，希望双方合作进一步扩大到体育、工程、旅游、农业和灾害管理等领域。

第五节 与中国及其他亚洲国家的关系

一 与中国的关系

目前，所罗门群岛与中华人民共和国没有建立正式外交关系，但是，与中国台湾当局建立了所谓的"大使级""外交"关系。

（一） 与中国的建交谈判

所罗门群岛在独立之初，曾对与中国大陆还是与中国台湾当局建立正式外交关系展开过一场激烈的争论。

当时，所罗门群岛与中国大陆和中国台湾地区都保持着密切关系，而且最初曾倾向于与中国大陆建交。在所罗门群岛于 1978 年独立之时，中华人民共和国国务院总理华国锋就致电所罗门群岛政府表示祝贺并予以承认。中国驻澳大利亚和巴布亚新几内亚的外交人员也奉命积极寻求与所罗门群岛建立外交关系。1980 年 5 月，所罗门群岛副总理兼财政部部长本尼迪克特·基尼卡率领所罗门群岛贸易代表团访问中国，并受到中华人民共和国国务院副总理邓小平同志的接见。在 1982 年 4 月，所罗门群岛外交部部长伊泽基尔·阿莱布亚访问中国，启动了旨在建立外交关系的会谈。阿莱布亚拜会了中华人民共和国国务院副总理兼外交部部长黄华，并签署了一份备忘录。回国后，阿莱布亚说，此次访问"为今后两国间的外交和贸易关系奠定了良好基础"。1982 年 4 月 10 日，两国在霍尼亚拉签署了一份谅解备忘录，为两国间贸易的发展铺平了道路。

但是，所罗门群岛政府也与中国台湾当局进行积极接触。1982 年 6 月，中国台湾当局在霍尼亚拉举办了贸易展览会，这是所罗门群岛政府官员在该年 2 月和 3 月访问中国台湾地区的成果。展览会主要展示了农业机械，这给所罗门群岛副总理兼内政部部长凯米罗·特科留下了深刻印象，后来他成为与中国台湾当局建立"外交"关系的热情支持者。到 1983 年年初，所罗门群岛与中国台湾的合作日益深入，并于 1983 年 3 月 24 日同中国台湾当局建立了

"领事级外交关系"。

所罗门群岛与中国台湾当局建立"外交"关系令中国政府非常失望。在 1983 年 4 月，中国驻澳大利亚大使对所罗门群岛与中国台湾当局建立"领事级外交关系"表示吃惊。在 1983 年 8 月 18 日，中国驻巴布亚新几内亚大使访问了所罗门群岛，并与所罗门群岛外交与国际贸易部官员进行了为期两天的会谈。在会谈中，中方代表强调，除非中国台湾在霍尼亚拉的"总领事馆"被降格为商务机构，中国才能与所罗门群岛建立外交关系。所罗门群岛政府官员回应说，所罗门群岛政府准备在其"与所有国家成为朋友，不与任何国家为敌"的外交政策基础上与"两个国家"建立外交关系。

1983 年 9 月 7 日至 20 日，应中国全国人大常委会的邀请，所罗门群岛议会议长洛伊德·梅皮扎·吉纳率领代表团访问中国。访问期间，吉纳一行受到全国人大常委会副委员长朱学范和国家副主席乌兰夫的接见，并被告知，"与台湾建立外交关系是干涉中国内政的行为"。1985 年 4 月，应所罗门群岛政府邀请，中国驻澳大利亚大使聂功成奉命访问了所罗门群岛。在霍尼亚拉，聂功成大使先后与所罗门群岛外交部部长、副总理、总理等政府高级官员进行了会谈。在会谈时，所罗门群岛政府提出，要求中华人民共和国给予比中国台湾当局更多的援助，包括建一座可供议员开会办公和容纳政府机关办公的议会大厦，建一座体育场，建一个新机场，修一条从首都通往机场的柏油公路，承接因同中国建交而使台湾当局撤资的农场项目，援助总额达 6000 万美元。上述要求遭到中国拒绝。

尽管事已至此，时任财政部部长巴塞洛缪·乌卢法阿卢仍坚持认为，所罗门群岛政府应"承认中国大陆为中国人民的唯一代表"，与中国台湾当局的关系应主要集中于"促进投资、贸易和经济合作"。虽然巴塞洛缪·乌卢法阿卢一再强调，但是所罗门群岛政府还是于 1985 年 9 月 26 日将与台湾的关系正式升格为"大使级"，并且，台湾当局任命了第一位驻所罗门群岛"大使"。

所罗门群岛尽管与中国台湾当局建立了正式的"外交"关系，但是并没有放弃与中国的联系。阿莱布亚总理在 1988 年 10 月 12 日参加中国捐赠船只下水仪式就是一个很好的明证。下水仪式在中国台湾当局于霍尼亚拉举行"双十节"庆典的两天之后举行，还是中国广东省与所罗门群岛瓜达尔卡纳尔省友好关系的象征。广东省很早就曾与瓜达尔卡纳尔省签署过一份关于合资进行渔业开发的谅解备忘录，据报道，上述项目包括中国对瓜达尔卡纳尔省进行技术援助、资助瓜达尔卡纳尔岛建立造船业和金枪鱼深加工项目。由于中国台湾当局公开反对阿莱布亚参加下水仪式，因此，在 10 月 14 日，所罗门群岛外交部和中国台湾的"大使馆"发表了一份联合声明，声称阿莱布亚是以个人身份参加下水仪式的，并重申将继续致力于保持双方间"热情、亲切、友好"的关系。

（二）与中国的经贸往来与民间关系

尽管所罗门群岛没有与中华人民共和国建立正式外交关系，但是，两国间仍然保持着正常的经贸往来，而且在国际多边外交和民间外交领域多有交流。

所罗门群岛与中国的贸易往来始于 1956 年。在 2004 年，中国超过日本，成为所罗门群岛的第一大进口来源国。根据中国海关总署统计，2001 年，中所贸易总额为 3.1541 亿美元，同比增长 62.4%，其中，中方出口额为 2841 万美元，同比增长 76.1%；中方进口额为 2.87 亿美元，同比增长 61.2%。

1989 年，中国外交部副部长朱启桢在北京会见参加亚行年会的所罗门群岛财政部部长阿贝一行。1992 年 4 月，所罗门群岛财政与经济计划部范内加和外交部美洲和联合国司司长拜克出席在北京举行的第四十八届亚太经社理事会大会。同年 7 月，中国外交部副部长刘华秋出席在所罗门群岛首都霍尼亚拉召开的第二十三届南太平洋论坛首脑会议后的对话会。1995 年，所罗门群岛派出以青年、体育和妇女部长布朗·贝乌为首的 9 人代表团，出席在北京召开的第四次世界妇女大会。

2008 年，所罗门群岛体育代表团参加了北京奥运会。2010 年，所罗门群岛同其他太平洋岛国以太平洋联合馆形式参加了上海世博会。

（三）与中国广东省的关系

1984 年 7 月，应中国人民外交学会邀请，所罗门群岛瓜达尔卡纳尔省省长戴维·罗沙利奥及其顾问阿莱布亚（所罗门群岛前外交部部长）来华访问。访华期间，戴维·罗沙利奥提出与广东省建立友好关系，得到中方肯定答复。7 月 25 日，罗沙利奥与广东省副省长李建安签署了建立友好关系的备忘录。

1985 年 1 月 20 ~ 26 日，应所罗门群岛瓜达尔卡纳尔省省长戴维·罗沙利奥邀请，以广东省副省长杨立为团长的广东省友好代表团对瓜达尔卡纳尔省进行了友好访问。所罗门群岛政府总理彼得·凯尼洛雷亚、副总理兼内务部部长埃吉基尔·阿莱布亚、外交部部长保罗·托弗亚和国家议会议长麦克沙·吉纳等国家领导人和高级

官员分别会见了代表团一行。代表团与瓜达尔卡纳尔省省长以及省政府各部部长就建立两省友好关系和发展两省间的经济合作、贸易往来和技术交流等交换了意见。1985 年 7 月 20~30 日，应广东省政府邀请，所罗门群岛瓜达尔卡纳尔省省长罗沙利奥率领代表团一行 8 人对广东省进行了友好访问，副省长杨立会见并宴请了瓜达尔卡纳尔省代表团。这是两省建立友好关系以来瓜达尔卡纳尔省派出的第一个代表团。代表团参观了深圳沙河工业区等。广东省华侨企业总公司、林业厅分别与代表团就农业和林业合作进行了洽谈，签订了广东省华侨企业总公司与瓜达尔卡纳尔省政府在瓜达尔卡纳尔省合办养鸡场的协议书和合办综合农场的意向书，以及广东省林业厅与瓜达尔卡纳尔省在瓜达尔卡纳尔省合作开发森林资源的意向书。广东省正式表示无偿援助瓜达尔卡纳尔省一艘 120 吨的客货船，并签订了协议。

1986 年 10 月 29 日至 11 月 11 日，应广东省政府邀请，以普恩斯为首的瓜达尔卡纳尔省贸易代表团参加了第六十一届广州出口商品交易会。在广州期间，瓜达尔卡纳尔省代表团与广东省畜产、纺织、机械、轻工等进出口公司和广东外贸开发公司签订了六项贸易合同，金额为 10 万余美元。

1987 年 2 月 16 日，广东省副省长凌伯棠率友好代表团访问所罗门群岛。1988 年 10 月 10 日，广东省副省长张高丽率广东省代表团访问所罗门群岛，并出席广东省赠送给瓜达尔卡纳尔省的"广东·瓜达尔卡纳尔省合作号"客货船交接仪式。该客货船由粤海公司设在瓜达尔卡纳尔省的广源公司利用当地木材建造，共花费 62 万元人民币，但是，瓜达尔卡纳尔省以该船无法通过本国船检为由，对该船进行了整修，整修花费了 18 万元人民币。1988 年所罗门群岛遭受飓风袭击，损失重大。为此，广东省捐赠给瓜达尔卡纳尔省一批价值 10 万元人民币的日用品。

1989 年 5 月 7 日，瓜达尔卡纳尔省单方面宣布断绝与广东省的友好关系。

（四）与中国台湾省的关系

自 1982 年以来，所罗门群岛和中国台湾省在各个领域的关系，包括高级别政治和安全接触以及经济发展项目，不断扩大。中国台湾省不仅在霍尼亚拉开设了"领事馆"，在 1985 年 9 月，双方关系还升格为"大使级"。到 20 世纪 80 年代末，所罗门群岛成为中国台湾省在该地区最值得信赖的"盟友"之一。

1998 年 7 月 6～8 日，为参加所罗门群岛独立 20 周年庆典，中国台湾当局萧万长率领李大维、程建人、彭作奎以及工商界人士访问了所罗门群岛。在访问所罗门群岛期间，萧万长与所罗门群岛总理巴塞洛缪·乌卢法阿卢进行了三次会谈，就双方共同关切的议题及国际情势交换了意见。为了帮助所罗门群岛在 3 年内扩大水稻种植面积，减少稻米进口，减少 200 万美元的稻米进口费用，萧万长还与巴塞洛缪·乌卢法阿卢签署了一项金额高达 200 万美元的《乡村微额贷款备忘录》，贷款有效期 15 年，可延期 3 年。[①] 此外，此次访问，中国台湾省还向所罗门群岛承诺将更换所罗门群岛广播公司的广播设备，继续向所罗门群岛职业训练中心提供援助等。

尽管所罗门群岛与中国大陆没有外交关系，但是，其与中国大陆的贸易关系更加紧密。

---

① 徐晓琴：《萧万长访问汤加所罗门群岛等国简况》，《台港澳情况》1998 年第 29 期。

事实上，所罗门群岛从中国台湾省的进口也小于中国大陆，这是因为所罗门群岛的许多进口商主要是与中国大陆关系比较密切的华人。他们中的许多人是从中国大陆来到所罗门群岛的，尤其是在香港回归中国后来自香港的华人，或者在中国大陆有亲戚。此外，中国台湾的商人宁愿将他们的资金投于中国大陆或者东南亚国家，而不是太平洋诸岛国。正如台湾总商会的一位会员所言，"台湾和中国大陆的人民都属于同一族群，我们讲同样的语言。尽管太平洋诸岛国拥有大量农业和海洋资源，但是，政治不稳定，生活水平低于理想标准和该地区与台湾的文化冲突使台湾人前往该地区极为慎重"。

中国台湾省一直是所罗门群岛的主要捐助者之一。例如，在1990～1998年，台湾给予所罗门群岛的赠款援助总额为103695380所元（约合1490万美元）。在1999～2004年，中国台湾省给予所罗门群岛的开发预算为212178418所元（约合3050万美元）。在2005～2007年，中国台湾省也给予所罗门群岛国家预算大量资金。在2007年的发展预算中，中国台湾省资金占了5%。尽管无法与澳大利亚（64%）和欧盟（10%）相比，也略小于新西兰（7%）和日本（6%），但是，超过了亚洲开发银行（3%）和所罗门群岛政府本身（4%）。

中国台湾省向所罗门群岛的许多部门提供了援助，包括农业、教育和卫生。例如，在教育部门，中国台湾当局向在台湾学习的所罗门群岛学生提供奖学金。2006年7月，中国台湾当局宣布提供1670万所元（约合240万美元）以资助所罗门群岛岛民在本国或海外接受培训。此外，在2007年3月，台湾当局捐赠了760万所元（约合100万美元），以资助约700名所罗门群岛岛民接受高等教育。台湾还负责建设了所罗门群岛国家转诊医院。

中国台湾省的捐助主要集中在政府发展项目上。例如,在2006年11月,中国台湾当局向所罗门群岛政府的千年发展基金提供了2000万所元(约合290万美元),设立该基金是为了促进农村发展政策。此外,台湾每年通过农村选区发展基金给予每位国会议员100万所元(约合143500美元),每年给予微型项目基金1000万所元(约合140万美元)。中国台湾省还向总理办公厅管理的扶贫基金和其他专项基金提供支持。2007年3月,所罗门群岛广播公司报道,中国台湾当局将向马莱塔北部和东部的三个选区的农村居民提供铁皮屋顶和水箱。

此外,在内乱时期(1999～2003),尽管由于其他捐助者担忧腐败和所罗门群岛政府发放援助的能力而不愿给予支持,但是,台湾当局是唯一主动表示提供援助的捐助者。

2002年,为了换取财政资金,所罗门群岛政府提议进口台湾电力公司的工业废料,这使得所罗门群岛与中国台湾省的关系出现波折。根据该提议,废料将被倾倒在马基拉岛上。这遭到所罗门群岛国内和国际社会的广泛批评,最终上述提议后来被放弃。

二 与日本的关系

早在所罗门群岛独立前,日本就同英属所罗门群岛签订过渔业协定,合办"所罗门大洋渔业公司"。该公司占当时所罗门群岛出口总额的25%以上。此外,日本还在所罗门群岛从事森林采伐和木材加工,以及勘探铝矾土矿。

2003年5月,艾伦·凯马凯扎总理出席了日本和太平洋岛国首脑峰会①。同月，日本向所罗门群岛提供了41万美元援助，资助所罗门群岛召开美拉尼西亚先锋集团会议。8月，日本副外相矢野哲郎访问所罗门群岛，视察了日本通过联合国开发计划署援助所罗门群岛的社区基础设施重建工作。10月，日本政府宣布解除赴所罗门群岛旅游的禁令。同月，日本政府和世界卫生组织向所罗门群岛卫生部捐赠了一批防御非典型性肺炎的医疗设备。

2004年7月，日向所提供5000万所元，用于修缮霍尼亚拉国际机场。12月，日又向所赠送2艘延绳钓渔船，价值7000万所元。2005年1月，日与所签署协议，日计划两年内援助所2亿所元。10月，所罗门群岛计划与援助协调部部长福诺访日，与日商谈一揽子援助计划。

第六节　与国际组织的关系

所罗门群岛加入了以下国际组织：非洲、加勒比和太平洋国家集团（ACP），亚洲开发银行（AsDB），亚洲及太平洋经济社会委员会（ESCAP），联合国粮食与农业组织（FAO），英联邦（Commonwealth of Nations），77国集团（G-77），国际复兴开发银行（IBRD），国际民间航空组织（ICAO），国际红十字及红新月运动（ICRM），国际开发协会（IDA），国际农业发展基金（IFAD），国际金融组织（IFC），红十字与红新月会国际联合会（IFRCS），

---

① 日本和太平洋岛国首脑峰会（Japan - SPF Summit Meeting），亦称日本和太平洋岛国论坛首脑会议。1997年，为了促进和加强与太平洋岛国论坛诸成员国领导人的关系，日本举办了首届日本和太平洋岛国论坛首脑会议。日本和太平洋岛国论坛首脑会议每三年举行一次，截至2015年已举办了6届。自其成立以来，日本和太平洋岛国论坛首脑会议成为日本与太平洋岛国就发展援助和气候变化等重要议题进行对话的重要途径。

国际劳工组织（ILO），国际货币基金组织（IMF），国际海事组织（IMO），国际通信卫星组织（Intelsat，非签约国用户），国际奥林匹克委员会（IOC），国际电信联盟（ITU），太平洋岛国论坛（PIF），南太平洋区域贸易和经济合作协议（Sparteca），南太平洋委员会（SPC），联合国（United Nations），联合国贸易与发展会议（UNCTAD），联合国教科文组织（UNESCO），万国邮政联盟（UPU），世界工会联合会（WFTU），世界卫生组织（WHO），世界气象组织（WMO），世界旅游组织（WTrO）。

1978 年 9 月 19 日，所罗门群岛加入联合国，成为联合国第150 个成员国。

大事纪年

1568 年 2 月 17 日	被西班牙航海家门达纳发现，并被命名为所罗门群岛；此次探险，门达纳发现并命名了圣伊莎贝尔岛、瓜达尔卡纳尔岛和圣克里斯托瓦尔岛等。
1574 年	门达纳获得对所罗门群岛的殖民权。
1595 年	门达纳率船队抵达圣克鲁斯群岛，因西班牙殖民者内部意见分歧，未定居。
1616 年	荷兰人抵达今翁通爪哇环礁。
1767 年	英国航海家菲利普·卡特里特来到所罗门群岛。
1768 年	法国航海家布干维尔抵达所罗门群岛北部，并将其中一岛命名为布干维尔岛。
1849 年	首批英国圣公会传教士开始在该地区传教。
1885 年 4 月	德国宣布所罗门群岛北部诸岛为其保护领，包括今布卡岛、布干维尔岛、舒瓦瑟尔岛、圣伊莎贝尔岛和翁通爪哇环礁等，并将其组成德属所罗门群岛，又称北所罗门群岛。
1893 年 3 月 15 日	英国宣布所罗门群岛南部诸岛为其保护领，

	包括新乔治亚岛、瓜达尔卡纳尔岛、马莱塔岛和圣克里斯托瓦尔岛等，并将其组成"英属所罗门群岛"，又称南所罗门群岛，归属英属西太平洋领地。由英国驻斐济的西太平洋高级专员通过驻岛专员管辖，首府设在图拉吉岛。
1898 年	英国将伦内尔岛和贝洛纳岛并入英属所罗门群岛。
1899 年	英国将圣克鲁斯群岛并入英属所罗门群岛。
1899 年 11 月 14 日	英国与德国经过协商，德国将所罗门群岛北部诸岛除布干维尔岛和布卡岛（两岛划入德属新几内亚）以外的各岛（包括圣伊莎贝尔岛、舒瓦瑟尔岛）及翁通爪哇环礁等转让给英国，作为英国退出西萨摩亚的交换条件。
1920 年	澳镑代替英镑成为所罗门群岛的流通货币。
1927 年	英国征税官和其同事被杀，史称"马莱塔惨案"。
1942 年	1 月，日军攻入所罗门群岛；5 月 3 日，日军占领图拉吉；7 月 7 日，日军占领瓜达尔卡纳尔岛；8 月 9 日，美军夺取了图拉吉。
1943 年 2 月	经激战，日军遭受重创，被迫撤出瓜达尔卡纳尔岛，美军夺取了该岛。
1943 年 12 月	所罗门群岛重归英国管辖。
1945 年 9 月 5 日	在所罗门群岛的残存日军投降。
1947 ~ 1950 年	马莱塔岛爆发独立运动。

1950 年	美军从马莱塔岛撤离。
1952 年	英国驻西太平洋高级专员公署从斐济迁至霍尼亚拉，所罗门群岛由高级专员直接管理。
1953 年	马莱塔岛设立地方咨议会，后来各岛相继建立地方咨议会。
1960 年 10 月	英国在所罗门群岛设立立法委员会和行政委员会，其成员由任命产生。
1964 年	举行第一次立法委员会选举，但由选举产生的委员在立法委员会中占少数。
1966 年	澳元代替澳镑成为所罗门群岛的流通货币。
1970 年 3 月	英国在所罗门群岛实行《1970 年宪法》。根据宪法规定，建立管理委员会，代替原立法委员会和行政委员会，其大部分成员由选举产生。
1970 年 5 ~ 6 月	举行第一届管理委员会委员选举。
1973 年 8 月 28 日	获得有限自治。
1973 年	管理委员会改名为部长会议；所罗门群岛联合党和人民进步党成立。
1974 年 4 月	英国在所罗门群岛实行《1974 年宪法》。根据宪法规定，建立立法议会，其 24 名成员由选举产生；同时，由立法议会选举出首席部长，并由首席部长组建部长会议；设立保护领总督，代替高级专员管辖所罗门群岛事务。8 月，人民进步党领袖所罗门·马马洛尼担任第一任首席部长。

1975 年 6 月 22 日	英属所罗门群岛改称所罗门群岛,但仍保持保护领地位。
1976 年 1 月 2 日	所罗门群岛实行内部自治。
1976 年 7 月	所罗门群岛联合党领袖彼得·凯尼洛雷亚当选首席部长。
1977 年	所罗门群岛开始发行自己的货币所元。
1978 年 6 月	英国议会通过所罗门群岛《1978 年宪法》。
1978 年 7 月 7 日	所罗门群岛《1978 年宪法》生效,所罗门群岛正式宣布独立,但仍为英联邦成员国。根据宪法,所罗门群岛为君主立宪制国家,英国女王为国家元首,由总督代为行使职权;设立一院制国民议会,任期 4 年;总理由国民议会选举产生。彼得·凯尼洛雷亚为所罗门群岛第一任总理。
1979 年	人民进步党与农村联盟党合并组成人民联盟党,主张实行联邦制。
1980 年 8 月	举行独立后的第一次国民议会选举,彼得·凯尼洛雷亚连任总理,组成联合党与无党派人士的联合政府。
1981 年 8 月	彼得·凯尼洛雷亚总理被迫辞职,人民联盟党领袖所罗门·马马洛尼当选总理。
1984 年 10 月	彼得·凯尼洛雷亚再次当选总理。
1989 年 2 月	举行大选,所罗门·马马洛尼再次当选总理。
1992 ~ 1993 年	由于支持布干维尔分离主义者,巴布亚新几内亚军队侵入所罗门群岛。

1993 年 5 月	举行大选，所罗门·马马洛尼领导的民族团结与和解联盟成为国民议会第一大党，但未能单独组阁。
1993 年 6 月	无党派国会议员希利当选总理。
1994 年 10 月	希利总理被总督解职。
1994 年 11 月	所罗门·马马洛尼当选总理。
1997 年 8 月	举行大选，自由党领导人巴塞洛缪·乌卢法阿卢当选总理。
1998 年	"马莱塔之鹰武装"和"伊萨塔布自由运动"爆发大规模武装冲突，使该国经济遭到严重破坏，社会持续动荡不安。
2000 年	8 月，在澳大利亚、新西兰等国的调解下，"马莱塔之鹰武装"和"伊萨塔布自由运动"签署停火协议；10 月，所罗门群岛中央政府、马莱塔省、瓜达尔卡纳尔省及"马莱塔之鹰武装"和"伊萨塔布自由运动"五方代表在澳大利亚汤斯维尔举行和平谈判，并就结束部族冲突、实现民族和解达成《汤斯维尔和平协议》。
2001 年 12 月	所罗门群岛举行国民议会大选，人民联盟党领袖艾伦·凯马凯扎当选总理。
2002 年	所罗门群岛社会动荡加剧，经济形势和治安状况进一步恶化，首都大罢工持续数月。反对党两次提出对政府的不信任案，但均未成功。政府与瓜达尔卡纳尔岛叛军冲突不断，

多名警察因此丧生。8月，所罗门群岛青年、体育与妇女部部长奥古斯汀·戈夫被瓜达尔卡纳尔省武装分子枪杀。中央政府难以有效控制国内局势。

2003 年　　　　　1月，瓜达尔卡纳尔解放阵线代表团与所罗门群岛中央政府开始进行和解谈判；2月，所罗门群岛和平委员会成员索阿基在马莱塔省被暗杀。5月，所反对党领袖奥蒂辞职。6月，所国内各政治力量积极回应澳大利亚提议的对所"合作干预"计划。7月，瓜达尔卡纳尔解放阵线领导人凯凯宣布自7月4日起实行单方面停火。同月，所议会通过"协助国际援助2003年法案"，为外国"干预"提供法律依据。应所罗门群岛政府要求，澳大利亚、新西兰和其他太平洋岛国组建了驻所罗门群岛区域援助团，并于7月24日向所罗门群岛首都霍尼亚拉派驻了首批军警部队，帮助所罗门群岛恢复秩序。此后，"马莱塔之鹰武装"主动与其沟通，瓜达尔卡纳尔解放阵线领导人凯凯向其投降。

2004 年　　　　　在澳大利亚和新西兰主导的驻所罗门群岛区域援助团的干预下，所罗门群岛安全形势恢复稳定，经济有所增长。澳大利亚在所罗门群岛司法、财政等部门派驻了许多澳籍人士担任要职，以协助所罗门群岛推行"良治"。

艾伦·凯马凯扎为了巩固政权多次改组内阁。反对党阵营两任领袖奥蒂和加罗先后加入政府阵营，政府地位得到巩固。

2006 年　　　　　4 月斯奈德·里尼当选总理。4 月 18 日，近千名反对党支持者在首都霍尼亚拉抗议斯奈德·里尼当选总理，并引发严重骚乱。在所罗门群岛的华侨生命财产遭受严重威胁和重大损失，60 多家华人商铺被烧毁，损失达上千万美元，中国撤侨 300 余人。澳大利亚、新西兰调集 200 多名警务人员协助所罗门群岛中央政府维持社会秩序。骚乱迫使斯奈德·里尼于 4 月 26 日辞职。

2006 年 5 月　　　社会信贷党领袖玛拿西·索加瓦尔当选总理，并组成新政府。

2007 年　　　　　11 月，玛拿西·索加瓦尔政府多名部长和执政联盟的后座议员辞职，引发政治危机。12 月，反对党候选人德里克·西库阿当选所罗门群岛总理，组成争取民族团结和乡村发展联盟政府。

2010 年 4 月 2 日　德里克·西库阿政府进行了内阁改组。

2010 年 8 月　　　所罗门群岛举行全国大选。丹尼·菲利普当选总理。

2011 年 11 月　　因失去国民议会多数支持，丹尼·菲利普被迫辞职；戈登·达西·利洛当选为总理。

2011 年 12 月　　澳大利亚高等法院驳回对所罗门群岛前总检

	察长朱利安·莫蒂的猥亵儿童罪指控，裁定2007年将其驱逐到布里斯班为非法。
2013 年 7 月	在驻所罗门群岛区域援助团进入所罗门群岛10 年后，所罗门群岛结束军事管制阶段。
2014 年 10 月	在大选前一个月，任期即将结束的国民议会议员们因财务人员犯了不可逆转的错误而收到了巨额钱款。
2014 年 11 月	所罗门群岛举行全国大选。在大选中，戈登·达西·利洛落选。在 50 名当选国民议会议员中，无党派人士占了 32 席。根据新颁布的法律，只有已注册的政党才有资格组建联合政府。但是，在参加竞选的 12 个已注册的政党中，仅有 6 个政党的候选人成功当选，因此国民议会议员必须组建执政联盟，并选出总理。
2014 年 12 月	经三轮不记名投票，玛拿西·索加瓦尔当选总理。

译名表

一 所罗门群岛诸省中英文名称对照表

省	Province	首府	Capital
中部省	Central Province	图拉吉	Tulagi
舒瓦瑟尔省	Choiseul Province	塔罗岛	Taro Island
瓜达尔卡纳尔省	Guadalcanal Province	霍尼亚拉	Honiara
伊莎贝尔省	Isabel Province	布阿拉	Buala
马基拉－乌拉瓦省	Makira－Ulawa Province	基拉基拉	Kirakira
马莱塔省	Malaita Province	奥基	Auki
伦内尔和贝洛纳省	Rennell and Bellona Province	提加阿	Tigoa
泰莫图省	Temotu Province	拉塔	Lata
西部省	Western Province	吉佐	Gizo
霍尼亚拉	Honiara		

二 所罗门群岛主要岛屿中英文名称对照表

中文名称	英文名称
舒瓦瑟尔岛	Choiseul
肖特兰群岛	Shortland Islands
新乔治亚群岛	New Georgia Islands
圣伊莎贝尔岛	Santa Isabel

续表

中文名称	英文名称
拉塞尔群岛	Russell Islands
佛罗里达群岛	Florida Islands
马莱塔岛	Malaita
瓜达尔卡纳尔岛	Guadalcanal
斯凯亚纳岛	Sikaiana
马拉马西凯岛	Maramasike
乌拉瓦岛	Ulawa
乌基岛	Uki
圣克里斯托瓦尔岛	San Cristobal
圣安娜岛	Santa Ana
伦内尔岛	Rennell
贝洛纳岛	Bellona
圣克鲁斯群岛	Santa Cruz Islands
蒂科皮亚岛	Tikopia
阿努塔岛	Anuta
发图塔卡岛	Fatutaka

三 所罗门群岛政府诸部中英文名称对照表

中文名称	英文名称
内政部	Ministry of Home Affairs
外交事务与对外贸易部	Ministry of Foreign Affairs and External Trade
渔业与海洋资源部	Ministry of Fisheries and Marine Resources
矿产、能源与农村电气化部	Ministry of Mines, Energy and Rural Electrification
土地、住房与勘测部	Ministry of Lands, Housing and Survey
林业部	Ministry of Forestry
公共建设与发展部	Ministry of Infrastructure and Development
卫生与医疗服务部	Ministry of Health and Medical Services

中文名称	英文名称
妇女、青年、儿童与家庭事务部	Ministry of Women, Youth, Children and Family Affairs
旅游与文化部	Ministry of Tourism and Culture
省政府部	Ministry of Provincial Government
司法与法律事务部	Ministry of Justice and Legal Affairs
和平、和解与国家统一部	Ministry of Peace, Reconciliation and National Unity
环境与保护部	Ministry of Environment and Conservation
农业与畜牧业发展部	Ministry of Agriculture and Livestock Development
民用航空部	Ministry of Civil Aviation
公共事务部	Ministry of Public Service
教育与人力资源部	Ministry of Education and Human Resources
商业、工业、劳工与移民部	Ministry of Commerce, Industry, Labour and Immigration
农村发展部	Ministry of Rural Development
财政与发展计划部	Ministry of Finance and Development Planning
援助协调与计划部	Ministry of Aid Coordination and Planning
警察、国家安全与惩教事务部	Ministry of Police, National Security and Correctional Services

参考文献

一　中文文献

冰谷：《火山岛与仙岛：掀开所罗门面纱》，马来西亚：大将出版社，2005。

陈思行：《所罗门群岛：以金枪鱼资源为主的渔业》，《水产市场导刊》2007 年第 1 期。

崔福元编著《世界地名与航海探险》，海潮出版社，2010。

高放等编著《万国博览·美洲大洋洲卷》，新华出版社，1998。

广东省地方史志编撰委员会编《广东省志·外事志》，广东人民出版社，2005。

华人经济年鉴编辑委员会编《华人经济年鉴（2000～2001）》，朝华出版社，2001。

军事科学院《世界军事年鉴》编辑部编《世界军事年鉴·2001》，解放军出版社，2001。

军事科学院《世界军事年鉴》编辑部编《世界军事年鉴·2004》，解放军出版社，2004。

〔澳〕拉尔夫·巴克利：《生态旅游案例研究》，杨桂华等译，

南开大学出版社，2004。

李红锋主编《邓小平新时期重要活动纪略》，中国华侨出版社，1994。

李树藩等编著《世界通鉴》（第4卷），吉林人民出版社，1998。

联合国开发计划署组织编写《2004年人类发展报告 当今多样化世界中的文化自由》，本书翻译组翻译，中国财政经济出版社，2004。

〔苏〕马吉多维奇：《世界探险史》，屈瑞译，海南出版社，2006。

聂功成：《关山度若飞：我的领事生涯》，新华出版社，2009。

农业部渔政监督管理局、中国水产总公司、中国水产科学研究院情报所编《国外渔业法规选编》（第2集），海洋出版社，1992。

彭满升主编《风俗与贸易》，河南省对外经济贸易委员会《外贸志》编辑室，1989。

钱其琛主编《世界外交大辞典》，世界知识出版社，2005。

〔英〕乔·克里布（Joe Cribb）、〔英〕巴里·库克（Barrie Cook）、〔英〕伊恩·卡拉狄克（Ian Carradice）：《世界各国铸币史》，刘森译，中华书局，2005。

乔瑜：《所罗门群岛的森林资源开发与保护》，《南通大学学报》（社会科学版）2010年第5期。

施昆山主编《当代世界林业》，中国林业出版社，2001。

司徒泽波、陈本健编著《斐济国、所罗门群岛、西萨摩亚群岛华侨概况》，台北：正中书局，1991。

宋万年、宋占生等主编《外国警察百科全书》，中国人民公安大学出版社，2000。

童建栋：《国际小水电技术咨询手册》，河海大学出版社，1989。

王家瑞主编《当代国外政党概览》，当代世界出版社，2009。

王立权、王建党等编《大洋洲国家地理手册》，河南大学出版社，1987。

王湘江主编《世界军事年鉴（2007）》，解放军出版社，2007。

王晓民主编《世界各国议会全书》，世界知识出版社，2001。

吴安其：《南岛语分类研究》，商务印书馆，2009。

吴锡山主编《世界首脑大典》，当代世界出版社，2003。

熊复主编《世界政党辞典》，红旗出版社，1986。

杨坚等主编《世界各国和地区渔业概况》（上册），海洋出版社，2002。

叶大兵编《世界婚俗集》，江苏人民出版社，1985。

张宏儒主编《二十世纪世界各国大事全书》，北京出版社，1993。

R. J. 琦特莱：《所罗门群岛的土壤退化及治理方法》，《水土保持科技情报》1990 年第 3 期。

二　外文文献

Roger M. Keesing and Peter Corris, *Lightning Meets the West Wind*: *The Malaita Massacre*, Melbourne：Oxford University Press, 1980.

Roger M. Keessing, *Kwaio Religion*, New York：Columbia University Press, 1982.

Terence Wesley-Smith, Edgar A. Porter, *China in Oceania*: *Reshaping the Pacific*? Berghahn Books, 2010.

三　主要网站

所罗门群岛国民议会：http：//www. parliament. gov. sb

所罗门群岛中央银行：http：//www. cbsi. com. sb

所罗门群岛统计局：http：//www. spc. int/prism/country/sb/stats/About% 20Us/welcome. htm

所罗门群岛总理与内阁办公厅：http：//www. pmc. gov. sb

所罗门群岛百科全书（1893 ～ 1978）：http：//www. solomonencyclopaedia. net

索　引

新版《列国志》总书目

非洲

阿尔及利亚
埃及
埃塞俄比亚
安哥拉
贝宁
博茨瓦纳
布基纳法索
布隆迪
赤道几内亚
多哥
厄立特里亚
佛得角
冈比亚
刚果
刚果民主共和国
吉布提
几内亚
几内亚比绍
加纳
加蓬
津巴布韦
喀麦隆
科摩罗
科特迪瓦
肯尼亚
莱索托
利比里亚
利比亚
卢旺达
马达加斯加

马拉维
马里
毛里求斯
毛里塔尼亚
摩洛哥
莫桑比克
纳米比亚
南非
南苏丹
尼日尔
尼日利亚
塞拉利昂
塞内加尔
塞舌尔
圣多美和普林西比
斯威士兰
苏丹
索马里
坦桑尼亚
突尼斯
乌干达
赞比亚
乍得
中非

欧洲

阿尔巴尼亚
爱尔兰
爱沙尼亚
安道尔
奥地利
白俄罗斯

保加利亚

北马其顿

比利时

冰岛

波兰

波斯尼亚和黑塞哥维那

丹麦

德国

俄罗斯

法国

梵蒂冈

芬兰

荷兰

黑山

捷克

克罗地亚

拉脱维亚

立陶宛

列支敦士登

卢森堡

罗马尼亚

马耳他

摩尔多瓦

摩纳哥

挪威

葡萄牙

瑞典

瑞士

塞尔维亚

塞浦路斯

圣马力诺

斯洛伐克

斯洛文尼亚

乌克兰

西班牙

希腊

匈牙利

意大利

英国

美洲

阿根廷

安提瓜和巴布达

巴巴多斯

巴哈马

巴拉圭

巴拿马

巴西

秘鲁

玻利维亚

伯利兹

多米尼加

多米尼克

厄瓜多尔

哥伦比亚

哥斯达黎加

格林纳达

古巴

圭亚那

海地

洪都拉斯

加拿大

美国

墨西哥

尼加拉瓜

萨尔瓦多

圣基茨和尼维斯

圣卢西亚

圣文森特和格林纳丁斯

苏里南

特立尼达和多巴哥

危地马拉

委内瑞拉

乌拉圭

牙买加

智利

大洋洲

澳大利亚

巴布亚新几内亚

斐济

基里巴斯

库克群岛

马绍尔群岛

密克罗尼西亚

瑙鲁

纽埃

帕劳

萨摩亚

所罗门群岛

汤加

图瓦卢

瓦努阿图

新西兰

国别区域与全球治理数据平台

www.crggcn.com

　　"国别区域与全球治理数据平台"（Countries，Regions and Global Governance，CRGG）是社会科学文献出版社重点打造的学术型数字产品，对接国别区域这一重点新兴学科，围绕国别研究、区域研究、国际组织、全球智库等领域，全方位整合基础信息、一手资料、科研成果，文献量达30余万篇。该产品已建设成为国别区域与全球治理数据资源与研究成果整合发布平台，可提供包括资源获取、科研技术服务、成果发布与传播等在内的多层次、全方位的学术服务。

　　从国别区域和全球治理研究角度出发，"国别区域与全球治理数据平台"下设国别研究数据库、区域研究数据库、国际组织数据库、全球智库数据库、学术专题数据库和学术资讯数据库6大数据库。在资源类型方面，除专题图书、智库报告和学术论文外，平台还包括数据图表、档案文件和学术资讯。在文献检索方面，平台支持全文检索、高级检索，并可按照相关度和出版时间进行排序。

　　"国别区域与全球治理数据平台"应用广泛。针对高校及国别区域科研机构，平台可提供专业的知识服务，通过丰富的研究参考资料和学术服务推动国别区域研究的学科建设与发展，提升智库学术科研及政策建言能力；针对政府及外事机构，平台可提供资政参考，为相关国际事务决策提供理论依据与资讯支持，切实服务国家对外战略。

数据库体验卡服务指南

※100元数据库体验卡，可在"国别区域与全球治理数据平台"充值和使用

充值卡使用说明：
第1步　刮开附赠充值卡的涂层；
第2步　登录国别区域与全球治理数据平台（www.crggcn.com），注册账号；
第3步　登录并进入"会员中心"→"在线充值"→"充值卡充值"，充值成功后即可使用。

声明

最终解释权归社会科学文献出版社所有

客服QQ：671079496
客服邮箱：crgg@ssap.cn

欢迎登录社会科学文献出版社官网（www.ssap.com.cn）和国别区域与全球治理数据平台（www.crggcn.com）了解更多信息

图书在版编目（CIP）数据

所罗门群岛/张勇编著. —北京：社会科学文献出版社，2016.3
（2022.3 重印）
（列国志：新版）
ISBN 978 - 7 - 5097 - 8831 - 8

Ⅰ. ①所… Ⅱ. ①张… Ⅲ. ①所罗门 - 概况 Ⅳ. ①K966.2

中国版本图书馆 CIP 数据核字（2016）第 043066 号

· 列国志（新版）·

所罗门群岛（Solomon Islands）

编　著／张　勇

出 版 人／王利民
项目统筹／张晓莉
责任编辑／叶　娟
责任印制／王京美

出　　版／社会科学文献出版社·国别区域分社（010）59367078
　　　　　地址：北京市北三环中路甲29号院华龙大厦　邮编：100029
　　　　　网址：www.ssap.com.cn
发　　行／社会科学文献出版社（010）59367028
印　　装／唐山玺诚印务有限公司

规　　格／开本：787mm × 1092mm　1/16
　　　　　印　张：19　插　页：0.5　字　数：223千字
版　　次／2016年3月第1版　2022年3月第3次印刷
书　　号／ISBN 978 - 7 - 5097 - 8831 - 8
定　　价／59.00元

读者服务电话：4008918866